Zhang Fakui Zhuan

Zhang Fakui
Zhuan

张发奎传

何晓帆◎著

中国文史出版社

前　言

张发奎，字向华，国民党陆军二级上将，曾任国民党陆军总司令。他早年追随孙中山先生，是孙先生身边忠诚的警卫营营长；后随蒋介石两次东征陈炯明，在枪林弹雨里，救过蒋介石性命；北伐战争中，他骁勇无比，所向披靡，攻克汀泗桥，血战贺胜桥，打得北洋军阀闻风丧胆，赢得“铁军”将领荣耀；抗日战场上，他运筹帷幄，决胜千里，率部参加了淞沪会战与武汉会战，指挥了桂柳会战及反攻广州之役。本书将为你讲述张发奎的传奇一生，一个曾在“北伐”与“抗日”中叱咤风云的英雄的故事。

张发奎豪侠仗义，待人宽厚，叶挺、贺龙、叶剑英等曾是其生死战友，他与共产党人有着亲密的合作关系；然而其“不事二君”的品性，亦注定了他人生的复杂与多面性，与中国共产党也有兵戎相见的血腥一击。作为一名职业军人，他从每月拿十二块军饷的小兵做起，在枪林弹雨中成长为一名上将，尽管战功显赫，然而他言行谨慎，绝不夸大战绩、居功自傲。对于他率部参加的淞沪、武汉、桂柳会战，他有如下评述：“可以说，在战略上这三次会战都是成功的，我们以空间换取了时间；但在战术上我们是失败了。讲句真话，我们从未取得一次胜利，只是延宕了敌人的前进，还多次重创强军。然而从一个军人的观点，我认为谈不上英雄史诗，我们所做的一切只不过是以空间换时间。”对于抗战的胜利，他亦坦承“是幸胜的”。抗战胜利时，张发奎是广州战区接受日本投降的中国最高长官。1946年任广州行辕主任。1949年3月任国民党陆军总司令，同年6月底辞职，到香港定居。

张发奎八十四岁离世，他亲历了20世纪中国历史的许多重大事件。著名史学家黄仁宇曾说过：“军人的生活像一团梦，整个人生的生命又何尝不像一团梦！”本书是对张发奎不平凡的一生事业做一个最完备的记录，同时又是对张将军一生各阶段心路历程的最忠实的写照。

书中所记录的史实堪称20世纪中国历史的缩影，也是一部具体而微的北伐、抗日、国共战争史，具有弥足珍贵的史料价值。七十多年前，当我们整个民族的躯体行将颓倒之际，是我们的抗日军人，挺起他们年轻的胸膛，迎着敌人的炮火，浴血奋战，让这个别人眼中羸弱的病夫国家站了起来，并最终成为战胜国之一，同其他强国平起平坐，这是中华民族自1840年以来第一次扬眉吐气的时刻。通过本书，您将感受这份属于军人的梦想与荣耀。

目　录

第一章　青少年时代与参加粤军

县城求学的农家子弟

广东省北部有一个县叫始兴，这里四面群山环绕，地势四周高，中间低，呈盆地状，县城一带是粤北最大的小平原。浈江、墨江、澄江几条河流，自南而北，穿过峡谷，流入小平原，其纵横交错的支流，滋润着全县大部分肥沃的田地，使这个小小的山区县赢得“粤北粮仓”的美誉。

三国吴永安六年（263 年）春，置始兴县，甘露元年（265 年）设始兴郡。古人以“此地兴旺，周而复始”而命名为“始兴”。因此地是古代岭南交通要冲，向为兵家必争之地。随着历代屯兵、储粮的需要，在始兴小平原主要村落逐步建立了储粮、屯兵的营所。久而久之，沿河流两岸，每隔三五里，或依山傍水，或隔河相对，形成了一个个小村落。

始兴县住的都是客家人，全县人口约十万人。千百年来，“客家”因从北方中原地区黄河流域南下迁徙而产生，迁徙给予了客家人坚韧的品性，勤劳的客家人在自己的土地上保留了许多古老的风俗，同时为了适应新的生存环境，又创造了属于自己的文化传统。客家人信奉勤俭，习惯于维持天足，妇女从不缠脚，因为女人要从事繁重的体力劳动。客家人注重知识及教育，读书人是不下地干活的，而是待在家里，养育孩子，因此客家人可以客居世界各地而不忘本，被称为东方的犹太人。

张发奎，又名逸斌，字向华，光绪二十二年七月二十五日（1896 年 9 月 2 日）出生于粤北始兴县清化乡矮岭村（今隘子镇彩岭村）。张氏一族是来自河南中州的客家人，清化乡的张氏宗族声称自己系唐朝宰相、始兴伯张九龄的后裔。

彩岭是一个非常贫瘠的村庄，那里居住着一百余户张氏宗亲。张发奎的祖先都是农民，祖父是贫民，有四个儿子，全部务农。由于祖父勤奋操劳，后家境渐有改善。张发奎的父亲张居之排行老二，在二十出头的时候，放弃农耕，投奔一位叔父到始兴县城，在县衙门充任一名刑房小吏。张父为人仗义执言，喜欢帮助弱势群体，常常代人撰写诉状。

据张发奎回忆，父亲曾经沉迷于鸦片烟十多年。一天早上，他起身后把烟榻、烟管和其他烟具搬到院子里付之一炬，对于抽鸦片成瘾的人来说，这样做是很难熬的。尔后，当他烟瘾发作时，就给儿子几个铜板去买米酒，就靠这样，他戒除了烟瘾。父亲是一个意志坚强的人，他的坚毅也影响了张发奎，从军几十年，他没有沾染任何恶习。

张母是一名目不识丁的农妇，笃信佛教，在特定日子就要戒荤茹素，她带着张发奎姐弟在乡间生活，和善慈祥，每当张发奎调皮挨父亲打的时候，她只是心疼却不敢吭声。

九岁时，张发奎入了私塾，开始接受教育，全家也搬到了始兴县城居住。十一岁，进入始兴县高等小学堂，父亲给他取名为“发葵”。“葵”是一种向阳花的名称，劝学所的一名客家长者依名给他取了字，号“向华”，意即向着太阳。

彼时，正是清末轰轰烈烈的自强运动开展之时，始兴高等小学堂就是在清废除科举制度后刚刚开办的。这所洋学堂由县政府斥资交劝学机构管理，配置了现代化的校舍和新式的设备，学校免费提供食宿，因此申请入学者甚众。张发奎如愿入读这所学堂，一年级有二十来个学生，他们穿着有五个纽扣的制服以及皮靴，看上去很神气，但是脑后还留着发辫。新式学堂的课程安排和旧时私塾有很大的不同，增设了地理、历史和算术，同时还注重体育运动，孩子们参加军训，踢足球。

张发奎是班上年龄最小也是个子最矮的一个，他的同学有的已经二十多岁，早已成亲。因为张的年龄小，所以更加贪玩儿顽皮，不肯受教。十三岁时，他成为要求改善伙食的学生运动领袖，带头砸烂了学校厨房中的所有碗盆，校方开除了他们闹事的七八个学生，张发奎也被父亲暴打一顿。之后，县太爷命令他们向校长认错求饶，保证永不再犯，得到了校长的宽恕。

翌年暑假快到时，张发奎和两个同学一起去河里游泳，他们根本不会水，只是在浅水滩练习“狗刨”。这时班上的另一名李姓同学站在河岸上观看，他们就邀他一起下河游水，李同学一跃入水，赢得他们的叫好声，他们以为他是游泳健将，但见他在水面上浮浮沉沉。这时，听得一位轮渡船夫大叫：“有人溺水啦！快救人啊！”这时，他们才知道，原来李同学并不会水，几个孩子很害怕，没有救人，而是抓起衣服，一哄而散。

他们深知闯了大祸，回到学校，不敢吱声，蒙头大睡。不久，就听到有人跑来说：“有学生在河里溺毙了。”校方也发现李同学因为游泳遭遇不测。学校召集全体同学紧急集合，校长宣称，承认和李同学一起去游泳的人不会被处罚。因为害怕，张发奎他们三人谁都不承认下河游泳一事，然而，三人湿漉漉的发辫出卖了他们。这次学校没有原谅他们，将三人全部开除。

张发奎回到家里，又挨了父亲的一顿打，对于这个常常惹下麻烦的儿子，张父的心情很复杂。客家人重男轻女，父亲对长子的期望尤其高，然儿子屡屡犯错，张父恨铁不成钢，认为他冥顽不灵，老捅娄子，将来一定不会有出息；加之遇难的李同学家境殷实，李家中年丧子，悲愤难平，张父担心发奎会因此而惹上官司，于是决定让他远走他乡。离家时，他给了儿子十两银子，相当于十四块大洋，这在当时，可不是小数目，那时，一块大洋可以买三十多斤米。带着这笔钱，和父亲的几个学生一起，张发奎乘船前往广州。

避祸出走广州城

1910 年的广州，正是风云际会的年代。

广州是一座历史悠久的文化名城，最早建城时的名字叫任嚣城。现越秀山上有清代建的一座石牌坊，坊上书写“古之楚庭”，不少史籍将“楚庭”视为广州的雏形，是广州最早的称谓，距今已有两千余年历史。清乾隆二十二年（1757 年），政府实行“一口通商”，广州成为唯一的对外通商口岸，外国商人来华交易，都要找指定的行商作为贸易代理，这些指定的行商所开设的对外贸易行店，就是“十三行”。1840 年第一次鸦片战争爆发，这次战争，发端于英帝国主义对广东的侵略和进攻。1842 年，清政府战败，被迫签订丧权辱国的中英《南京条约》，开放广州为港口，打开了帝国主义侵略中国的大门。1860 年 8 月，签订《中英北京条约》，条约规定占领广州处英军，赔款交清时方才撤离。因此，也可以说中国近代史是从广东开始的。清王朝的腐朽无能，导致了中国在战争中的失败，中国一步步陷入半殖民地的深渊，神州大地，呈现出租界林立、洋人横行、百业凋零、哀鸿遍野的悲惨景象。

哪里有压迫哪里就有反抗，侵略激起反抗，压迫引爆斗争。面对列强瓜分中国的狂潮恶浪，目睹亡国灭种之祸迫于眉睫，有志之士纷纷于危难中奋起，寻求救亡图存之道。广东是受帝国主义侵略最早的地方，受害尤深，因而广东人民对侵略者的反抗也开始得最早、最激烈。林则徐领导的虎门销烟的胜利，维护了中华民族的尊严和利益；广州三元里的抗英斗争，显示了广东人民反抗侵略的决心和威力；洪秀全领导的太平天国农民起义，更是一次惊天动地的壮举，席卷东南半壁山河。历史的汹涌潮流把康有为、梁启超推上了变法维新的领导地位。以“百日维新”为标志的政治改良的失败，使孙中山领导的革命力量跃到了历史前沿。1905 年 7 月，孙中山与黄兴等成立中国同盟会，其“驱除鞑虏，恢复中华，创建民国，平均地权”的民主革命纲领、建立共和国的崇高理想，吸引了一大批进步青年。他们为推翻清王朝的统治而奋勇斗争。

应该说，当时的历史形势，对于年纪尚轻又生活在粤北边远县城的张发奎来说是懵懂迷茫的。广州，是张发奎离开家乡踏上社会的第一站，也是他背井离乡能去到的最远的地方，他不知道等待他的是什么，更不会知道，这里将是他人生发迹的第一个重要城市。

眼瞅着张发奎从家里带来的钱就要花完了，他滞留在一家小旅馆。为了生存，他必须得工作，正好省政府为振兴实业训练技工所设的增步习艺所招收徒工，他去报名，并且幸运地被录取了。在这里他遇到了陈策（字筹硕，海南文昌人，中华民国海军中将）与刘沛泉（字毅夫，广东省南海人，曾任云南航空学校校长兼第十路航空司令）。若干年后，人们说，这三人代表了中国的陆海空军，但当时他们只是三名小学徒。

张发奎与陈策学习织布与染色，刘沛泉学习陶器制作。学徒的生活是很苦的，每天至少工作十小时。这次闯祸被家里撵出来后，张发奎仿佛一夜之间成长了许多。他不再淘气，也担心自己如果再被开除，将走投无路，他刻苦耐劳，踏实肯干，人也机灵，在习艺所工作常常名列前三名，月薪至少有一元两毛。

每日忙碌着，时间过得飞快，转眼新的一年来到了。1911 年是中国近代史上不同寻常的一年。这年 4 月 27 日，广州发生了一件惊天大事。

那天下午，张发奎还在上班，猛听得总督府方向枪声四起，随即街上响起尖厉的警笛声，市民们吓得四处乱躲，一队队全副武装的士兵匆匆而过。后来，张发奎听熟悉的青年学生讲，才知道孙文、黄兴领导的革命党人起义了。

原来就在前几天，黄兴由香港潜入广州策划起义。由于内奸告密，广州全城戒严，清兵四处搜捕。在这万分危急的关头，黄兴于4月26日召集会议，决定坚持发动起义的既定方针，将原来拟定的十路进袭计划临时改为四路，集中兵力攻打总督府衙门，并决定次日举事。

4月27日下午5时30分，黄兴率领队伍从小东门指挥部出发，直攻两广总督衙门，双方从下午5时多一直激战到次日凌晨。由于敌众我寡，起义最终失败。这次起义中，先后牺牲的共有八十多人。事后，有人收殓死难烈士的遗骸，共得七十二具，把他们合葬于城郊黄花岗。这就是中国近代历史上著名的“黄花岗七十二烈士”。

黄花岗起义使张发奎印象颇深，让他第一次知道什么是革命党人，什么是孙中山和他的同盟会。有位青年学生还告诉他，起义虽然失败了，但烈士的鲜血不会白流，清政府一定会被推翻的。果真同年10月10日，革命党人在武昌首义取得成功。

武昌起义后，广州的新军也准备反正，11月9日广东光复。街上的人们奔走相告：“汉人已经推翻满清了！”听到这个消息后，陈策第一个把辫子剪掉了，张发奎见状，也跟着剪了。大家都太高兴了，以后再不用每天早晨梳辫子，也不会再长头虱了。

辛亥革命的成功，给年轻的张发奎的思想带来一定的触动。他少儿时期在故乡，看到乡亲们勤劳节俭度日，却仍然无法摆脱贫困。很多家庭对女孩子漠然处之，有的女婴一出生就会被溺死，或是早早送去当童养媳。通常女孩子三岁就定亲，被送到男孩家住，一对童男童女在家里大厅上拜天地，许多人家也往往借此将女儿打发出去。就连他自己的亲弟弟，也因家中贫困，过继给了亲戚。

年幼的张发奎不明白为什么爹娘和乡亲们这么辛苦，这么勤劳，日子还是过得那么苦。来到广州打工，他通过与革命青年学生的接触，阅读进步报刊，在懵懂之中逐步认识到了清政府的腐败无能、帝国主义的入侵，是造成老百姓生活苦难的根源。他也听说了孙中山的革命思想，但眼下同这个年轻人谈论国家大事，未免有些为时过早，太过遥远，对他来说，当下他首先考虑的是生存问题，是如何养活自己，以及学徒结业后，如何养活家中弟妹的问题。

然而，事与愿违，因为增步习艺所是清政府开办的，广东光复后，习艺所被关闭了，无奈之下，张发奎只好和一起南下的学生们返回了始兴县老家。

这是他离家后的第一次返乡，父亲看到突然归来的他很惊讶，自发奎离乡后，他一直惦念在外打工的儿子，但这个倔强的客家男人不善言表，且坚信“玉不琢，不成器”，这个顽劣的长子必须好好锤打。此刻儿子突然归家，他内心虽然高兴，表面却不动声色，只是吩咐老婆给孩子做些可口的家乡饭；母亲看到华伢子长高也长大了，欣喜得满眼泪花，忙不迭地张罗着。

饭后，父亲问发奎：“头发怎么剃了？”无疑，“剪发剃头”这事在他看来太出格，村子没人这么做，张父继而又吩咐说：“这几天没事不要出门，顶着个没辫子的秃头太显眼了，如果清帝又回来，看他们会不会把你押去见官！”张发奎本想为自己辩解几句，抬头看见父亲那副关切而又责备的面容，话到嘴边又咽下，只是诺诺答道：“是的，知道了。”

没多久，在乡下的张发奎获知增步习艺所重开的消息，连忙又返回了广州。然而，校方责怪他延迟返校，不由分说，将其开除了。

改“葵”为“奎”上军校

在旅店滞留花光了家里带来的盘缠，求职无门、赚钱无道的张发奎，无奈中看到粤军模范团的招兵启事，于是他同妹夫华文治与其兄长华岳高一齐去应征。那时候，民间有蔑视军人的传统观念，俗话说“好铁不打钉，好男不当兵”。虽然在反清革命成功后，这种观念有所改变，但若不是走投无路，张发奎也不会从军。

可是从军也不是一蹴而就的事，因为张发奎发育偏迟，虽然年近十七且健康良好，但他实在长得太矮小了，部队不收他，无奈之下，他只好向连长和一个秦姓的旗手恳求收容他，才最终得以批准入伍。

这个模范团直属粤军总司令部，所谓“模范”只是名字而已，同另外三个师下辖的战斗团地位相同，粮饷相同，制服相同。模范团下辖两个营。

在模范团，虽然张发奎的年龄最小，但他肯吃苦，人又机灵，很快脱颖而出，几个月后，就被擢升为副班长，挂下士衔。连长对这个机灵聪颖的小鬼，看在眼里，喜在心上，知道这是一块璞玉，值得培养。

仲春的一天，窗外的紫荆开得正艳。正在操练的张发奎被勤务兵找到：“张发奎，到连部来一下，连长有事找。”“是！”张发奎应道，他抹了抹脸上的汗跑到连部，“报告，长官。”“进来！”连长上下打量这个精干的小伙子，敲了敲他结实的胸膛：“不错，在模范团，你长高也长结实了。想不想继续深造，去军校学习啊？”张发奎一听，洪亮地回答：“想去！”他挠挠头，有点儿迟疑地说，“不过，我怕我考不上咧，让人笑话。”连长说：“怕什么？你上过学有基础，不试一下怎么知道自己行不行？现在正是春季招生，我想介绍你去考广东陆军小学堂，有没有信心？”张发奎胸脯一挺：“有信心！谢谢长官栽培，我一定努力！”“好！我要的就是你这个决心！”连长高兴地说，“如果你考上了，模范团照旧保留你的名额，每月饷银照付。你要努力考上！给咱们连争光！”“是！保证完成任务！”

在连长的鼓励下，张发奎刻苦备考，因为担心他资历不够，连长每晚还给他开小灶，补习中文与算术。

考试是很激烈，三千个应征者竞争一百二十个名额，明文规定每个县可录取一人，大县可以把名额增至两人。始兴县有三十多人报名。考试分为三场，头一场是体能测试，另两场是笔试，巧的是，第三场的考题——《吴起为将与士卒同甘苦论》，恰巧是连长教他的题目，真是有如神助。

张发奎顺利考取了广东陆军小学，他是始兴县唯一一名被录取的。事实上，作为一名士兵，他的资历最浅，别人都是高小毕业，他只是小学肄业。如果没有连长的辅导，他是无缘入学的。模范团同时还有两人被录取——方颐（字仲吾，广东番禺人，毕业于保定军校炮兵科。1937 年任广州防空司令部少将参议，1942 年任汪伪政府陆军第二十师师长）与谭在汉，他们都是团部保举的；薛岳（原名薛仰岳，字伯陵，广东韶关乐昌客家人，陆军一级上将）和高汉宗（广东番禺人，中央军校第四分校上校炮科主任，后任汪伪政府少将参赞武官）是第十团保举的。

入学注册那天，张发奎因团里有训练不能前往，请同乡华岳高（其妹夫华文治的兄长）代为办理。注册官误把“张发葵”的“葵”写成了“奎”，意为男子汉大步走，从此“张发葵”成了“张发奎”。

张发奎进入广东陆军小学，时为 1912 年。这所军校原是清政府实行“新政”的产物。清政府在经历了甲午战争、戊戌变法、义和团运动和庚子国变等一系列打击之后，为巩固自己的统治，从 1901 年起，开始推行“新政”措施。在军事方面，仿效西方军事模式，编练新军和警察，代替原来的八旗和绿营，并在各省兴办武备学堂、陆军小学，有的省还办了陆军中学，为新军培养中下级军官。1903 年，两广总督岑春植奉命在广东训练新军，在广州筹办黄埔陆军中学、黄埔武备学堂，翌年又筹办将弁学堂。到了 1905 年，黄埔陆军中学与黄埔武备学堂合并，改办广东陆军速成学校，并另筹办广东陆军小学堂，黄埔陆小从 1907 年春招生，由广东省政府管理。中国同盟会香港分会成立后，孙中山先生指定胡汉民、汪精卫、朱执信等人主理广东新军及巡防营的工作，并派一批积极参加新军革命活动的同盟会员到军校当教官，先后有姚雨平、邓铿、胡毅生、赵声等同盟会员在校内任职。辛亥革命成功后，军校被革命党人接管，成为培养新式军官的地方，时任黄埔广东陆军小学堂校长的是同盟会会员翁式亮。

对于有志于从军救国的张发奎来说，能够进入陆小的确是一个不可多得的机会。陆小是官费，学生免缴一切费用，学费、宿费、膳费、制服费都不用缴，此外，每个月还发给两块钱零用金。

学生按照年龄编班，张发奎被编在十六岁班级，有一百二十名学生，其中包括李汉魂、薛岳、黄琪翔、韩汉英、吴奇伟等。大多数学员都是高小毕业，只有少数学员像张发奎和薛岳是行伍出身。

教官大部分是从日本士官学校毕业回国的留学生，穿着非常整洁光鲜、绣有金色花纹的军呢制服，足上是长筒皮靴，光可鉴人，腰间更挂着一把明亮的指挥刀。他们走起路来，雄壮有力，刀声靴声，铿锵悦耳，虎虎生威。学生穿着也不差，全套现代式的陆军制服，剪去了辫子，身挎长枪，一副英姿飒爽的模样。

陆小的学习和训练分学、术两科，完全是模仿日本和德国式的，教学管理紧张而严格，学生除学习数理化之外，还学习外语，军事科目只有操练与来复枪射击。学校是准军营式生活，早起晚睡，出操上课等都有严格规定，一旦犯下轻微错误就要记过，三个小过积累一个大过，三个大过会开除或禁闭。有时学生们会在课堂里罚站逾一小时或者全副武装伫立三小时。犯下较严重过失的人会被关入“反省室”一两天。

在陆小，张发奎第一次接触了中国古代军事经典——《孙子兵法》。这部从战国时期起就风靡流传的军事著作，被古今中外的军事家们所推崇，张发奎深深地被此书吸引，他认为《孙子兵法》所讲的都是经验之谈，应该将它视为军队的《圣经》。入学考试时，他凭借吴起的故事才过了关，因此他特别崇拜将军吴起，钦佩他同士兵甘苦与共，认为作为统帅必须以身作则，只有坚守这种品格才能带领士兵同生死共患难，他同样崇拜岳飞与戚继光，这些人都是中国古代有名的忠臣武将。

通过军校历史课的学习，他逐渐了解到鸦片战争后国土的沦丧和主权的践踏是帝国主义的侵略造成的，尤其是在获悉中日甲午战争中朝鲜和台湾的沦丧后，他开始仇恨日本，仇恨帝国主义列强，并逐渐滋生了革命思想。

此时，学堂学长邓铿想征募优秀青年投入革命事业，便派人向年轻人宣传革命。邓铿，字仲元，1886 年 1 月 31 日生于广东梅县丙村，广东将弁学堂第四期毕业，早年参加同盟会，协助黄花岗起义。广东光复后，他协助陈炯明整编广东部队，并任都督府陆军司长、参谋长。邓铿是粤军的名将，一直负责广东的军事。在学校，他发现张发奎不仅军事成绩优秀，还聪颖勤奋，为师友所推崇，决定吸收他为国民党党员。

1914 年 3 月，一个春雨绵绵的晚上，邓铿把张发奎、薛岳等几个他赏识的学生秘密召到他在校外的一间寓室。

他严肃地扫视了大家一眼，压低声说："去年 3 月 20 日，袁世凯派人在上海刺杀了国民党的创始人之一宋教仁先生。7 月 12 日，国民党员江西都督李烈钧，在中山先生的指示下，从上海回到江西，在湖口召集旧部成立讨袁军总司令部，正式宣布江西独立，并发表电告讨袁，开始二次革命。各省纷纷宣布独立，陈炯明也响应先生号召宣布'广东独立'。你们几位同学立志献身革命事业，打倒袁世凯，精神可嘉。二次革命失败后，中山先生、黄兴等都到了日本东京，广东省也被袁世凯所收买的地方军阀龙济光攻占，革命形势急转直下。在这种情况下，你们仍知难而进，不畏艰险，这种真诚、这种直切，比起那些随波而来的人高出万万倍！现经组织批准，你们正式加入国民党！我荣幸地成为你们的入党介绍人。"

二次革命失败后，张发奎耳闻目睹了袁世凯的爪牙对国民党人的残酷迫害，深刻地认识到革命是必要的。听了邓铿的话，他感到心潮澎湃、热血沸腾。从这一天开始，张发奎觉得自己开始成熟了，再不是那个爱捣蛋的伢子。当时，国民党要求党员工作勤劳，生活自重，行为勇敢，待人热情，尽多争取志同道合的朋友，反对骄奢淫逸，言行卑鄙，张发奎均堪称楷模。党员们经常传阅秘密书刊，一起或谈论国家大事，或慷慨悲歌。

当时军校的国民党同学都想参加二次革命，于是抽签决定去留。薛岳、谭在汉和罗宇澄被成功抽中，离开学校，去了广州。

1914 年张发奎从陆小毕业，随全班同学迁入武昌第二军官预备学校。在这里他和邓演达成了好朋友。邓演达（1895 年—1931 年），又名策成、仲密，字择生，广东惠州人，早年加入中国同盟会。1919 年毕业于保定陆军军官学校，是著名国民党左派。

比起在黄埔陆小，武昌陆军第二预备学校的课程增多了。这所学校是一所中等军事学校，其前身是湖北陆军中学，学校的课程包括两方面，一是普通中学的文化课程，有国文、外文、数、理、化等；二是军事科目，有射击、刺杀、初级战术、筑城学等。学校的治学方针是：学科和术科兼顾并重，对学生要求比较严格。

通过在陆军中学的学习，张发奎开始了解满清以外世界上其他国家都在发生什么。他有了新的崇拜对象——拿破仑·波拿巴，最佩服他的那句名言："胜利取决于最后五分钟的坚持。"这种不屈服不放弃的精神影响了张发奎大半辈子的戎马生涯。

在武昌军校中，张发奎和几位同学组织了一个秘密团体，其主要成员是来自广东陆小参加过中华革命党的人。1915 年 5 月，袁世凯与日本签订了彻底卖国的《二十一条》，以换取日本对他恢复帝制的支持。同年 12 月，袁世凯宣布次年为洪宪元年，准备登基为帝。袁世凯的卖国求荣、倒行逆施，激起了全国人民的愤怒与反抗。12 月 25 日，蔡锷等在云南发动讨袁的护国战争，贵州、广西、广东等省先后响应。

张发奎奋不顾身地投入这一爱国运动。他与同学们一起成群结队走向街头，发表演讲和宣言，揭露袁世凯丧权辱国、开历史倒车的滔天罪行，号召群众起来参加反袁斗争。他还串联了一批同学，跑到驻扎在学校附近的湖北督军炮兵团营地，向士兵们宣传演讲，鼓动他们起来反对袁世凯的反动统治。1916 年初，驻扎在武昌的炮兵旅计划起义，武昌军校的几百名学生打算响应义举。他们向校方申领军火弹药，可是学校根本就没有存储军火，他们碰了壁，起义也失败了。虽然未能参加起义，但张发奎已经上了黑名单，他只好连夜翻墙逃到汉口英国租界，乘上一艘英国轮船去了上海。

这是一段逃亡的岁月，也是一段迷茫的日子，张发奎和同学一行三人辗转来到香港，又到澳门找到了朱执信，其他同学加入了陈炯明或徐谦的队伍，张发奎加入了朱执信的机关。在澳门，朱执信组织了民军，其中包括从台山招募的土匪——俗称“大天二”，以及粤军、学生等。民军有数百人，大多是粤籍人氏，土匪占了多数。其中有一个土匪头子，叫梁盛，他像其他粤军首领一样，具有一定革命思想。梁盛去澳门见朱执信，朱派他攻打江门与新会，同时，因为担心梁盛部下不守军纪，所以派张发奎和司徒非去监管梁盛。

由于澳门法律不准藏有枪械，张发奎和司徒二人徒手前往，他们抱着赴死的决心出发，每人带着一盒香烟，其中有一些含剧毒，备做被俘后熬刑不过自杀之用。

出乎意料的是，因为尊重与信任朱执信，所以梁盛非常服从张发奎和司徒非二人的指导，他们帮助梁盛指挥他的部下攻打江门，战斗持续了几小时。

这时，张发奎其实还只是一个大孩子，战斗打响时，他感到很害怕，听到枪声就发抖。在战斗全面铺开，龙济光增援部队到达后，他们很快被击败和溃散了。梁盛为了表示效忠朱执信，派遣一个土匪护送张与司徒非去澳门向朱执信报告。这算是张发奎的第一次战斗经历。

1916 年 6 月 6 日，袁世凯死了。张发奎和同学们看到报纸上登载通知，要大家回到武昌陆军中学。朱执信给回校的同学都发放了路费，他自己也离开了澳门。张发奎回到了始兴。

一日，张发奎同父亲从始兴县城搭乘一艘小船，有个姓关的亲戚是军人，正好同船。父亲做了介绍后，关氏询问张发奎：“既然读了武昌陆军学校，为何不去保定军校继续读书?”张回答说：“没有钱。”闻听此言，关氏教训他道：“你现在只是个大孩子，尚未完成学业就要干革命，实在太傻!”张发奎知道他讲得对，但内心又有些不服气，小声争辩说：“也不是要先念够了书才有资格参加革命的!”最终张发奎还是放弃了去保定军校的计划。他写信给住在乐昌乡下的薛岳，叫他一同前往广州。

这次来到广州，张发奎又找到了朱执信。朱在广州河（今珠江）南给一群革命青年租赁了一所住房，那里是他的支持者李福林所控制的地域。李福林曾当过土匪，辛亥革命前他就入草为寇了，他常常将一束报纸裹着一支手电筒，用以恐吓路人，使人误以为他持有手枪，所以老百姓称他为“李灯筒”（粤语手电筒）。以后他用“灯筒”的谐音字“登同”为字号。李福林要求广西都督陆荣廷委任胡汉民的堂弟胡毅生为广州士敏土厂厂长。于是，革命党人就有饭吃了。张发奎、薛岳、司徒非和刘纪文都在该厂找到了工作，月薪六十元，张被安排负责煤炭供应。

在这段时间，朱执信常常会到出租屋来给年轻人讲述革命历史。朱执信夫妇俩生活俭朴，居陋室，自己做家务，他们的行为道德不知不觉地感染着年轻人。一次，张发奎他们穿着华服遇到了朱执信，虽然朱什么也不说，但张发奎他们却感到很惭愧，从此这些年轻人就不敢再穿得那么阔绰了。邓铿也常常给他们讲话谈心，对这群年轻人的人生观起了相当大的影响作用，朱、邓二人帮助他们提高了革命觉悟，可以说张发奎的性格是在他俩引导下塑造的。

士敏土厂是一个革命党人维持生计的工具，由于厂里没有足够职位提供，他们中的单身汉必须拿出一半薪金去救济分配不到工作的同志们。张发奎的三弟嘉斌来了广州，报读了南梧中学附小，此后他一直负担弟弟的教育费用。

1917 年 7 月，孙中山先生来广州，9 月 10 日他正式就任大元帅职，在广州士敏土厂设立了（中华民国护法）军政府。张发奎、司徒非和陈策都成了中山先生的便衣卫队成员。

1918 年 1 月 3 日，因新任粤督莫荣新擅自杀害大元帅府卫队数十人，孙大元帅命莫查办无果，于是命效忠于孙的两艘军舰炮轰督军府以示惩戒。然而，炮战失利，两舰逃走。同情孙中山先生的广东省长朱庆澜将警卫军二十个营拨付护法政府，这二十个营重新编组后成为“粤军”，孙先生委任陈炯明为司令，邓铿为参谋长。

粤军集中在汕头，邓铿号召在水泥厂工作的革命青年参加粤军。

由于家庭生活困难，张发奎必须得承担起帮助家庭、支付弟妹教育经费的重担，不得不靠工作赚钱养家，因此他没有参军。工厂里的好兄弟薛岳去参军了，数日后，粤军奉命援闽。

这次没能从军是张发奎一生中最大的憾事，但在他心中同样有一个坚定信念，就是跟随孙中山先生继续进行国民革命，他时刻在等候这个机会的到来。

自从工厂里志同道合的小伙伴们都参军走了，张发奎时常感到寂寞，他经常憧憬自己也是追随孙中山先生革命军的一员。一日，工厂里有一位李姓副厂长看到张发奎又在发呆，似有所思，于是，他把张发奎叫过来："发奎呀，让我来帮你看看命相。"张发奎一愣，狐疑地朝他伸出手，"男左女右"，他看了看张发奎左手的掌纹，悠悠地说："看你的命相，如果从军，最多可以升到营长；倘若从事文职，将会做到巡抚。看来，你命里就不是当军官的料啊！"听闻此言，张发奎不禁笑了，他原本就不是一个信命的人，又一心想从军，今天听了这番所谓"预言"，更坚定了他从军的决心。他望着李姓副厂长，认真地说："就冲你今天这番话，我更要从军，我倒要看看我的命是你算得准，还是我自己说了算！"

参加粤军的年轻人

张发奎军校毕业在广州士敏土厂工作的几年间，正是孙中山着手组建自己的军队、倡导护法与北伐的重要时刻。

袁世凯死后，北方进入了军阀混战的黑暗时期，甚至出现了"辫子军"张勋复辟的闹剧，后来，段祺瑞控制了北洋政府。为此，孙中山先生在广州成立护法军政府，就任大元帅，积极推动北伐以段祺瑞为首的北洋军阀的护法战争。遗憾的是，孙中山先生得不到桂系、滇系军阀的支持，手里又没有自己的军队，根本无法进行北伐。恰在这时，准备辞职的广东省省长朱庆澜，决定将所辖警卫军二十个营改编为省长亲军，任命陈炯明为司令，交给大元帅府管辖。这样，孙中山先生开始有了自己的军队。而粤军陈炯明是孙中山在第一次护法运动中任大元帅时亲自培植起来的。1920 年 5 月，离开士敏土厂的张发奎来到隶属驻漳州的粤军总司令部，不想正好碰上了薛岳和邓演达。原来，薛、邓二人从保定军校毕业后，都不愿意留在北洋军中当见习军官，于是他们和叶挺、黄琪翔、李汉魂、李扬敬和罗梓材等一众广东老乡南下回来投奔孙中山先生，没想到同学旧友在这儿碰上了。

薛岳兴奋地一把抱住张发奎："向华，可算找到你了！你知道吗？孙中山先生于去年组建了援闽粤军，任命陈炯明为粤军总司令，尤其高兴的是，咱们的老教官邓铿出任粤军总司令部参谋长，协助陈司令指挥军队，当时我就想，要是向华在就好了，我们一起来参加粤军！没想到在这儿碰上你了，真是太好了！"

"是啊！能碰见你们，我心里别提多高兴了！"张发奎说，"当年因为我要照顾弟弟的学业，没能和你们一起从军，我一直遗憾万分。自从你们走了以后，我真是朝思暮想能和你们再见面、共革命！我常常想，自己作为一名堂堂军校毕业生，只有投身到革命中，在军队中发挥作用，才能彰显军人本色啊！"

"现在援闽粤军扩编为两个军，正在招兵买马，急需人才，此时咱们去投军，正是好时机。"邓演达也兴奋地说，三个好朋友久别重逢，分外高兴，革命就像一块有魔力的磁石，将身处异地的他们不约而同地聚到了一起。

来到漳州的三人，也被这里呈现出的新气象深深吸引。原来，陈炯明率粤军挺进到漳州后，因缺乏渡海工具不能继续前进，于是便屯兵漳州。他常用"卧薪尝胆"以自勉，不仅在漳州积极训练军队和修筑公路，还致力于社会文化事业，宣传民主与自由。此时粤军军威甚壮，漳州面貌崭新，朝气蓬勃，一时俨然成为国民党的政治和文化中心，甚为中外人士所瞩目。连德国报纸也赞誉漳州是东方一颗明星正在发出光芒，苏联还派出第一个代表到这里秘密会见陈炯明，准备支持中国的国民革命。

在粤军司令部，张发奎一行三人见到了最为崇敬的教官邓铿，邓铿见到他们到来也非常高兴："你们来得正好，目前，北方的直系为了打击皖系势力，勾结占据广州的军阀岑春煊和桂系陆荣廷，企图围攻援闽粤军。中山先生想要粤军打回广东，赶走桂系军阀。我正在为部队回粤做准备，我看你们先在我身边做个副官，锻炼锻炼，有机会再让你们下连队带兵，怎么样?"

"一切听参谋长吩咐。"张发奎三人唰地敬礼。

于是，张发奎、薛岳和邓演达就留在粤军担任士官，那时有两种士官，一种月薪二十五元，另一种三十五元，张发奎属于前者，而薛岳和邓演达属于后者，因为他们在 1918 年就已经参加了粤军，资历较老。

独立营是邓铿的基本部队，它原本是驻扎在汕头时由邓铿组建的独立排，直属粤军总司令部，后来逐步扩充成独立连、独立营。张发奎住在驻漳州的粤军独立营某连连部，因为营长李浚是广东陆军小学第四期毕业生；连长王超是他的同期同学，而此时叶挺已是粤军工兵营的连长。

可以说，在粤军当士官的这段生涯，是张发奎军旅生涯中一个不可或缺的重要阶段，此时，虽然他只是一名连正规编制都没有的小兵，但恰恰是这个卑微的身份，使他能够从军队的最底层来了解中国军队的构成、运行和扩充的方式，这些宝贵的经验为他积累了日后成为统领千军万马一军之将的治军基础。

当时，粤军控制了包括厦门在内的闽西南地区以及粤东的一小部分，其财源在就地征税，县政府负责收取固定税款，他们的固定岁入是土地税。县长通常预先征收一年或是几年的税款，这就是我们常说的"寅吃卯粮"。这种税制在当时十分常见，有些地方，比如四川，田赋预征可达几十年之久，因为那个省的政局不稳，更迭频繁。地方税是岁入的另一个来源，所有的地方税务机关都奉命把税款交给粤军总司令部。作为绝招，粤军会向当地商会"借"一笔特别费，这就是所谓的“老虎借猪”——有借无还。军队是否按月发放经费没有定规，一切要视地方政府财政状况而定，所以，当地方政府不能提供足够经费时，军方就会拖欠饷银。

粤军总司令部在漳州设立了一家造币厂，交周演明管理。这家厂子铸造双毫，但含银量比粤制双毫少，所以老百姓宁收一枚粤制双毫也不愿收取两枚漳州双毫。

在那个年代，中国的军队更好像是私人的军队。粤军直至连一级都有军旗，旗上图案相同，只是级别愈低旗帜愈小。陈炯明麾下有几个上校衔的统领，职位相当于团长，手下至少有两个营，有些是三个营，数量多少是由各单位的不同历史背景造成的。再者，陈炯明的部队包含整支“绿林好汉”单位，也有部分“绿林好汉”的单位。比如，杨坤如统领原来就是广东东江地区的土匪，他转投粤军是因为他要为正义而战，部下有些本来是土匪，有些是地方民团成员，有些正规军单位，例如许崇智、方声涛和张贞指挥的单位，是直属陈炯明的。军官成分复杂，大多数低级军官与许多中级军官来自贫农与中农家庭，高级军官什么成分都有——农民、地主、官员、学生，还有少数来自商人家庭。

几乎所有高级军官都是军校毕业生，他们有些是前清的广东讲武堂毕业的，有些是保定军校毕业的，少数高级军官是行伍出身，例如梁鸿楷与洪兆麟。许多中级或校级军官是保定军校、广东讲武堂、军官讲习所和速成学校毕业生，也有云南讲武堂的，他们是外省学生中最优秀的，少数从行伍提升。多数低级或连级军官从士兵中拔擢，有些上过广东讲武堂或者军官讲习所，少数上过速成学校。

保定军校毕业生至少能当连长，广东学生从保定军校毕业后，会在北方担任短期的教官，然后当排长。北方比南方太平，因此北方的军队也比南方稳定。这些广东学生南归后，就当上连长或参谋官。

广东讲武堂、军官讲习所及速成学校是广东省政府经管的。速成军校的学生多数是中学毕业生；讲武堂与讲习所的学员多数是从士兵提拔的低级军官，仅少数是中学毕业生。这些军校的训练课程只需要一年半，自然不能同保定军校毕业生相比，后者从陆军小学课程开始，要读八年才能毕业。

事实上，大多数高级军官喜欢用行伍出身的军官——包括让广东讲武堂和其他省讲武堂毕业生当排长。因为他们比正规军校毕业生容易指挥，他们通常思想单纯，作战勇敢。再者，行伍出身的军官是非观念分明，而军校毕业生更会盘算个人得失。此外，在粤军中，倘若军校毕业生被任命为排长，实质上来说，他是孤独的，因为他周围是一群粗鲁的行伍出身的军人。在北方，情况截然不同，排长们都是军校毕业生。

士兵文化程度很低，少数人是文盲，多数人仅识得几个字；大多数人是贫苦农民，少数人是无业游民。他们大致可分为两类：一是当兵找出路，二是懒惰，一无所长而又贪吃。前者到处都有，后者毫无前途。

士兵都希望升军官，梦想过高级军官的奢华生活。在中国，能实现此梦想者寥寥可数，绝大多数士兵们只能是梦想。在那个年代，士兵们期望好歹升任个班长，因为只要识得几个字，为人机灵，三年就能升班长。一个班有九个士兵，两个头目：班长挂中衔，副班长是下士，真正的列兵只剩七个。

非委任的军官和士兵的擢升通常由本连的连长提拔，军官们看待非委任军官同看待士兵一样，非委任军官也把自己当成士兵，因此产生了“士兵”（士与兵）这一名词。当一位比较高级的军官讲话时，通常把听众分成两类，他会说“长官们、弟兄们”，后者就是指“士兵”。在低级军官与士兵之间没有明显的等级差别。由于大多数士官是士兵晋升的，他们自然会亲近手下的弟兄。排长把自己看作这个家庭的首领，把班长当作弟弟，把士兵当成儿子。这就是为什么中国士兵被称为“子弟兵”。

在基层军官中，最辛苦的莫过于排长，他需要成天守住他的士兵，要执行忙碌的计划——操练两次和讲授两堂课。每堂操练和讲课都是一小时。操练内容是实弹射击、格斗训练等，演习与模拟战也会举行。排长会讲述基本军事课本，例如军事行动规则的书，解释它的内容，有时会教士兵阅读。连长也很亲近士兵，排长们做的事连长大多数也要做。

关于征兵，粤军也有自己的办法。比如当团长打算在驻地征募新兵时，他只要同他辖区的最高行政长官接触，也就是县长，宣告他需要征募新兵即可。当他想在自己的辖区以外征兵时，就必须取得粤军总司令部的批准，由总部颁令各个地区协助。常有军官对长官说，他有本事在故乡征集一批新兵，于是长官便派他回乡执行任务。军官会得到一笔钱，付给每个新兵作为安家费。另一种常见的征兵方法是：某一位无职军人对长官说他能在故乡征募一批新兵，长官便派他回乡。如果他成功地带回一批新兵，他便会被委任为副官，作为酬劳。

尽管新兵的年龄规定必须是十八至二十五岁，但在具体实施时，来者不拒，未成年人与二十五岁以上的壮丁都接受，甚至瞎一只眼的都收，只要能走路就行，他们可以当炊事兵。

新兵每月的饷银是十元五毛，含六元伙食费，到了月底，能领到四元五毛钱的余额，但实际上，士兵很少有机会领上这笔钱。因为粤军财政拮据，总部常常拖欠饷银，所以饷银是拿不到的。但由于伙食费开支每人每天仅耗一毛五，这样一个月下来可以从六元伙食费中省下一块五毛。于是，每逢星期日，连长会给每个新兵派发这四毛钱，每周能有四毛零花钱，新兵也很开心，这样总强过做乞丐。这一制度对新兵与中士、下士一视同仁。

在这种征募制度下，中国的军事单位从未足额过，军官们能借此占些便宜。战斗部队维持规定兵员是特别困难的，很少粤军单位能领到全额薪饷，多数单位领到的金额少于足额编制，但他们都虚报人头，连长向营长多报，营长向团长多报，逐级都是如此，人人都睁一只眼闭一只眼，这就是“吃空饷”。由于大家都这样做，所以无人会举报。连部不会迅速向上级申报逃亡人数，迟些申报的话，连长就可以吞没开小差士兵的那份粮饷，但粤军有保存人事与战斗记录。

部队一日开两餐，上午九时与下午四时。军队常常买肥猪肉，在乡间它是最廉价的，也最富有营养，吃了容易强壮，而那时很多士兵都骨瘦如柴。

粤军士兵加入部队后，每人获发两套军服。每套都有上衣、裤子与军帽。有时还领到一件汗衫。冬天他们会领到棉衣与夹裤。每年领一套新军服，棉军服则两年发一套。粤军士兵都戴一种“铜鼓盔”，它是竹子做的，形状像鼓，用来遮阳防雨挡子弹。这种铜鼓盔是广东部队的显著特征。每个月每名士兵获发两毛钱买草鞋，通常不打仗时，他们都光着脚板，营、连长也同士兵一样穿草鞋。只有高级军官穿胶鞋或布鞋。但是，行军时他们大多数人穿草鞋，因为胶鞋容易滑跤，布鞋湿了水很重，很少有军官穿皮鞋，既不适合爬山，又不方便行走。

除此之外，粤军士兵的配给还有一条毯子，可以对角斜披在身上，一件雨衣——其实是一件涂了桐油的布披风，一只饭盒，一只口粮袋，一只水壶，一把两用镐锹，一支枪，一条容纳一百五十发子弹的子弹带，子弹带用带子横过身上，十字形绕住腰部。这一切都是按规定配备的。

粤军在武器装备方面，陈旧且混乱。枪支的口径各不相同有汉阳造、沈阳造、上海造、巩县造以及石井兵工厂造的七九步枪；也有德制步枪，其中有些甚至是19世纪末叶制造的，另一些是第一次世界大战时造的，大家公认德制武器品质最佳。

粤军取得弹药的方法更是简陋，有时在一场战斗之后，他们会叫老百姓去捡拾子弹壳，然后再花钱从老百姓手中买回来，把弹壳清洗干净后送回武器修配厂重新充填火药。当然，这种弹药的品质是低劣的。

所有的高级军官、部分营连长持有手枪，多半是毛瑟枪。有些排长只能持竹棍，因为手枪不够分配，他们挥舞竹棍指挥士兵，有时用竹棍敲击士兵的脊背逼他们冲锋。当一名士兵在战斗中倒下来时，一位低级军官就会收走他的步枪。

粤军的住房由连部安排，连长与他的参谋人员住在连部，排长与他的士兵住在可以征用的营房。有时也会住在学校、祠堂和庙宇等地方。

粤军有基本的医疗设施，漳州有一家军医院，每个团部配备了一名受过西方医疗训练的医生，以及一名药剂师、三名男护士。多数医生是在中国修读医学的，有些是北京中国军医学院毕业生。军中最常见的疾病是感冒、胃疼、着凉和烂脚，医生多数使用西药，像阿司匹林等，因为他们受的是西医训练，如果他们使用中药，人们会嘲笑他们，说他们是外行。士兵们不喜欢西药，时常向连长索要虎标万金油、消食丸等中成药去抑止胃疼。

大多数的军人都想当官，军中有俗语“参谋不带长，放屁也不响”，但是所谓“一将功成万骨枯”，想要升到指挥官的职位那是凭借活人的汗、死人的血换来的，谈何容易？

在了解了基层军队的情况后，张发奎知道在现有的体制下，如果想得到擢升，唯一的捷径就是立功——和平时期忠诚勤奋，在战时，必须勇敢。只有这样，才能得到上级的青睐和赏识。张发奎在等待机会的到来。

1920 年春，孙中山见时机成熟，正式电令粤军回师广东，驱逐桂系。8 月，粤军分三路出击，其中，总参谋长邓铿统率第一军洪兆麟、熊略、梁鸿楷等部为左翼，从云霄、诏安以攻澄海、汕头；第二军军长许崇智则率该军全部为右翼，从上杭、永定以攻蕉岭、大埔、梅县、兴宁、龙川，沿东江以窥河源；参谋处长叶举率第一军李炳荣、邓本殷部任中路，从平和进攻饶平、潮安，并突破丰顺、紫金，策应左右翼。

进攻汕头时，第一军第二师师长洪兆麟从各连抽调士兵组成了敢死队，由几名军官率领。洪师长给每位敢死队成员发放了一种券证，允诺持证者缴获敌方一支步枪就可领赏五十大洋。此时虽然张发奎在第一师师部追随邓铿，但仍没有步枪，于是他向洪兆麟要了一张券证，加入了敢死队。看到他们英勇地冲上去，许多敌军残部就投降了，张发奎挥舞着棍棒解除了一个敌兵的武器。占领汕头后，他上缴了步枪，遂领到了五十元赏金。

邓铿见张发奎作战勇敢，便升他为师部副官，挂中尉衔。这样张发奎便赶上了薛岳他们的官阶。不久邓铿又任命他为二十一营杨坤如部上尉参谋。杨在加入粤军之前，原是土匪出身，邓铿任命张这一职务一方面是为了建立师部与杨坤如之间的联络，另一方面也是为了满足杨的要求，他声称邓铿有那么多军校生，要求分给他些。

粤军一路攻城略地，进展顺利，但打到惠州城时，遇到顽强抵抗。

惠州乃兵家必争之地，东临大江，西为西湖环抱全城，仅有几米平坦小路可通城，自古皆被称为不陷之城池。有民谣唱道："铁链锁孤舟，浮鹅水面游。任凭天下乱，此地永无忧。"正因为地势险要，桂系军阀陆荣廷、莫荣新在这儿布置了沈鸿英、马济及林虎等的精锐部队，凭借高大城墙，设防固守，使粤军屡攻不克。

面对敌人的负隅顽抗，邓铿感到杨坤如部和洪兆麟部战绩欠佳，因此决定组织一个"督战队"。这是一个战时的特别单位，从第一、第二师各单位中抽调八十人组成，编成九个班、三个排，每一排自己选举排长，督战队队长相当于连长的职务。这个角色，邓铿心目中已然有了人选。

邓铿知道张发奎是一员虎将，且又有在杨部工作的经验，颇适合去指挥这一特殊单位，他把张发奎叫到营前，命令道："张向华，我现在任命你为敢死队督战长，由你负责从军中挑选精壮八十余人组成敢死队，在黄昏之前给我把惠州城拿下！"

"是。"张发奎随即下到连队挑选敢死队员。

督战队的职能是阻止违令者擅自后退，他们举起军旗站在第一线后面，倘若士兵后退，有权开枪。在战斗中，张发奎身先士卒，带着敢死队员几番英勇冲杀，突破敌阵，爬上城墙，闯入敌群，夺获新式步枪两支，首立军功。

10 月 22 日，粤军终于攻下惠州。

惠州之役，是张发奎第一次担任指挥官的战斗，他知道枪炮不长眼，但作为一名指挥官最重要的品格就是勇敢，绝不能贪生怕死，因此作为督战队队长的自己必须处在战斗一线。

他心中默默念叨“死生有命，富贵在天”，杀向敌前。最初听到炮火声时他也会心跳加快，担惊害怕，但后来这种恐惧感慢慢地消失，他在战斗中得到了历练，逐渐变得镇定，开始习惯炮火声浪了。

在惠州之役后，部队的进展是安稳的，援闽粤军在左右两翼取得决定胜利以后，分路扫荡淡水、博罗、石龙、增城残敌，直取广州。此时，桂军已在潮梅迅速溃败，紧接着李福林、魏邦平又在广州河南区宣告独立，遂使莫荣新的桂军腹背受敌，被迫放弃广州，急撤到梧州一带扼守。由此岑春煊把持下的军政府土崩瓦解。

这是张发奎第一次随军作战，显现出初生牛犊不怕虎的锐气，给邓铿等粤军将领留下了深刻印象，张发奎也在实战中领略了邓铿高超的指挥才能。

1920 年 9 月 21 日，在石龙附近，朱执信死在虎门要塞，年仅三十五岁。当时他正想游说莫荣新的部队投向粤军，虎门要塞司令丘渭南部下对是否反正意见分歧，他前往调解，事后据称一名哨兵误击了他一枪。

张发奎获知朱执信的死讯，悲痛万分，他一直视朱为自己的良师益友、道德楷模，在革命的道路上朱执信给予过他很多无私的帮助和鼓励。朱的牺牲也让张发奎再一次认识到，革命的道路是艰辛而残酷的。

1920 年 10 月 26 日，粤军占领了广州。

11 月，孙中山先生离沪返粤，在广州重组军政府，复大元帅职，同时任命陈炯明为粤军总司令兼广东省省长。

此时，莫荣新麾下的桂军已经撤回广西，桂军林虎的部队驻扎在粤西南，他的下属陈铭枢营长和陈济棠连长向粤军投诚。前者是保定军校毕业生，后者是邓演达在黄埔广东陆小和陆军速成学校的同班同学，毕业后入桂军任实习官，蔡廷锴则在陈铭枢麾下当排长。

这次在上海期间，孙中山见到了期待已久的列宁派来的使者维经斯基。早在1917年俄国十月革命爆发后，从报纸上获知这一消息的孙中山就立即通过中间媒介给列宁修书一封，代表国民党向布尔什维克党人表示高度敬意，希望中俄两国革命党人团结在一起，共同斗争。此次会面，孙中山再次向列宁的使者表达了他的这个意愿，在中国革命的道路上，孙中山是一名开创者更是探索者，他一直在寻找支持革命的力量和方向。虽然他认为中国不能搞社会主义，但并不妨碍他崇敬列宁，且希望能够得到苏维埃俄国的帮助。

此次他回到广州，着手做的第一件事就是改编粤军，整顿军纪。

当时的粤军人数已经扩充至八九万人，有了一定的规模，但是，由于粤军各部多由敌军残部收编而来，原有的基本队伍品类复杂；加之，经过援闽、回粤两次胜利后，军队渐呈骄悍，并趋于腐化堕落，必须加以整顿，否则风纪日弛，渐失战斗力。

经过整编，粤军成立了第一师，粤军参谋长邓铿兼任第一师师长，陈可钰任师参谋长。梁鸿楷被委任为第一师第一旅旅长，下辖两个团，第一团团长谢毅，第二团团长徐汉臣，陈修爵掌第三团，陈铭枢掌第四团。在援闽、回粤作战中涌现出的像张发奎这样表现勇敢、富有理想的年轻军官，很多都被点将，到第一师任职。张发奎初被任命为师部上尉副官，旋升少校，后又调任李安邦部警卫游击第二十七营营长，张发奎在一年内就从士官升到少校，擢升比别人都快；薛岳被委派组建机枪营，任营长；李章达和叶挺被委派组建工兵营，分别被任命为正、副营长；邓演达等人则被任命为参谋。许多独立营的班长被委任为第一师的连排长，独立营直属于第一师，由齐公恪任营长，王超任副营长。

第一师有部分军官不是广东人，好多保定军校毕业的参谋军官不是广东人，多数士兵是广东人。粤军第二师是洪兆麟统领的，麾下大多数军官是湖南人，士兵则湘籍、粤籍都有。第三师由魏邦平统领，士兵全系广东人，李汉魂、邓龙光、韩汉英在第三师。

粤军第二军军长是许崇智（邓铿的义弟）。许济（许崇智的堂弟）、吴忠信和张明达任旅长，顾祝同、刘峙、卫立煌任参谋长，第二军的官兵部下是粤籍人氏。

粤军的组织系统是九个士兵一个班，三个班一个排，三个排一个连，四个连一个营，三个营一个团，两个团一个旅，两个旅一个师。编制如此，但没有真正实施。例如许崇智的第二军始终没有师的编制，员额不足。

第一师驻扎在广州，陈炯明经常送钱给粤军，他的钱源自广东省政府财政局，由于陈兼任广东省省长与南方政府陆军部部长，自然不缺钱。第一师以外的军事单位就没这么幸运，但是他们会想办法“找钱”。那时，鸦片与赌博是明令禁止的，但在“山高皇帝远”的地区，烟赌盛行无忌。有些军事单位包庇烟赌收取黑钱，对方倘若不肯就范，赌场烟馆会无休止地受到骚扰。因此，不等这些军事单位主动索取黑钱，烟馆赌场自会按时奉上。当然，这种黑钱只能在远离省会的地区收取，所以不必害怕陈炯明的禁烟禁赌政策。

走私漏税是军人搞钱的另一种常用方法。例如，驻扎在河（珠江）南、控制着珠江三角洲（包括南海、番禺、顺德、香山、东莞）水上交通线的广惠镇守使李福林，组织了一支“护商队”，表面上声称为了防御土匪，实际上付钱给李福林后，他就会派手下士兵登上民船，这艘船可挂出书写着“福军”的旗帜，就可以拒绝海关搜检，也就逃避了进口关税。李福林就是这样财源广进。

一日，张发奎和战友陆志云一起吃饭，酒过三巡，陆对张说：“向华，你整天待在部队，只顾埋头训练，你可知道，现在外面有多少捞钱的好机会？”他压低嗓音，悄声道，“就说广东盐务稽核分所汕头缉私队吧，他们一个负责人每月的外快就有三千块大洋！”向华听他这么一说，被吓了一跳，他暗自寻思，自己现在是个营长，月饷不过一百二十八元，不吃不喝要干二十多年，才能赚到那么多钱啊！正琢磨着，陆志云又说：“你和邓师长关系这么好，干吗不走走他的门道，让他出面向陈军长推荐一下你，由你出任这一肥缺，岂不是好？”

与陆志云分手，回到部队，躺在床上，张发奎失眠了，陆的话在他脑中反复盘旋，久久不能退去，他想，除了盐务缉私队，我还能到哪里去赚那么多钱？一年之内赚三四万大洋，只要三四年就能挣下足够享受一辈子的巨款，以后也不必再上战场拼命了。他的内心完全被这种“求官搞钱”的诱惑充斥了，他迷失了。

第二天，张发奎找到邓铿，将自己的打算告诉他。邓铿问张发奎：“你今年几岁了？”“二十六岁。”邓又问：“你几时死？”张一愣，猜不透邓的意思，嘟嘟囔囔道：“不知道，但我相信近期不会死。”邓听后，马上厉声指责他：“我从未想到你是这么糟糕的年轻人，只想赚钱发财，这样下去，国家还有什么指望？现在我明白了，我看错你了！”张发奎羞愧万分，哭着说：“我知错了，今后我再也不考虑这类坏主意了。我决心听您的教诲，做一个好青年。”

这应该是张发奎个人历史上，第一次也是最后一次思想开小差，从今以后，他再没有想过“求官搞钱”。粤军第一师的治军方法与思想，加之邓铿本人的熏陶与感染都深深地影响了张发奎，这些为他日后成为一代名将奠定了坚实的基础。

当时第一师有如下几个新特点不同于其他部队：一是重视对各级干部的培养，有目的地举办军官教育营、军士教导营等对中下层军官进行轮流培训；二是在军事学术上，实用重于形式教练；三是重视政治思想教育；四是重视社会常识教育；五是试行生产教育。

经过多方面的整编教育，粤军第一师取得很大的进步，那些旧官兵消除了颓废放荡的习惯，积极学习，加强锻炼，严守纪律，精诚团结。在整个队伍来说，战斗动作与制式教练都相当娴熟，并养成了旺盛斗志的战术思想，精神面貌焕然一新，确实起了模范作用，得到各方面的称赞。

粤军第一师为国民革命培养了大批将才，李济深、邓演达、陈可钰、薛岳、黄镇球、张发奎、黄琪翔、余汉谋、李汉魂、陈铭枢、蒋光鼐、蔡廷锴、戴戟、李章达、叶挺、梁鸿楷、陈济棠、邓世增、邓龙光、缪培南、李扬敬、徐景唐、香翰屏、朱晖日、钱大钧、陈诚和罗卓英等，都先后在第一师中任过职（除李济深、戴戟、钱大钧、陈诚外，其余均为粤籍），后来都成为国民革命军高级将领，有不少日后成为现代中国叱咤风云、如雷贯耳的人物。

追随大总统，一生信仰三民主义

1921 年 4 月 7 日，非常国会召开参众两院联合会，选举孙中山为非常大总统。两个月后，桂系军阀陆荣廷又勾结北洋政府陈兵桂粤边境，企图卷土重来，进犯广州。6 月，孙中山命令：粤、赣、滇、黔军，共同讨伐桂军。陈炯明率粤军入桂作战，邓铿受命留守广州，并代行总司令和广东省长职。

粤军入桂，所向披靡，先后占领南宁、柳州和桂林。桂军残部逃往桂西南龙州，不久也被消灭。此时，恰值北方的直系与奉系准备大战，孙中山建议趁热打铁，立即北伐。国会非常会议于 10 月 8 日通过了北伐提案。10 月 18 日，孙中山在广州东较场举行北伐誓师。

同一天，孙中山在许崇智公馆召开北伐会议，参加人员有胡汉民、汪精卫、许崇智、廖仲恺、古应芬和邓铿等。

会后，邓铿深感护卫孙中山的重要性，考虑再三，决定挑选自己最信任的几名有勇有谋的虎将负责卫队工作。于是，他从第一师抽出三个营成立大本营警卫团，任命该师参谋长陈可钰为警卫团团长，李章达、华振中为中校团副；将第一师的机关枪营改编为警卫团第一营，薛岳任营长；将工兵营改编为第二营，叶挺任营长；将游击营改编为第三营，张发奎仍任营长。警卫团编成后，分两批出发，直赴桂林，负责警卫北伐大本营和孙中山的任务。

此前夏季，中山先生与陈炯明指挥了“援桂”之战，击败了桂军，将广西置于广东统治之下。中山先生带着第一、第二警卫营，在桂林设立了大本营，积极准备经湖南北伐。

张发奎的第三营与警卫团奉命开往桂林。在途经梧州等候船只的时候，发生了一个插曲。

这日第三营有两个士兵迷路过了河。后来这两人返回营区，但随身佩戴的刺刀却不见踪影，那时丢失武器可是死罪。两人辩诉，刺刀被桂军第七军军长陈天太的士兵抢走了。张发奎相信士兵没有撒谎，于是向陈天太询问此事，但陈矢口否认。于是张发奎召集了连长会议，大家一致同意进攻陈天太部的一个连部。张连夜部署，派了两个连，于拂晓时包围了陈天太部，打垮了对方，找到了那两把带编号的刺刀。

作为一名指挥官，张发奎的处理也许过于轻率莽撞，但是，这个年轻人认为他必须去攻打抢了他们武器又拒绝归还的人，因为这不仅仅是对军人权益和尊严的捍卫，也关乎一名军人的集体荣誉感。

这件事很快被陈炯明知晓，他下令警卫团团长陈可钰逮捕张发奎并送回广州。

陈可钰命令张发奎赶快去桂林，张发奎看见陈可钰神情沮丧，不知何故，就问邓定远："出了什么事？团长让我马上去桂林。"

"还不都是你莽撞惹的祸。"邓定远说，"现在军长来电，命令团长立即逮捕你押送回广州。"

张发奎一听，马上说："陈团长一直待我很好，我不能让他难做！我会为自己所做的事负责！"言毕，他立即找到陈可钰，"陈团长，你不要为难，押送我去广州吧，一人做事一人当，你不用担心！"张发奎坚决地对陈可钰说。

"这事我已经做了安排，我已向中山先生报告了此事，你现在应该服从命令马上去桂林，其他事情以后再说。"陈可钰命令张发奎道。

那时陈炯明已指令蒋光鼐接替张发奎的职务。中山先生说，张发奎要出发去清剿土匪，此事暂缓。十多天后张发奎剿灭了土匪，孙中山打电报给陈炯明说，张发奎已经立下战功，故对他的处分改为“革职留任”，不久张就官复原职。

完成剿匪任务后，张发奎带着全营官兵随孙中山来到桂林，这是他第一次到桂林，一下子被这迷人的山水所陶醉。从此，他与广西结下了不解之缘。

北伐大本营设在桂王宫里。桂王宫在前清为贡院，民国后，改作咨议局，在城内独秀峰下，左临师范学院，规模非常宏大。警卫团团部设在前楼，中座有一大楼，中山先生的办公室、寝室等皆在楼上；后座为一大礼堂，用于召开会议。张发奎的第三营与第一、第二营轮流护卫孙大总统与孙夫人，他们去哪儿警卫戒备到哪儿。有时，中山先生饭后出外散步，一有空闲，就喜欢跟卫士们聊天，给他们讲革命的道理，也会问一些有关士兵的问题，这使张发奎他们受益匪浅。

1921 年底，孙中山在桂林见到了列宁派来的第二个使者——马林。

作为共产国际执委会委员的马林颇得列宁赏识，此时，他刚刚参加了中国共产党第一次代表大会，并在第一次会议上一口气做了将近四小时的发言，尽管“一大”代表们对他印象不错，毛泽东评价他“精力充沛，富有口才”。但是对初生的中国共产党，马林却颇不以为然，他在给共产国际的报告中评价说，中国共产党人是一些“不懂马克思主义，缺乏社会主义实践”“倾向社会主义的学生”，他们“从来不曾同工人阶级有过密切的联系”。对国民党马林倒充满乐观和希望，认为它是由“知识分子、华侨资产阶级、南方士兵和工人组成的各阶级联盟”。这位共产国际执委会委员的结论是：“在上海我对中国的运动及其发展的可能性获得一种十分悲观的观点；我在南方才发现工作大有可为，而且能够成功。”

于是，马林很快从上海南下来到广西桂林。

在桂林，他向孙中山提出了三条建议：

第一，改组国民党，广泛联合工农大众；

第二，创办军官学校，建立革命武装；

第三，与中国共产党合作。

孙中山认为，这是列宁给他传递过来的声音。

这三条建议成为后来孙中山“联俄、联共、扶助农工”三大政策的起源。马林走后，孙中山即召集在桂各军将帅训话，决定中国革命须以俄为师，如不学习苏联，断无成就。

张发奎对这次讲话的内容印象深刻。在那个年代，军队中存在着浓重的等级观念，团长、旅长、师长都是眼睛朝上望，团以下军官通常没有机会接触最高领袖。对军人来说，能见到大总统绝对是一种莫大的荣誉。因为担负孙中山的警卫任务，使张发奎有机会近距离接触大总统，他深深被中山先生平易近人谦虚的人格魅力所征服，也为他热情的演讲内容所震撼。他在心中默默地牢记“联俄、联共、扶助农工”，中国革命的希望就在这里了。

之后，孙中山在桂林积极做着由湘北伐的准备，他致电各省各军首长亲自或派代表来桂林参加军事会议。但是让中山先生万万没想到的是，就在他的北伐决心异常坚定的时候，陈炯明在广州叛变了。

第二章　在广东的军伍生涯

陈炯明叛变了

1921 年 5 月 5 日，孙中山在广州就任非常大总统职，为了减少阻力，乃以非常大总统的名义，任命陈炯明为中华民国政府陆军部长、内务部长、广东省长兼粤军总司令。一时之间，陈炯明可谓“众多权力集于一身”，日益觉得踌躇满志，顾盼自雄，开始萌生背叛孙中山、称霸一方的心思。

其实这二人意见相左，远在两广组织军政府以前就早有端倪。

当时，辛亥革命失败，袁世凯想要龙袍加身，孙中山反对，发动二次革命，督促陈炯明举兵。陈炯明以“广东兵力单薄，不能首先发难”为由来搪塞孙中山，引起孙中山的不满。

二次革命失败后，陈炯明的部队被袁世凯打败。护法运动发生后，陈炯明北上谋求权位未果，只好来到上海投靠孙中山。孙中山立即捐弃前嫌，又委以军权。1921 年，第二次护法运动开始后，孙中山命陈炯明出兵驱逐当时在粤的桂系军阀。出于争夺地盘的考虑，陈炯明率兵赴粤驱桂，取得了胜利。

孙中山先生一生经历过很多次的失败与背叛，他曾败于袁世凯和北洋政府，也曾败于英、美、日政府，还曾败于国内的官僚政客，但这一次，让他始料不及的是追随自己十余年出生入死的部下竟然背叛了他。

尤其令他万分痛惜的是，陈炯明把他联德、联俄的三封密函作为缴获物在香港公布，使海内外舆论一片哗然。趁火打劫的不仅是陈炯明，国民党内李石曾、吴稚晖等四十九人借机联名通电，劝孙中山下野。

深析孙、陈二人的分歧，其实是基本政策的歧异——陈炯明鼓吹联省自治，孙中山则坚持北伐。这种根本性的差异早晚会导致二人的分道扬镳。

邓铿多年来周旋于孙、陈之间，曾对人说："中山先生遇事过于勇锐，或要求过高，而竞存（陈炯明的字）则过于持重，每不肯降心相从。"据此也可知邓处境艰难，用心良苦。

然而，忠心耿耿的邓铿未料到，他与陈炯明共事多年，勤勤恳恳打理粤军军务，有朝一日，陈竟会因为政见不同而对他下毒手。

1922 年 3 月 21 日，邓铿在广州大沙头车站被暗杀了。

当时，天色已晚，正当邓铿走出车站时，突然遭到暴徒狙击，其胃部被子弹穿透，遂被送往医院救治。邓铿自知在世时间不多，于是对家人说："余才学不逮朱执信远甚，朱且先我而死，为革命党人，平日拼作牺牲，尔等无过伤也。天下不能容好人，付之叹息而已。"溘然闭目，享年三十六岁。

噩耗传至桂林，北伐大本营一片悲恸声，中山先生亦十分震惊，于是致电陈炯明："仲元遽以创伤，伤哉！平日忠于国事，勇于奋斗，前途之望，正复无量。壮年遽殒，不止粤中惜此人才也。"

张发奎突闻自己最尊重的教官和领路人邓铿遇难，也犹如晴天霹雳，哭成了泪人。

邓铿遇难后，传说纷纷，都说与陈炯明及其部下一帮歹徒有关，但苦于无证据，久未破案。直至 1928 年冬，始将主谋行刺邓铿的罪犯陈炯明亲信族弟陈觉民抓获正法。其余凶手黄福芝、陈少鹏也受到惩治。张发奎这才出了一口恶气。

由于邓铿被杀，不仅使北伐痛失一名大将，而且还影响北伐的供给。北伐军大营内形成两派意见，一方以蒋介石为代表，力主回师讨陈，为邓铿报仇；一方以李烈钧为代表，劝说以北伐大局为重，不要造成内部分裂，主张改道韶关，从江西北伐。孙中山权衡再三，最后采纳了后者意见，决定将大本营移师韶关。但为平息众怒，在回师途中免除了陈炯明广东省省长、粤军总司令和内政部长职。然而，陈炯明仍军权在握，不思悔改，暗中令其亲信部将叶举等部回师广州，图谋兵变。

一时间，风急云卷，变幻莫测。

但这一切都不能阻止孙中山北伐革命的决心。

5 月 6 日，孙中山乘火车从广州亲赴韶关，夫人宋庆龄偕红十字会人员随行。9 日，孙中山在韶关大本营发布北伐总攻击令，誓师北伐。总司令李烈钧，总指挥许崇智，梁鸿楷接任第一师师长，奉命与第二军许崇智、朱培德部一起兵分三路经始兴、仁化、南雄向北挺进江西。除此之外，当时参与的北伐队伍还有李福林部、湘军谭延闿部、豫军樊钟秀部和黔军等，共约七万人。各省部队云集山城，整个韶州成了个大兵营，马嘶人欢，热闹非凡。

孙中山移师韶关后，他的三个警卫营各负其责，薛岳的第一营作为机动部队随孙中山活动，叶挺的第二营留守广州总统府，张发奎的第三营主要负责韶关大本营本部的保卫。

督师北伐大本营设在原南韶连边防督办署。这是一座四合院式的两层砖木结构瓦面楼房，坐北朝南，楼的南北中央皆设有楼梯，底层八个柱子，中间建成对称的七个拱门。楼上下四周均由走廊相连接。中间有三百多平方米的正方形天井。楼的结构属西式，显得宽敞、明亮。大本营设有参军、文官、幕僚、党务等处，以及负责后勤的金库、庶务、供给等单位。南楼地下的会议厅，可供中山先生召开各种会议及接见军政要人和各界名流之用。

张发奎对这个地方较满意，它位于市中心，交通便利，往东二百米是城的东门，过浮桥即可到火车站。大本营所在的这条街原叫弓箭街，由来是此街有许多专门制造、销售弓箭的作坊以及商号而得名。街东口的城门叫“闻韶门”，市民叫它为“老东门”，临河的古码头上架着的浮桥最早建于元朝，河对面即是东河坝。现在弓箭街基本不再生产和销售弓箭了。民国建立时，就把它改名叫“建国路”。

后来，抗日战争时期，张发奎到韶关任四战区司令长官，为激发民众的抗日热情，一度把此路改叫“抗日东路”，抗战胜利后，又恢复为“建国路”，沿袭至今。此乃后话。

为了确保大本营的安全，张发奎不敢丝毫懈怠，他把全营分成几组，除保留机动部队外，分三班二十四小时值勤。

为了争取陈炯明支持北伐，孙中山任命陈炯明的部下叶举为粤桂边防督办，并要求陈炯明积极在后方支持北伐。陈炯明表面上表示服从孙中山的处置，暗中却在积极准备武装叛变。

5 月 18 日，叶举率部突然回到广州，要求恢复陈炯明的职务，免除廖仲恺的职务。廖仲恺感到局势危急，电请孙中山速回广州。

此刻，在江西前线，北伐军进展顺利，于 6 月 13 日攻下了江西赣州，并进至吉安，前锋直指江西省会南昌。孙中山原先打算，南昌攻克后，再到九江，他要亲率北伐大军完成统一中国的大业。谁料在这紧要关头，忽然接到了廖仲恺的电报，他经过一番痛苦思考以后，决定再做一次让步，同意让陈炯明署理两广军务，并电令叶举率领所部兵力奔赴驻防处。为了解决后顾之忧，他将韶关大本营交给文官长胡汉民暂为代理，自己返回广州，督促陈炯明的行动。

大家都劝中山先生不可过分相信陈炯明，如果一定要回去，也要带足卫队，可是孙中山考虑到北伐前线兵力紧张，只答应带五十名卫士返回广州。警卫团长陈可钰急了，坚持让薛岳率一营作为护卫队伍，随中山先生行动，张发奎的第三营留在大本营里继续担任警戒任务。

而最终，薛岳只带走了第一营的一连、二连和三连，余下的四连，与张发奎的第三营，由中校团副华振中指挥，负责大本营的守卫，陈可钰随孙中山行动。

此次中山先生执意去广州，张发奎心里一直觉得不踏实，总担心会出纰漏。自从邓铿被刺以后，他对陈炯明很不放心。果然不出所料，中山先生前脚刚走，北伐军在赣州就发现了陈炯明与吴佩孚的来往信件，信中商量的事情是如何南北夹击北伐军，如何在消灭孙中山以后让陈炯明占两广为王。

张发奎得到这一情报后，心急如焚，赶紧与胡汉民商量，派专人到广州，报告中山先生，请求他密切注意陈炯明的动向，不要让乱臣贼子有机可乘。

6 月 14 日，陈炯明对叛军下达了对总统府的总攻击令，欲置孙中山于死地。

6 月 15 日夜里 10 点，广州卫戍司令魏邦平、海防部司令陈策接连用电话向孙中山报告，谓今夜粤军恐有不轨行动，请孙中山速离总统府。然而孙中山仍然半信半疑。

深夜 12 点，总统府里已能听到远处部队集合的哨声，形势极其严峻。林直勉（孙中山的秘书）等人又跑到总统府，向中山先生报告："大总统，陈炯明的部队要在夜里 1 点攻击总统府，事不宜迟，请大总统赶快离开！"孙中山凛然正色道："如我为逆贼所害，正是我为国献身之时，岂能临难苟免，贻笑中外，玷辱国家形象？"

林直勉几人见劝说无用，也就不再"礼貌"，他们给孙中山裹上一件白布长衫，鼻梁上架一副墨镜，打扮的正是孙中山的本行装束——医生，连拉带拖地将孙中山架出了总统府越秀楼。

他们一行几人，在途中几次遇到叛军，都说是到病人家中急诊，请医生来看，加之态度自若，得以安全通过。来到了天字码头，登上了江防司令陈策来接他的宝璧舰，后转永翔舰，再转永丰舰，暂时脱险。

此刻，在桂林大本营的张发奎等人，尚不知道陈炯明的叛军包围了观音山总统府。警卫第一、第二营被解除武装，陈可钰等人已被拘禁。

6 月 16 日黄昏，留守桂林大本营的张发奎等人，接到了孙中山的急电，命令北伐军停止进军，立即回师平叛陈炯明。

张发奎噔地跳起来：“陈老瘾果真动手了!”粤军将称陈炯明为“陈老瘾”，因为他烟瘾极大，“大总统现在怎么样?”

胡汉民看完电报：“大总统暂时安全，生命无忧，只是……”胡汉民叹了口气，继续说，“可惜中山先生投之以桃，不料陈炯明并不报之以李啊！这次叛乱打乱了我们的部署，北伐和西征皆前功尽弃，陈炯明真是千古罪人啊!”

听到中山先生脱离险境，张发奎略松了一口气。

团副华振中说：“我刚得到叛军方面的消息。陈炯明早料到北伐军会南回，已命令其得力干将翁式亮、杨坤如的部队迅速北上，企图先北伐军一步，占领韶关，阻挡南下北伐军的先头部队回广州。”

张发奎摊开作战地图，标明叛军的位置，分析道：“叛军三天内就可到达韶关，我们这里只有少量守卫部队，必须迅速派人与赣州的北伐军取得联系。”

胡汉民来回踱了几步，停了下来，决断说：“大敌当前，事不宜迟。向华，你带领大本营的文职人员一同撤离到始兴；我马上到赣州，与李烈钧、许崇智取得联系，大本营就交由你们二人负责。一定要注意安全。”

“胡先生，您也要一路保重，我派人护送您。”张发奎关切地说。

送走胡汉民等人后，张发奎迅速布兵遣将，准备应战。

当部队抵达始兴时，让张发奎始料未及的是，自己的后院也起火了——华振中动摇了。

原来，翁式亮派遣丘兆琛秘密走访华振中，并争取到华的支持。翁式亮是张发奎就读陆军小学时的校长，老同盟会会员，丘兆琛和张发奎、华振中都是陆军小学同学，可谓师友一堂，但此时他们都已是陈炯明的重要追随者。

华振中对张发奎劝道：“向华兄，我接到翁校长的一封信，劝我们去投奔他。翁先生曾是我们黄埔陆军小学的校长，也是我们的恩师。他现是陈炯明的亲信，我们不如带着队伍投靠他，将来定有出息。”

张发奎没想到在此危难时刻华振中竟然见利忘义，说出这种话，他脸上勃然作色，怒斥华振中：“强素，你我二人既是同乡又是同学，我素来敬重你，没想到今天你竟如此糊涂，政治上这么幼稚，我们怎能做出这种不忠不义之举？这样做你对得起大总统对我们的信任，对得起牺牲的邓教官吗？”

但是华振中当时鬼迷心窍，不听劝阻，接着他不顾张发奎的反对，召集了连以上军官会议，执意鼓动警卫部队的官兵投靠陈炯明。因为华振中是中校副团长职级，职位比张发奎高，张奈何他不得。

大敌当前，人各有志，无法强求。

山里来了个“张大王”

就这样，张发奎率领三个连加一个排，北行追赶胡汉民；华振中则带走了三个连，包括两个机枪连，南行投向翁式亮。

刚到南雄，张发奎他们就碰上胡汉民、许崇智和李烈钧，他们正开赴韶关作战，陈炯明亲信梁鸿楷率第一师尾随在后。

张发奎旋即向他们报告了事件的原委。胡汉民听完，说：“向华，我在江口听说你投降了陈炯明，而华振中与部分士兵则忠贞不移，我当时就表示，那是绝对不可能的！”许崇智也说：“是啊，我正奉命查证此事。”张发奎感到惊奇，问胡汉民何以见得。他正色道：“向华，我相信你是一个正直的人，不会投降，更不会背叛革命！”

多年以后，华振中对叛变之事极为后悔，他在回忆录中写道：“良心虽出自爱国家，爱部属，而事实是做了反革命！这是我良心上最大的憾事。”1926 年，他看到陈炯明倒行逆施，毅然挂印弃官而去。

6 月 20 日，翁式亮、张化如两团先北伐军一步占领韶关，为了抗击北伐军，翁式亮迅速在黄冈山、芙蓉山和帽子峰等战略要地构筑工事，严阵以待。

7月2日，许崇智接到孙中山电令后，率第二军与李福林、朱培德部进入粤境，由南雄、始兴直取韶关。北伐军以朱培德部任左路，攻占黄冈山后迂回芙蓉山。许崇智部任中路，抢攻帽子峰。李福林部和许崇智一部斜攻火山，迂回马坝，以切断陈军退路。

北伐军锐不可当，许崇智部一举即攻占帽子峰，另路攻占火山后直迫马坝。同时，黄大伟部也由始兴进抵翁源，同陈军洪兆麟师接触。

帽子峰俯瞰韶关，关系至大，双方反复争夺，北伐军由于弹药缺乏，三得三失，唯有从火山进迫马坝一部，仍然严重威胁着陈军的安全。陈军一部被迫退守马坝。

在这关键时刻，陈炯明动用“秘密武器”，给担任北伐任务的粤军第一师师长梁鸿楷发去一份绝密的电报，要他从北伐前线秘密回师，从背后袭击北伐军。

梁鸿楷接到命令后，左右为难，他既不想从背后去打北伐军，又不愿违抗陈炯明的命令，踌躇再三，决定召集一次军事会议。会上粤军第一师第三团团长陈修爵（此人乃陈炯明的亲信）与第四团团长陈铭枢赞同支持陈炯明，遂率领本团，倒戈相向，加入叛军，连夜兼程开赴曲江县马坝，支援翁式亮的部队。因为其他团的士兵大多盲从二陈，梁鸿楷只能屈从。于是，第一师离开许崇智投向陈炯明。

北伐军乘胜追击，正好遇到陈修爵的三团。这是一支生力军，他们装备精良，遏止了北伐军的进攻势头。南下讨贼的北伐军三个月来连续征战，疲乏不堪，全凭一股士气在作战。此刻，遇到强敌，进攻被阻，又听说第一师已经倒戈，前方遭遇的竟是“自己人”，于是，军心大动，全线退却。

之后，赖世璜部下的卓仁机带了一营人马投向陈炯明部。许崇智部退入福建省境内，李烈钧、李明扬、朱培德部退入湘境，赖世璜部退回江西省赣州境内。

就这样，经过一个多月较量，北伐军南下讨贼的计划没能取得预期战果，平叛行动受阻。

再说张发奎撤离韶关后，率部加入北伐军黄大伟部，与叛军激战于翁源。他们最后因腹背受敌与主力失去联络，孤军作战。

因为同许崇智部的联系被切断，找不到主力部队的张发奎做出了一个大胆的决定：上山打游击。他带着部下一百多人来到故乡始兴县的仙人岭。这里山高林密，易守难攻，不少绿林好汉聚啸其间。

他们在那儿待了约半年，度过了连草鞋也没得穿的日子，当食物吃完时，他们就去山下袭击小村子，抢些玉米、大米、芋头、土豆等食物，过上了土匪的日子。部下笑称张发奎占山为王，是个“山大王”。众所周知，战时有不少土匪被招抚变成了军人，比如李福林，但是像张发奎这样，由军人变成土匪的例子却是极为少见。

尽管张发奎他们占山为王，搜掠食物，但严格奉行道德原则，所谓“盗亦有道”，他们绝不纵容通奸或强奸，仍旧维系着军纪。因为这段特殊经历，之后，张发奎便有了“大王”的绰号。

这天，哨兵报告，门口有个叫丘兆琛的求见。此人是张发奎昔日黄埔陆小的同学，老同学相互寒暄一阵后，丘说明来意：“向华，听说你在这里，我和老师都很惦念你，给你送来些食物补给。”张发奎命手下收下礼物，笑着说：“谢谢你们惦念，这些食物我就收下了。”丘兆琛又说：“恩师翁式亮校长一直对你很器重，特意让我带一封信给你，请你过目。你们的团副华振中过去后已受到校长的重用。”张发奎接过信，信中写道：“师生之情，爱护之心始终如一，希迅速来归，免贻后悔。”看完信，张发奎不动声色，拿起桌上的笔墨，当即回复一函：

……生投笔从戎，束发受书，师恩难忘，但忠臣不事二主，烈女不嫁二夫，言犹在耳，岂能忘心，恕难从命。

"丘兄，还望你把信带给老师，恕不远送。"张发奎拱手道。

"送客！"

丘兆琛走后，张发奎担心翁式亮不会善罢甘休，迅速部署全营，继续与叛军对抗，同时静待时机之变。

三个月后，他等来了粤军第一师师长梁鸿楷劝他归队的信。

前面说过，粤军第一师是邓铿亲手创建的模范师，邓铿被刺身亡后，梁鸿楷升任为师长。孙中山改道韶关北伐时，粤军第一师奉命加入北伐军序列，并在攻打赣州中取得辉煌战果。

但第一师与陈炯明关系甚密，情况错综复杂，其中第一团团长谢毅、第三团团长陈修爵，本属陈炯明死党，事前已有密码互通消息，在前线公开站在叛军一边反对孙中山；第二团团长徐汉臣居心叵测，态度模棱；第四团团长陈铭枢则是一个实用主义者，骑墙派；只有工兵营长邓演达等才是真正拥护孙中山的军官。

第一师回到广州长驻，但梁鸿楷内心并不想同陈炯明合作。当第一师的各团长公开亮牌归附陈炯明时，其下属的几个营长则在坐等时机，密谋反陈，他们没有忘记第一师的一员猛将——张发奎。

此次，梁鸿楷派遣缪培南（张发奎黄埔陆小的同学）的侄儿缪五常来到仙人洞，就是要同张发奎商量，让其归队。缪氏还带来了邓演达和李济深的信，称他们明确反对陈炯明，要求张发奎重回第一帅。

大王下山还是粤军的官儿

眼看天气转凉，部队缺衣少食，过冬都成问题，权衡再三，张发奎心里有了主意。他明白"占山为王"终归不是长久之计，再者自己毕竟力量薄弱，如果能同邓演达等粤军中的"亲孙派"建立关系，就有机会再图伟业。

"好吧，我答应下山，"张发奎寻思良久，对缪氏说，"不过我还有一个条件。”听闻张发奎同意下山，缪氏大喜，自己此行任务圆满完成了。“什么条件？您请讲。”缪氏急切地说。“就是梁鸿楷必须反对陈炯明！”张发奎正色道。“这个你放心，梁师长一定做得到！”

1922 年 9 月，张发奎带领部众下山，接受整编。其部先在广州整顿，被编为粤军第一师辎重营，调驻番禺，11 月调驻肇庆，改隶第一师第二团第三营，张发奎被提升为中校营长，第二团由卓仁机统领。

辎重营下辖四个连，张发奎委任原来在薛岳的警卫第二营服务的缪培南为连长。营里所有的排长都是行伍出身，其中有些人上过广东讲武堂。

肇庆是个美丽的城市，青螺般耸立于一湖碧水间的七星岩，犹如仙境圣地。张发奎兵驻西江，却无心赏景，他“身在曹营心在汉”，暗中打听孙中山先生的踪迹。

这天，一个从香港回来的进步学生带来了几张报纸，上面有孙中山自陈炯明叛变后来到上海的消息。报上还刊登了 1922 年 9 月 18 日，孙先生发表的《就陈炯明叛变事件致海外同志书》，对这次因陈炯明的叛变而导致革命的失败深表痛心，再次揭露陈炯明叛乱经过。

在油灯下，张发奎细读着这篇文章：

> 此次陈炯明叛变，非唯文与诸同志所不及料，亦天下人所不及料。盖以陈炯明之性质而论，其坚忍耐劳，富有过人之处；然对于国事长存私心，且城府森严，不以诚待人……乃陈炯明自回粤后，对国事则有馁气，对粤事则怀私心。其所主张，以为今之所务，唯在保境息民，并窥测四邻军阀意旨，联防互保，以免受兵，如此退可据粤，进可合诸利害相同之军阀，把持国事，可不烦用兵而国内自定。文再三切戒，譬之人身，未有心腹溃烂而四肢能得完好者，国既不保，吾粤一隅何能独保？……当文率北伐诸军次于桂林，以为陈炯明虽不肯自赴前敌，后方接济当不

容辞，初不意其阴蓄异谋，务欲陷我于绝地。……当时有人建议，陈炯明狼子野心，不可复信，北伐诸军宜留粤缓发，先清内患，再图中原。卒以此次目的，在于改道出师，而奉直战事方炽，北方人民水深火热，若按兵不发，坐视成败，则与拥兵自卫者果何以异？遂决出师江西，悉命诸军集中韶州，以大本营设于韶州……向江西前进……六月十六日之变，文于事前二小时得林直勉、林拯民报告，于叛军逻弋之中，由间道出总统府，至海珠……首事者洪兆麟所统之第二师，指挥者叶举，主谋者陈炯明也……五年逐龙济光之役，九年逐莫荣新之役，皆未闻有此，而陈炯明悍然为之，倒行逆施，乃至于此！……而两粤同志军队蓄志杀贼、待时而动者，为数尤多。陈炯明叛党祸国，纵兵殃民，罪恶贯盈，难稽显戮。凡我同志，但当踔厉奋发，努力不懈，粤难平定为期必不远也。……数年以来，护法事业蹉跎未就，与于此役者，苟稍存畏难苟安之意，鲜有不失其所守者。……然疾风然后知劲草，盘根错节然后辨利器，凡我同志，此时尤当艰贞蒙难，最后之胜利终归于最后之努力者，此则文所期望者也。

张发奎读到这里，心潮澎湃，热血沸腾，这篇文章不仅让他彻底地认识了陈炯明的为人，坚定了他反陈的信心，而且他终于获知了孙先生的下落与近况。他拿着这张报纸，三步并作两步来到师长梁鸿楷的住处。

张发奎进得门来，只见参谋长李济深、工兵营长邓演达等坐在那里，彼此会意地一笑。他们几个早对陈炯明暗杀邓铿，尤其是背叛孙中山后把广东弄得乌烟瘴气深怀不满，正在密谋反陈。

梁师长明知故问：“张营长深夜来访，有何要事？”

张发奎二话不说，从怀里掏出那张报纸给大家看。

看完报纸，梁师长眉头大舒：“当务之急，得派人与中山先生取得联系，获得他的支持。”

邓演达接过话头：“这样吧，我去上海找中山先生，向他汇报我们粤军第一师的情况。你们在家里准备策应，如何？”

“好。”众人一致表示赞同。

邓演达果然不负众望，于11月初秘密来到上海，与孙中山取得联络，并带回了中山先生的指示。

“告诉大家一个好消息：孙中山讨伐陈炯明的东路军已经开始行动了。”邓演达风尘仆仆归来，迅速把消息带给众军官，“奉中山先生之命，驻扎在江西的许崇智率领的北伐军，改为东路讨贼军，讨伐陈炯明，并于10月12日，攻占了福州。接着，他们一路势如破竹，直逼广州。根据约定，当滇、桂军向广东挺进时，第一师将掉转枪口对付陈炯明，与客军并肩作战。”

“那么，中山先生有什么指示？”张发奎迫不及待地问。

“中山先生指示我们，利用西南军阀的矛盾，首先发动正在广西徘徊观望的滇军张开儒部和桂军刘震寰部、沈鸿英部，联合粤军可靠部分，组成讨伐陈炯明的联军，夺回广东革命根据地。希望第一师的同人能够接受这个新任务，继承邓仲元的遗志，并将之发扬光大。”邓演达不急不缓地说。

“我们一定完成任务。”梁鸿楷、李济深、张发奎等粤军第一师将领听了，心里有了底，纷纷表示赞同。

梁鸿楷做事一向老到，提醒说：“这事急不得，陈炯明在粤军的势力相当大，我们只能在军营里进行全师的秘密策反工作，随时准备举旗起义，千万不能莽撞。”

秘密策反夺回军权

1923年元旦来得很快，一场冬雨后，西江上的风显得又冷又硬。

这天晚上，邓演达来到张发奎的营部，说：“向华，形势变化很快。去年 12 月 26 日，孙中山委任的滇军总司令杨希闵、桂军第一路总司令沈鸿英、桂军第二路总司令刘震寰和拥护孙中山的粤军，各派代表到大湟江的白马庙共商反陈炯明大计，一致决定向梧州进军，策应东路军。此次重要会盟被称为‘白马会盟’。会后，反陈炯明的军事行动要迅速展开。”

张发奎给邓演达倒了一杯水：“师长他们有什么安排？官兵们都等不及了。”

邓演达呷了一口茶，摆摆手说：“不要急，你看，我们粤军第一师的实力，除了我的工兵营和你的营外，都掌握在陈炯明的死党谢毅、陈修爵两个旅长手中，很难对整个师发难。在此情况下，我们对陈军只能采取拖后腿的办法，陈炯明让我们去阻止讨贼军，我们就让部队稍与之接近，即向后撤，使之溃败瓦解，然后再乘机起义讨陈。”

“有道理。”张发奎点点头。

“今天上午，陈炯明为抗御滇桂军，任命叶举为总司令，到梧州指挥。叶举见粤军第一师布防在肇庆一带，有点儿心慌，约我们将领饮鸡血酒、发誓，表明同心打滇桂军。席间，我二话不说，举起鸡血酒一饮而尽，让他放心。”邓演达把一杯茶一口喝干：“我已经决定，等叶举一走，就准备全营起义。”

“邓营长，你放心，我已在全营有计划地进行秘密宣传工作，我所在营的官兵原都是中山先生的警卫，十分效忠中山先生，他们表态说：‘张营长，你说打哪儿，我们就打哪儿。’你们工兵营起义后，我们迅速策应。”张发奎表态说。

“兄弟，咱们在战场上见。”邓演达紧紧握住张发奎的双手。

1 月 3 日，邓演达在封川豆腐坑向全营官兵宣布：“奉孙大元帅之命，协同讨贼各军东下，讨伐国民党叛徒、祸国殃民的陈炯明，建设新广东。”于是，工兵营在“打倒陈炯明，建设新广东”的欢呼声中宣布起义。

张发奎闻悉邓演达营起义后，与第二团团长卓仁机、营长郭学云等在幡龙水阵地举起义旗，迅速与邓演达营在德庆联合。紧接着，张发奎率义军在马口附近歼灭陈军罗绍雄部，缴获步枪七百多支、子弹十万多发，旗开得胜。

讨贼军沿西江右岸一路东下，直指肇庆。陈军总指挥叶举因西江各地尽失，鼠窜广州；陈炯明部署的右翼指挥官林虎所部，也被李易标部、莫雄部和粤军第一师的起义部队联合击溃，败逃三水。至此，陈炯明的西江防务全线崩溃，再也无力组织反击。

在西江前线一片凯歌声中，孙中山发出讨伐陈炯明的通电，要求各军“格从命令”，努力完成“为国家除叛逆，为广东去凶残”的倒陈任务。

在西路讨贼军和从福建而来的许崇智东路讨贼军、经粤北南下的朱培德赣军、南路讨贼军黄明堂部的围击下，陈炯明陷入“四面楚歌”的境地。他见大势已去，被迫放弃广州，退往惠州，并于1月15日宣布下野。陈修爵带了第三团残部逃到东江地区投奔陈炯明。

这一次粤军同滇桂军并肩作战，一路打回广州。但是张发奎却隐隐感觉滇桂军是不可靠的。这日，部队在三水县河口镇发生了一件事。当时，首先到达河口镇的是粤军张发奎营，官兵解除了陆兰清部的武装，却被滇军要求移交这批武器，张发奎当然拒绝，然而随即他营里一个排的武装就被滇军解除了。这让张发奎非常恼火，虽然他知道，当时滇军实力比粤军强，他应该忍耐，但“张大王”的性格就是眼睛里面容不得沙子，他言辞激烈，据理力争，这种强硬的态度最终迫使滇军归还了他们的装备。

经过这次摩擦，张发奎更加体会到滇桂军的傲慢与跋扈，内心产生了一种引狼入室的不安感。

1923年1月16日，滇桂军与粤军第一师攻占了广州。

同日，《孙文越飞联合宣言》在上海公开发表，苏联出于国家利益的考虑愿意支持孙中山，以换取孙对于中东铁路和外蒙古问题的承诺；作为交换，苏联也愿意从人力和物力上给予孙大力帮助，从而保障了北伐顺利进行，孙中山统一中国的政治目标得以实现。

在得知讨贼军取得全局性胜利之后，孙中山在上海发布了一项命令，任命胡汉民为广东省长，许崇智为粤军总司令，魏邦平为广州卫戍司令。

1923 年，广州重光，四处张灯结彩，喜气洋洋，充斥着革命的味道，然而，斗争远未结束。

当时广州城里各路人马云集，各省军人政客纷纷在此建立司令部，计有川、陕、粤、湘、黔、滇、桂、鄂、豫、鲁、晋等大小司令部十三个，热闹嘈杂，各方势力都想在此革命浪潮中分一杯羹。

尤其是以杨希闵、刘震寰、沈鸿英为首的滇桂联军，在进驻广州后，居功自傲，专横跋扈，鱼肉乡里，将广州看作是被征服的领土。

他们更是完全不把第一师放在眼里，视他们为“降部”，寻衅闹事，甚至公开拘捕孙中山任命的广东省长胡汉民、广州卫戍司令魏邦平，使广州政局重现险情。

滇桂军这样一副征服者的嘴脸和高傲的姿态，激起了第一师高级军官的严重不满，张发奎曾恨恨地说：“这回真是愧对广东的父老乡亲，我们竟然引狼入室了！”

由于实力不够，处于弱势的粤军第一师随时有被人吞并的可能，在这样的不利形势下，第一师决定离开广州。

1 月 17 日，第一师开始向江门、新会、四邑集结。

经过整顿，第一师改编为粤军第四军。原师长梁鸿楷被任命为广东第一剿匪军军长，李济深继任第一师师长。将第一、第二团改编为独立旅，卓仁机被任命为第一旅旅长，下辖两个团，第一团团长是梁鸿林（梁鸿楷堂弟），第二团团长由卓仁机兼任。陈济棠被任为第二旅旅长，下辖邓演达统率的由原工兵营扩编的第三团和戴戟统率的第四团。张发奎升任该师独立团团长。

张发奎在独立团成立大会上，开宗明义，宣布了建团的宗旨：“革命军队的要素，是奉行三民主义，执行本党的命令，用人公开，财政公开，这四者是革命军队起码的条件，非如此不得稳军心，得民心，我们必须共同认识，坚决贯彻。”

张发奎一如既往，在台上站得笔直，头高昂着，说话声音不高，一字一句却铿锵有力：“我们要继续贯彻邓仲元先生的遗志，在教育方面，军事与政治并重，特别要注意实践教育；在用人方面，要以品德、能力、资历、战功为标准，彻底廓清以同姓、同乡、同学、同事等关系为权衡的封建意识；在财政方面，必须涓滴归公，不得营私舞弊。各部队如有缺员截旷，要一律上缴为公积金，用于充实人马、器械、被服和改善官兵生活……”

全团官兵都屏息静气，仔细聆听了他的训示。后来，这些制度，特别是公积金制度，便成为张发奎治军实行的制度。至此，张发奎才觉得，粤军第一师已彻底清除了陈炯明的势力，开始恢复邓铿时代的精神。

2 月 21 日，孙中山从上海回到广州重建陆海军大本营，以大元帅名义统率各军，总理政务。与此同时，逐步加紧改组中国国民党的准备工作。古应芬（老同盟会成员，孙中山先生的追随者）受命在江门组建了大本营办事处。

第二军从福建回师广东后，也因为害怕被滇桂客军吃掉，所以驻扎在东江地区。

打了一仗又一仗

这年春天，张发奎的二弟贵斌来投靠他，希望能够从军。考虑到家中父亲年事已高，二弟又已成亲，张发奎觉得他不适合从军，劝他回去照顾家庭，但贵斌不听劝告，执意留在营部做了士官。不久，他们收到父亲去世的家书，张发奎立刻带弟弟贵斌、嘉斌回乡奔丧。

坐在渡船上，望着涓涓流淌的墨江，张发奎思绪万千，他想起幼时淘气常惹父亲生气，十一岁闯祸离家，父亲托人带他去到广州，临行时对他的教诲和叮咛；想起慈祥的阿妈，手中总是忙个不停的活计，离乡前连夜给他赶做衣裳……张发奎的眼眶湿润了，青山常在，绿水长流，如今爸妈却都已不在了。

很久以前，父亲就在清化乡为张发奎配了亲，女方名叫刘景容，也是客家人，她出自清化乡富户刘家。张发奎原不同意这门亲事，认为这是盲婚哑嫁，但是父亲的临终遗言，要他完婚。遵照父亲的遗训，1923 年 3 月 7 日，张发奎娶了刘姓姑娘，时年二十八岁。

婚后几天张发奎告别新婚妻子，和二弟贵斌回到了营部。

这一年，对张发奎来说，就是“打了一仗又一仗”。

那是一个“城头变幻大王旗”的年代，各路军阀你方唱罢我登场，孙中山苦苦支撑着南方的局面，一次次扑灭反叛的战火，解决危机。

1923 年 4 月，刚刚返回部队的张发奎即刻投入清剿桂军沈鸿英的战事。沈出身绿林，后入民军，本就是善于投机、反复无常之人，这次他率部在北洋政府的支持下，以韶关为基地，在西江和北江发动叛乱。孙中山镇定自若，下达了讨伐沈鸿英的命令，命令东路讨贼军许崇智部、滇军杨希闵部、西路讨贼军刘震寰部和驻江门的粤军第一师立即出师，围歼沈鸿英叛军。李济深带领陈铭枢、张发奎、邓演达和陈济棠部奔赴清远参战。张发奎部先在北江地区清远作战，然后，转战西江地区肇庆。

5 月 6 日，粤军第四军奉命进攻在肇庆的另一部沈军黄振邦等部。他们在军长梁鸿楷指挥下，很快将肇庆城团团围了起来。由于城高墙坚，久攻不克，伤亡十分严重。新任大本营参谋长蒋介石奉命前来通知：“吴佩孚之方本仁部已进至南雄附近，如肇庆再不能攻下，则大局危矣。”旋即调整部署，三团长邓演达被任命为攻城指挥官，指挥第一、第三师分别从东、西两门攻城。

邓演达率部沿着肇庆城墙挖掘地道，张发奎率领第三营承担起攻坚任务，革命军以步兵为掩护，组织地雷队埋雷炸城。5 月 18 日，黎明时分，一声巨响，惊天动地，炸药爆破城墙，敢死队攻入城内，全歼顽敌，生俘敌旅长黄振邦，这就是肇庆大捷。

6 月初，在渡过连江时张发奎率部负责拱卫李济深的师部，并且顺利攻占英德。紧接着，李济深又率领第一师奉命到西江地区同沈鸿英部作战。梧州指挥官黄绍竑投诚，6 月 18 日接管梧州。

在梧州城，张发奎第一次见到了李宗仁、黄绍竑和白崇禧等广西将领，在以后的岁月中，张发奎与这些新桂系的代表人物结下了深厚的友谊。

沈鸿英残部被肃清后，8 月张发奎率部队移驻江门，一日部队正在训练，忽然收到孙大元帅命令，派部队即刻进击惠州。

原来，为早日消灭陈炯明残部、攻下惠州城，中山先生于 8 月亲赴前线督战。他派粤军第二师第一团、滇军杨延培一旅至博罗，会合已在博罗整训的许崇智部，沿东江河进占泰尾墟，切断东江上游敌人的供应线。叛军觉察出他们的意图，即派出陈修爵、李易标等部约五千人，先行袭击博罗。

旅长卓仁机马上集合排以上军官召开紧急会议，对战情进行简报，他指着墙上的挂图介绍说："叛军先是占领了博罗城北面之高地，向城之东西两面包围，博罗三面受敌。许崇智率部坚守十来天，粮弹将绝。中山先生非常焦急，电令我们粤军一旅星夜兼程前往解围。"

"是，我们立刻出发。"张发奎回答得很干脆。

当天晚上，全旅集中台山县城台城，乘火车开抵江门。第二天改乘船驶赴孙中山行营所在地石龙。9 月 4 日早晨一到石龙，卓仁机即由随大元帅东征的古应芬陪同，前往行营谒见孙中山。孙中山见一旅来得及时，非常高兴，命令他们原船开赴苏村，归行营参谋长蒋介石指挥。

一旅赶到苏村后，在"珠江一叶"的电船上，卓仁机与张发奎等见到了蒋介石。蒋介石握住他们的手，恳切地说："你们来得正好，敌人已包围博罗十来天了，城里情况很危急。请火速率队前往，限于当天解围。”

军令如此之急，一旅没有再停留，向博罗前线进发。9 月 10 日下午 3 时，他们进入博罗西边的笔架山，占领了阵地。另一支援军杨希闵率领的滇军也于此时赶至。

陈军发现对方大部队援军到来，害怕受到内外夹击，马上收缩队伍，退回城北高地。

邓演达乘敌退走之际，马上冲出西门，到阵地来会卓仁机、张发奎，他紧紧拥抱两位战友：“你们再不来，我们连饭都吃不上了。”

接着，邓演达带着他们进城谒见东路讨贼军总司令许崇智。许崇智说，敌人已经撤退，令你们一旅配合大部队迅速追击敌人。

张发奎回到团部后，连夜率部追击，顺利进入河源城。

进入河源城后，张发奎病倒了。多年来，东奔西跑、饮食不规律的军旅生活，使他患了严重胃病。在战事稳定后，张发奎被送回广州医治。

在广州医院，张发奎遇见陈诚和钱大钧。陈诚是炮兵连连长，随孙中山出征西江，在肇庆与桂军冯葆初部作战中，胸部中弹，进医院治疗；钱是第一师中校参谋，先后参加了西江战役，赣州战役，讨伐沈鸿英、林虎战役，这些战役的作战计划与命令均出自钱大钧之手，因而深得师长邓铿的信任。他们三人都是第一师的年轻军官，钱与陈还是保定军官学校的同学，没想到在医院意外遇上。治病之余，他们二人一直心系战场，时刻关注着粤军的战况，经常在一起讨论战事。

10 月 2 日，第一旅攻克河源，讨贼军一路顺利，势如破竹。然而，就在这时，形势忽然急转直下，陈炯明叛军分三路发动反攻，杀气腾腾地直奔广州。19 日粤军左翼失利，敌人占据河源。

张发奎在接到战报的同时，得知二弟贵斌在河源战斗中阵亡的消息，甚至连尸体也没能找回。张发奎伤心悲痛之外，亦对眼前的战情感到困惑。

“在攻入河源城的时候，我们粤军在兵力上、士气上都优胜于敌军，怎么会突然转胜为败呢？”张发奎悲愤地说。

“听说，总司令许崇智随队进入河源不几天，便把指挥事务交给参谋长张国桢，自己溜回了广州。”陈诚说，“张国桢为人气量狭窄，与下属关系很不融洽。一部分高中级军官在他走后不久，也返回省城‘快活’去了。”

“部队既不乘胜追击，又不整顿军纪，导致士气低落，纪律松散，聚众赌博，这样下去不打败仗才怪呢！”钱大钧生气地说。

三人愤愤不平，摩拳擦掌，张发奎更是恨不得马上离开医院，返回部队。

陈炯明的叛军何以如此来势汹汹呢？除了三人所说的粤军的问题，背后还有隐情。

原来，10月9日，北洋军阀曹锟以五千银圆一票的价格贿买国会议员五百九十人，从而当选为“大总统”，此时，北京政府完全落在直系军阀手中。吴佩孚亦被曹锟任命为直鲁巡阅使。

为了消灭南方政权，曹、吴一面派樊钟秀南下攻粤，一面又以大批饷械接济陈炯明。陈炯明看到“天时地利”都对自己有利，遂决定卷土重来，兵分三路，进行反攻。

得知前线战争急转直下，张发奎坐卧不安，心急如焚，他当即要求出院，返回部队，于是，在粤军第一师师长李济深的率领下，他与其他在广州休假的军官匆匆赶往前线。

11月3日，孙中山亲赴石龙督战。粤军李济深师长和滇军将领商定了如下作战计划：粤军第一师在柏塘右翼，滇军在左翼向敌人展开攻击。第一师以陈济棠第二旅为主攻部队，一旅张发奎团为第一线的预备队。

然而，由于讨贼军中主要客军不合作，滇军保存实力，作战不积极，加之客军到处搜刮引起各地民军的不满，使讨贼联军进攻失利，士气低落，经敌人几次冲锋，阵地便被突破，全线溃退。

讨贼联军从柏塘直退博罗，略作抵抗后，又向石龙方向退走。11月12日，石龙失守，各路联军纷纷向石滩溃退。数万人拥过石龙的石滩桥，秩序甚为混乱，人仰马翻，自相践踏，损失惨重。负责后卫的张发奎见状，冷静处置，带队伍绕道而行，这才避免了损失。

陈炯明的叛军又兵分四路向广州围攻，并迅速占领了广州近郊的石碑、龙眼洞、瘦狗岭。顿时城内大哗，失败主义的悲观情绪严重笼罩着广州，许多临时中执委委员认为垮台在即。在此千钧一发之际，正在广州访问的苏共代表团团长鲍罗廷挺身而出。

11 月 13 日，国民党临时中央执委会召开会议。在会上，鲍罗廷一反往日和颜悦色说教之态，激动地大声道："若要战胜敌人，必须唤起民众。这是苏共（布）取得胜利的根本经验。"接着，鲍罗廷又号召立即组建由国民党人领导的志愿队，开赴前线，保卫城市。

11 月 18 日，陈炯明的叛军杀向广州。洪兆麟、杨坤如部率先向广州市区进攻。刘震寰等部奋力抵抗，终于力不可支，向市区梅花村溃退。广州形势异常紧张。这时，被中国共产党发动的工人群众，都纷纷投入保卫广州的战斗。

19 日奉孙中山命令从北江增援广州的豫军樊钟秀部、湘军谭延闿部及时赶到，永丰舰也从海面发炮助战，讨贼军得到民众和生力军的支援，军心大振，遂进行反攻，终将洪兆麟、杨坤如兵马击退。进至龙眼洞的林虎部，也在许崇智等部反击之下落荒而逃。一时间，各路叛军相继大败，均向惠州、潮汕退却。

战局骤然改变，陈军受挫后撤，讨贼军乘胜反击，把敌人赶到增城，危如累卵的广州城转危为安。

战乱平息后，粤军第一师回到肇庆整补。1923 年 12 月 4 日，张发奎团奉命驻扎台山、四邑，再次在公益设置团部。

这一年经历了几场战役的历练，张发奎越发成熟了，尤其是在这次平叛陈炯明的关键时刻，工人群众投入保卫广州的战斗，让他对中山先生的"三民主义"思想又有了深刻的认识。早在 1923 年 1 月 26 日，孙中山签署《孙文越飞联合宣言》时，张发奎就对苏俄的援助表示欢迎，在他的口述自传中，他写道："……由于帝国主义国家压迫我们太甚，使我们透不过气来。我们很乐意接受苏俄的援助，尤其是因为它援助孙大元帅实现国民革命。”他还同很多同事讨论过联俄政策，邓演达亦十分支持。

而通过这次平叛战斗，孙中山同鲍罗廷的友好关系日趋密切，他找到了助他拯救中国的朋友，决心改组国民党的条件也终于成熟了。

其实，早在1922年夏，共产国际代表马林就极力促成国民党和共产党的合作。当年8月，中共中央在杭州西湖召开了特别会议。陈独秀、李大钊、蔡和森、张国焘、高君宇、张太雷和马林等出席了会议。马林传达了共产国际的7月决定和8月指示，即《给共产国际驻中国特派代表的指示》，指出：国民党是一个革命的政党，共产党在保持完全独立的情况下，必经加入到国民党里去，从事组织和宣传工作。陈独秀、张国焘、蔡和森等人对马林的主张提出了不同的意见。与会者经过热烈讨论，经马林说服，多数人基本上接受了“党内合作”的主张。西湖会议后，中共派李大钊、陈独秀等同孙中山及其他国民党领导人举行会谈，并在一系列问题上形成共识。随后，李大钊、陈独秀、蔡和森、张太雷等相继加入了国民党。1923年中共三大召开，三大确立了国共两党以“党内合作”的形式，实现国共合作，并确定全体共产党员以个人身份加入国民党是实现此种合作的组织形式。

1924年1月20日，孙中山在广州召开国民党第一次全国代表大会，重新解释三民主义，确立“联俄、联共、扶助农工”三大政策，共产党员李大钊、谭平山、毛泽东、林祖涵、瞿秋白等十人当选为中央执行委员或候补执行委员，几乎占委员总数的四分之一。谭平山出任组织部长，林祖涵出任农民部长。国共合作正式形成，中国革命进入新时期；国民党一大的召开直接推动了筹建“国民军官学校”工作的开展。在苏联的帮助下，孙中山创建黄埔陆军军官学校，任命蒋介石为黄埔军校校长兼粤军参谋长。孙中山兼任黄埔军校的总理，廖仲恺任党代表，戴季陶任政治部主任，周恩来任副主任，教练部主任李济深，副主任邓演达，战术总教官何应钦，政治主任教官恽代英。

黄埔军校革命气氛甚浓。大门悬挂谭延闿手书的“中央军事政治学校”。校门两旁的对联为“升官发财请往他路；贪生怕死莫入斯门”。横批为“革命者来”。军校礼堂内悬挂着孙中山书写的“养天地正气，法古今完人”。一入大门的标语为：“拥护三大政策！”“民生主义就是共产主义！”“打倒帝国主义！”“打倒封建主义！”等。

此时，粤军第一师第一旅改编为第十二旅，任命陈铭枢为旅长，张发奎独立团改称第一团，他仍任团长。对于兴建黄埔军校这件事，张发奎发自内心地拥护。作为一名军校毕业生，他坚信军校对培养革命军人的作用，更是希望黄埔军校能建成一个异于旧军校、不受军阀左右的全新军校，培养出一支革命的队伍。

对于孙大总统改组国民党这件事，张发奎却有自己的思考和顾虑。张出身于普通农民家庭，自幼家贫，一个弟弟被过继，妹妹则很早就被送去做童养媳。因此，国民党改组时，实施扶助工农政策，他衷心拥护。他在给团里的官兵解释三民主义时，就深情地说：“我们必须拥护扶助工农政策，这是正确的。现在中国4.5亿人口中八成半以上是农民，必须重视农民的力量；虽然现在中国工人数量不多，但他们对未来中国的工业化来说是一支不可或缺的力量；因此，扶助工农政策对实现三民主义至关重要。”

因为从一名普通士兵做起，张发奎比其他国民党军官更了解基层，也因此，他对共产党人抱有好感，认为他们比国民党人更熟谙工农运动，当共产党人下基层工作时，国民党人则忙于向上攀爬。他同情共产党，相信他们所做的工作会刺激与鼓舞国民党。对中共党员，他印象甚好，也看不到他们有任何伤害国民党的证据。

但是，对于共产党员可以以个人身份加入国民党这一点，张发奎却持有不同态度，他明确表示，让一个人同时成为两个党的党员，这种做法是谬误的。在他的口述自传中，他这样描绘自己内心的怀疑：“共产党员跨着两个党，虽然他们应该遵守国民党党章，执行国民党的政策，但他们受制于共产党的党纪。如果共产党命令他们去破坏国民党的政策，他们倘若拒绝遵命，就是违反了共产党的党纪。你可以说我是像清教徒似的拥有洁癖，然而我认为一个人只能拥有一种信仰，既然加入了国民党，就不能再信仰共产主义。”他甚至想，孙中山应该要求已经加入国民党者退出共产党，但是要做到这一点，在当时环境是很困难的。

从实质上看，国民党的联共政策是联俄政策不得已的产物，也是特殊历史时期的产物。孙中山希望，随着时间的流逝，可以把为数不多的共产党员逐渐消化在国民党内；而陈独秀加入国民党后，便以国民党员的身份发表文章，批评孙中山，希望他回到依靠工农革命的道路上来。

有些矛盾很难调和。

张发奎内心的这种困惑，恰恰反映了不同的政党性质决定了政党联盟的天生缺陷。

孙中山对于陈独秀的批评大为恼火，他要求新加入的中共党员对他无条件地服从，绝不允许他们有任何所谓的意见，并威胁说：“如果共产党员不服从国民党，我便要开除他们。”这样的结果让陈独秀深感意外，沉思之后，他给维经斯基（俄国人，共产国际派来和马林交替在中国工作的代表）写信说：“我们不应该没有任何条件和限制地支持国民党，只应当支持左派所掌握的某些活动方式，否则，我们就是在帮助我们的敌人，为自己制造反对派。”

这真是一语成谶，数年后，大革命失败，共产党员惨遭清党被杀害，正是我们“自己制造了反对派”。

然而当时，大家还不知道历史会朝哪个方向发展。

在粤军第一师，李济深与邓演达支持容共政策，陈济棠和其他军官都反对。张发奎内心抱怀疑态度，但他不敢说出来或公开表达这种疑虑，毕竟他的官阶不高。在这一时期，他也不认识个别的共产党员，因为共产党员的身份是一个秘密，不公开，国民党无法知晓谁是中共党员。

1924 年 9 月 5 日，孙中山在韶关组织第二次北伐，并发表了

《讨贼宣言》。是日，孙中山令胡汉民留守广州，代行大元帅职，自己亲赴韶关，在韶关南华寺设大本营。同时，派孙科等赴东北沈阳见张作霖，会商讨伐曹锟、吴佩孚大计。

当孙中山率师北伐之后，广州发生了商团事变。

广州商团是一支以商人自卫为宗旨的民间武装。在孙中山改组国民党之前，他们和广东革命政权并无太大矛盾。孙中山改组国民党后，财政问题是政府面临的严重问题。日常开支、创办军校、筹备北伐，都需要钱，而当时苏联的援助尚未到位。在孙中山的同意下，政府采取了一系列征税的措施，这就首先引起了商人们对广东革命政府的不满，他们决定铤而走险，对广东政府进行抵制，并勾结英帝国主义购买了大批军械。

获知消息的广东革命政府截获了商团的这批军火。蓄意谋反的广州商团，以广州革命政府扣留枪械为借口，出动了两千多名团丁，包围了孙中山的大总统府，蛮横地要强取枪弹。他们一方面暗中资助陈炯明五十万元，让他率兵进攻广州，一方面煽动和胁迫商民罢市，以扩大事态。

10 月 4 日，广东一百八十八个县、镇的商团代表集于佛山，要在 10 月 10 日“双十节”期间武装进城请愿。胡汉民闻之惊慌失措，马上决定将枪支返还商团。10 月 10 日，商团得枪，遂知胡汉民的妥协之态，气焰更加嚣张。

这一天是“国庆日”，广州市各界都在举行庆祝活动，当工农群众和黄埔军校的学员游行经过太平南路时，被商团截住，借故要求游行队伍改道，双方立刻发生冲突，某商店楼上忽然一声枪响，商团立即向游行群众施放排枪，当场打死二十余人。

10 月 13 日，孙中山回到广州，14 日，下达平叛令。是日黄昏，革命军与商团军开火。经过一夜激战，革命军奏功，商团武装瓦解。

这一仗，为黄埔军校第一仗，它彰显了军威，鼓舞了士气，这次胜利，为即将进行的东征和北伐奠定了基础。

此次平叛商团，张发奎团并未参战。但是张发奎一直关注战事，黄埔军的胜利，让他振奋亦让他欣喜，他看到了一支军纪严明、作战英勇、团结一致的革命武装。

就在平定商团事变之际，北方直、奉两系大战正酣。由于直系将领冯玉祥倒戈，结果直系战败，总统曹锟被囚，吴佩孚逃往湖北。冯玉祥控制北京后，将所部改编为国民军，与奉系张作霖讲和，共同在北京成立临时执政政府，任命段祺瑞为临时政府总理。接着，冯玉祥、段祺瑞、张作霖共同电邀孙中山北上北京，共商国是。11月4日，孙中山发表《北上宣言》，并于12月31日到达北京，受到社会各界的热烈欢迎。

正当全国人民盼着孙中山先生能在此次北上达成和平大计时，粤东战火又起。陈炯明见广东群龙无首，又值北伐军滇军于赣战败，驻粤的滇桂联军将领杨希闵、刘震寰态度不明，大有可乘之机，遂于汕头召开军事会议，部署新的军事攻势，出任“救粤军总司令职”。

1925年元旦刚过，1月7日，陈炯明下令兵分三路，杀向广州。其三路人马部署为：叶举、洪兆麟部集中于惠阳、平山，向石滩进犯；林虎一部向龙门、增城北面进扰；林虎另一部向赣边之南聚集。三万人马，号称十万，杀气腾腾，直奔广州。

面对来势汹汹的敌军，广东革命政府旋即召集军事会议。遂由粤、桂、滇军组成东征联军，由粤军许崇智担任总司令，蒋介石任前敌总指挥，东征部队于2月1日分三路东进：左翼滇军杨希闵部由河源、老隆进攻五华、兴宁；中路桂军刘震寰部围攻惠州，粤军许崇智部为右翼经广九路，出淡水、平山、海陆丰，直趋汕头，黄埔学生军的教导第一、二团获准参战，并入右翼军序列。

开始时，东征部队势如破竹。当时守卫广九路一带的多为陈炯明收编的土匪，战斗力极差，在右路军的进逼之下，纷纷溃败。右翼部队在短短一个月间，先后占领淡水、海丰、潮安、汕头等地，士气大为鼓舞，陈炯明的部队节节败退。不料，由于东征军左翼和中路停滞不前，据守河源、兴梅一带的陈炯明主力部队林虎部两万多人，南下集结于河婆（今揭西）、鲤湖、棉湖一带，分数路如暴风急雨般袭来，企图切断右翼东征军的补给和后路。

3 月 10 日，陈炯明一面令洪兆麟、叶举率所部会同闽军张毅民军扼黄山阻潮安方面联军，一面令林虎率部由河源等地出动，反攻右路军。时滇、桂联军的态度暧昧，林虎部即由河婆、棉湖抄袭右路军后方。

东征粤军与陈炯明人马激战于棉湖一带，双方都出动了主力部队，实乃东征军最激烈的一次战斗，亦是平叛陈炯明的关键一仗。3 月 13 日，林虎八千人马，由五华、河婆分为鲤湖、棉湖二路，向粤军东征人马猛扑，气势甚凶。

蒋介石见形势危急，急令粤军张达民师驻守潮汕，电令在普宁休整的两个黄埔学生团前往迎敌；黄埔军校第一团迎击正面之敌，第二团钱大钧部迎击鲤湖之敌。

时东征军人各殊死战乃与敌对峙。

黄埔军校学生团加入战斗后，英勇激战，将敌击溃。蒋介石下令人马追击，追至和顺，敌增援至，开始反攻。以机枪火力冲击教导团，使人员伤亡惨重。

正在危难之际，张发奎所在第一旅赶赴增援。张发奎派第三营营长黄琪翔带一个营去支援第一、第二教导团包围兴宁城；他自己则率两个营进攻十公里外的神光山。

神光山是兴宁城外的一座小山，居高临下，为兵家所争之地。负责守城的敌军将领林虎原是老桂系军中的名将，他做梦也没有想到东征军绕道直取兴宁的计划如此神速，不禁大惊失色，一边命令关闭城门，准备应战，一边急令外围部队从水口赶来支援，不惜一切代价也要保住神光山。

由于敌军占据了有利地势，攻打神光山的战斗打得很艰难，张发奎的部队损失惨重。最终经过几番激烈的战斗，拂晓时，攻下神光山。张发奎从山顶望去，但见山脚下聚集了大批俘虏。这景象让他疑惑，他询问士兵们："这是哪一支部队俘获了这么多敌军？"他们喊道："第三营。""第三营？"张发奎几乎不能相信，因为他派黄琪翔带领第三营正在兴宁作战，怎么会在这里出现呢？

原来黄琪翔没有找到教导团，就决定加入神光山之战。黄营击溃了敌人一个旅，俘虏了大量敌军，缴获了大约一千支步枪。

这时，张发奎接到陈铭枢命令，令其去增援蒋光鼐。

原来此时战事毗邻第一旅旅部，陈铭枢顶不住林虎部的优势火力，节节败退，蒋介石被围困于惠州五里亭顶，正陷于灭顶之灾。

听到命令，张发奎马上率领全体官兵赶赴增援。张发奎身先士卒，冲锋陷阵，带着全体官兵赤膊突破敌阵杀到林虎司令部，直捣敌人中枢。河对岸，敌军见东征军援兵到来，全线混乱，沿大山向罗甘坝撤走，不敢恋战。

张发奎对三营长黄琪翔下令道："命令你营为追击队，别让敌人跑了。"黄琪翔是张发奎最欣赏的营长，他率三营一个百里急行军追到罗甘坝，但敌人跑得比兔子还快，丢掉包括旅长乘的大轿等一批笨重物资，其惊惶之状可知。

当晚，粤军第一旅和欧阳驹旅在河婆宿营。已被解围的蒋介石率教导二团和黄埔学校学生军，也由棉湖到达河婆，与他们会合。

蒋介石设便宴招待陈铭枢、欧阳驹两个旅的主要军官，感谢他们增援及时，帮右翼军解了围。他介绍说："右翼部队在棉湖一带遭到敌人的围攻，战斗异常激烈，双方伤亡很大。所幸你们两个旅来得及时，不仅解了我们的围，而且取得棉湖大捷。此役林虎主力遭重大损失，我军也伤亡千人之上。"

刚才两军会合时，张发奎见何应钦团损失很大，营以下主官大部分伤亡，料见棉湖一役的惨烈，不禁佩服这群黄埔"学生兵"首次出征就能打得如此顽强。

紧接着，东征军由河婆向粤东前进，一路披星戴月，于18日攻下五华城，19日到达兴宁。战至傍晚，兴宁攻克。林虎人马大败，带残兵向赣边落荒而逃，陈炯明也再度逃至香港，这次东征至此结束。

张发奎也在此次东征中给蒋介石留下了深刻的印象。惠州解围“救驾一事”，让蒋介石认识到张发奎是一名勇士，一名可以重用的猛将。

攻克兴宁后，蒋介石慰问部队，奖给张发奎团十五头猪，蒋光鼎团十头猪。论功行赏、赏罚分明，是严格治军、保持部队旺盛战斗力的一个重要原则，为历朝历代军旅搬用。

张发奎团的官兵受到了鼓舞，张亦对这几天的战绩感到自豪，他对官兵说：“兄弟们，今天的胜利和荣誉是我们共同奋战取得的！只要我们英勇善战，团结一致，不怕牺牲，不管敌人多么强大，我们一定都能取得胜利！”

说起这次东征，若论哪支部队战功最显赫，当推黄埔军校教导团和粤军第一师。前者是蒋介石的嫡系部队，装备精良，纪律严明，是革命军的核心——天之骄子。与之相比，其他部队都是混合装备，远不如他们装备精良。俄国顾问对其他部队也不看重，倘若有机会就要淘汰其他部队。

攻下兴宁后，张发奎曾到黄琪翔营部，黄营长拿出一支德国七九步枪给他看：“团长，这是我们从林虎叛军那儿缴的枪，德国造，这枪很好，我们团都是杂枪，不像人家教导团的装备那么好，我们得多从敌人手里缴这样的枪来补充啊。”张发奎点头表示同意：“这次战役，就属我们和教导团打得最英勇，他们装备好，训练精良，供应充裕，又有校长和俄国顾问的直接支持，这些我们比不了，我们得靠自己发展壮大！我们的战功是我们自己的实力打出来的，我们一定要有信心在战斗中超越他们！”

此次东征能够取得胜利，张发奎深深感受到，老百姓功不可没。东征军所到之处，人民协助他们抬运伤员、供应茶水、侦察敌情、充当向导；而与此形成鲜明对比的是人民对叛军的态度：他们向溃军扔石头，袭击残军，弄得官兵躲避不及，惊慌失措。这种反差让张发奎深切地认识到，东征军之所以能迅速击败在人数上超过一倍以上的敌人，是与人民群众的支援分不开的。在战斗中，他逐渐地明白了做好群众工作的重要性。

比如，东征途中，张发奎会走访村中的长者，这些老人大都在村中德高望重，一呼百应，取得他们的信任后，部队自然就能得到村民的帮助。同时，张发奎也会付给老百姓相应的报酬，不让他们白做工；他还允许挑夫在操劳一天后离去，这样部队在征集挑夫方面，就比以前轻松多了。

这些宝贵的经验让张发奎获益无穷，以后治军，他都非常重视部队的纪律与思想工作，重视军民的关系。

正当东征军攻克潮汕、进兵兴梅时，传来孙中山先生因操劳过度，肝病复发，不幸于3月12日在北京逝世的噩耗，但为不影响士气，蒋介石一直秘而不发。直到攻克兴宁、梅县后，3月30日，东征军才在兴宁北门外刁屋坝召开追悼大元帅及阵亡将士大会。各军将士官佐以及县属政、学、农、工各团体约五千人参加了会议。

张发奎悲从中来，不禁放声大哭。他在全团公祭仪式上含泪对官兵们说："伟大的革命先行者孙中山的逝世，是中国革命的一大损失。但是，中山先生的精神不死，他激励着中国革命者前仆后继，沿着他开创的打倒军阀、统一中国的道路阔步前进。"

就在蒋氏率军欲将陈炯明残部消灭之际，滇、桂军杨希闵、刘震寰在英帝国主义支持和陈炯明配合下，公然叛变，奉唐继尧之命，意欲占领广州。

1925年5月中旬，张发奎团奉命向广州进军，准备同刘震寰、杨希闵作战。蒋介石指挥东江地区召集的部队同滇桂军作战，粤军各部沿着广九铁路行军。6月12日，张发奎团在龙眼洞附近的瘦狗岭与滇军接仗；李福林军在河（珠江）南，谭延闿的湘军、朱培德的滇军和驻扎在北江地区的其他部队一齐向广州进军，叛军溃不成军，四散而逃。

6月13日，滇军与桂军都在广州被缴械了。

至此，广东革命政府清除了心腹之患。这次滇桂军的叛变，让张发奎再一次深刻认识到，中山先生曾说的"南北军阀乃一丘之貉”，他深感国民革命的胜利，绝不是依靠军阀能够取得的。

成功驱除滇桂军后，张发奎带领他的团回到佛山营地。他的部队从不驻扎在广州，有两个原因，一是因为广州是个繁华大都会，张发奎担心部下官兵会腐化堕落；二是因为那时的部队都有收黑钱补充军饷的“传统”。但彼时由于广州的烟赌税已直接由省政府征收，所以只有驻扎在广州以外的地区才能有利可图。

行伍出身的张发奎很清楚如何利用这三条生财渠道，即烟、赌、航道，来为部队谋福利，当然他也知道这类事情是上不了台面的。要想在驻地搞好“军民关系”，创造良好的部队形象，他自有一套方法。首先，严格治军。张发奎严格约束部下，曾因偷窃案枪决一名士兵。那个年轻人是个惯犯，已经被抓入狱了七次，他不愿意劳动，借此入狱食皇粮。这次他又故意当着警察的面偷窃，被当场抓获。虽然罪不至死，但是为了抓个典型杀一儆百，张发奎将他游街后处决，自这一宗案件处理后，没人再敢偷窃。

其次，他到佛山的另一举措就是“以毒攻毒”。张发奎一到佛山，就将辖区内坏人召集来，警告他们规矩点儿；同时又给他们职衔并且付酬来笼络他们，希望他们协助军警联合调查团。所谓协助，其实就是让这些人想方法去扫除佛山城内的坏人，举报勒索等罪案，如果出了问题，唯他们是问。这两条举措一实施，佛山城内秩序井然，老百姓对张发奎的部队很是拥戴。

5 月 30 日，上海发生了五卅惨案。6 月 19 日，香港十万工人举行声援上海五卅运动大罢工。6 月 23 日，广州各界也举行了声援五卅运动大集会。黄埔军校政治部主任周恩来领导组织了黄埔学生参加广州沙面租界华人同盟罢工。胡汉民、廖仲恺、汪精卫等均于会上发表了演说。会后，举行了示威大游行。游行队伍经过沙面对岸沙基桥时，英帝国主义军队竟然用机枪对游行群众进行惨绝人寰的屠杀，当场牺牲五十二人，受伤者数百人，血流遍地，造成了比上海五卅惨案更加骇人听闻的“沙基大惨案”。

沙基惨案发生后，张发奎对帝国主义者的残暴行径极为愤慨。

他认识到，发动罢工反抗英帝国主义者是正确的，必须打击英国在华势力，也包括反对买办阶级，因为他们实际上就是帝国主义在华的代理人。此时，全国人民的爱国热忱高涨。

1925 年 7 月 1 日，中华民国国民政府在广州正式成立。汪精卫任主席，胡汉民任外交部长，廖仲恺任财政部长，许崇智任军事部长。

军事委员会八人，为蒋介石、汪精卫、胡汉民、伍朝枢、廖仲恺、朱培德、谭延闿、许崇智。主任汪兆铭。

蒋介石向军事委员会提出了“革命六大计划”的建议。其建议为：一、发展西南革命势力；二、革除军队积弊；三、统一财政；四、利用罢工工人修筑铁路；五、统一两广；六、北伐。

8 月 26 日，在苏联顾问帮助下，国民党政府将所部粤、湘、滇军统一整编为国民革命军，共有六个军，各军统一归军事委员会指挥，如此，汪精卫集党政军大权于一身了。

国民革命军参照苏联红军模式，设有党代表：第一军军长蒋介石，周恩来任政治部主任，以黄埔学生军为主力组成；第二军军长谭延闿，由原湘军改编；第三军军长朱培德，由滇军改编；第四军军长李济深，由粤军第一师扩编而成；第五军军长李福林，由粤军改编；第六军军长程潜，党代表林伯渠。

张发奎因功擢升任第四军第一独立旅旅长。

乱世出英雄，国家的不幸给无数热血青年提供了宽阔的舞台，他们在群雄争霸中各逞其能，在挑战与诱惑里脱颖而出。张发奎注意到，在第一次东征陈炯明和平定杨、刘叛乱中立下了汗马功劳的蒋介石，势力已经越来越大，成了当时一颗冉冉升起的“政治明星”。

第三章　北伐中的“铁军”

率部东征屡立战功

1925 年，注定为国民党的多事之年，在中山先生尸骨未寒之际，廖仲恺先生遇刺。不料，查来查去，发现刺杀廖的幕后元凶，竟然是国民党右派。

蒋介石成功地利用负责调查“廖案”的机会，采取步步为营战术，先是拘捕了主使犯胡毅生（胡汉民的弟弟）和第四军副军长梁鸿楷。接着，又驱逐党内元老胡汉民出洋，随后以许崇智企图与逃到香港的陈炯明联系为由，逼迫许崇智交出军权，离开广州去香港。

许崇智一走，粤军群龙无首，全部被蒋介石解散和改编，粤军势力土崩瓦解：建国粤军总司令部高等顾问魏邦平被拘留；讨贼军第四军军长张国桢，亦是张发奎在广东陆军小学的老师被处死。张发奎和第一师的军官认为对这些人参与“廖仲恺刺杀案”的指控证据不足，处置仓促，颇为蹊跷，但皆敢怒不敢言。

接着，粤军旅长杨锦龙和梁士锋均被逮捕，他们的部队一支接一支被缴械。以蒋介石的观点，粤军参与了所有的不法活动，专横暴戾。他认为除非把粤军除灭，一支新的革命军才能建立。

廖仲恺被刺一案，使蒋介石在国民党内的地位陡然上升，权力迅速扩大，政敌的力量迅速削弱。蒋升任为军事部长，取得了国民党政府的军事指挥权。然而他对粤军处置不当，军心颇为不服。张发奎对蒋介石打击粤军、夺取军权这一套特别反感，此后，他与蒋介石一直格格不入，蒋介石对他也未予以充分信任。

1925 年 9 月 28 日，国民党中政会议决定东征计划，任命蒋介石为东征军总指挥，周恩来为东征军政治部主任兼第一军第一师党代表。

东征军分为三个纵队，蒋介石亲任总指挥兼第一军军长。以何应钦为第一纵队长，辖第一师之第四团、第三师、警卫军之独立第一师及鄂军，直攻惠州；以李济深为第二纵队长，辖第十一师、张发奎独立第一旅、第十二师之三十四团，及潮梅留守部队，沿东江左岸向淡水、马鞍前进；以程潜为第三纵队长，随同第一纵队前进。

9 月 30 日，蒋介石下达进军命令。次日东征人马誓师出发，这时，天降大雨，蒋氏于雨中发布命令，各官兵鹄立静听，虽然大雨如注，但东征军精神抖擞。这次东征是在统一组建国民革命军后的首次出征，与第一次东征相比，国民党政府决心更大，力量更强，队伍更团结。

二次东征遇到的第一个攻坚战就是惠州城。

惠州形胜天险，其三面临水，一面临山，湖中有堤坝直通城门，仅在湖泊与东江之间，有一片二三百米宽的狭窄地段。作为叛军的重要据点，这里筑有坚固的城防工事，城墙高达十米，又有杨坤如军共计五千多人踞死防守。东征军这一仗打得特别惨烈，共激战二十多天，付出巨大的牺牲，才于 10 月 14 日，击伤敌军长杨坤如，攻克惠州城。

东征军攻占惠州后，蒋介石一面电令陈铭枢力拒南路之敌，一面下令兵分三路，第一纵队为右路，经梅林出海丰；第二纵队为中路，经平山出三多祝；第三纵队为左路军，经石公神出河源。

22 日晨 3 时，第一纵队主力第一师向梅龙西羊蹄岭之敌进攻，第三团先得手。拂晓，奋勇追击。下午 5 时，占领海丰城。

在第一纵队奋战之际，第二纵队的张发奎率部一路前行，进至汤坑。突然，前方炒豆般枪声大作。侦察参谋骑马前来报告说：“我军与陈炯明部黎生股人马遭遇，敌方约有六千余人，正在阻击我们。”张发奎跳下马，命令占领制高点，消灭这群“拦路狗”。

部队迅速展开，尖刀营向敌阵地展开强攻，遭到敌猛烈炮火的打压，伤亡很大。张发奎又令，注意减少伤亡，组织更强的进攻。当时张发奎旅仅有一千七百余人，敌众我寡，实力悬殊。然而张身先士卒，奋不顾身，率领部队击破敌阵数处，但是敌人仍不退后。此时，张旅阵亡营长罗子良一员，伤一员，连排长伤亡十余员。

张发奎喝了口警卫员递上来的水，说：“这回我们碰上硬骨头了，急令第三十四团赶来增援，换下前方部队，今天我们一定要把这块硬骨头啃下来！”

傍晚，三十四团增援部队赶到，立刻投入战斗，但一直打到天黑，敌人仍不后退。

午夜时分，张发奎利用队伍擅长打夜仗的优势，组织了一轮又一轮的进攻，双方战至拂晓，终于将敌军击退。叛军残部仓皇而逃。

战斗结束后，张发奎正在察看这一带的地形，通信员送来前方战报：右路第一纵队在与叛军主力洪兆麟、谢文炳部几番苦战后，克服了海丰。26日，进抵河婆。左路第三纵队，也于23日击退河源之敌后，向老隆、五华前进。

听完战报，张发奎大叫：“太好了！这真是老天爷赐给我们的机会！”他马上召开会议进行战斗部署：“根据第一、第三纵队的战报，再结合汤坑、双头地势，我认为这一带是叛军的必经之地，我们正好可以在这里布下埋伏，再与友军配合，给敌人来他个‘关门打狗’‘瓮中捉鳖’！”

果真四天后，他们在双头制高点修复好阵地，张发奎就得到战报：叛军残部由双头逃到汤坑，东征军一团在坝口拦截，何应钦师由安流迫进，向林虎、李易标、刘志陆部各股发动攻击。叛军在第一、第三纵队的双重打击下，创伤惨重，节节败退，余部正向双头溃弃。

“来得正好，准备战斗！”张发奎命令全旅迅速投入战斗，迎击敌人。

叛军两日来未曾休息，虽已筋疲力尽，但其兵力是张发奎部的几倍，他们如狗急跳墙般向张的部队发起孤注一掷式的冲锋。

双方一交火，便知这是一场恶战，顿时打得天昏地暗。

张发奎在前沿阵地大声动员：“弟兄们，敌人已经被我们包围，无路可退了，此战关系到东征的成败，我们必须坚守到最后一刻，决不能放走一个敌人！”

双头一带多是山地，张发奎一边沉着地指挥官兵利用有利地形抗敌，打退敌人几十次进攻，一面派人与友军联系，请求增援。下午3时，军号声起，独立团跑步前来增援，顿时士气大振。官兵们犹如猛虎下山，向叛军进行了大反攻。在张发奎旅的强大气势冲击下，叛军不支，纷纷举起白旗而降，林虎部大半被歼灭，仅小股逃窜。

这一仗共俘虏敌军四千名，缴获大炮七门、机枪十余挺、步枪四千余支、马数十匹、辎重无数。

接着，东征军长驱直入，连克潮汕，陈炯明叛军土崩瓦解。

10月26日，张发奎旅与李济深纵队其他部队奉命开赴粤西南增援征剿邓本殷之役。

盘踞在广东南路八属的效忠于陈炯明的邓本殷部，乘国民革命军东征之机，出兵进犯恩平、开平、台山、新会等县，国民党政府速命李济深为南征军总指挥，讨伐邓本殷部。

南征军分兵三路，由李宗仁派遣广西精锐向高州、廉州进迫；第四军第十师陈铭枢部、第十二师梁鸿林部向四邑三埠前进。谁知，十二师师长梁鸿林听说自己的兄长、第四军副军长梁鸿楷被蒋介石扣留后愤而叛变，枪口对准第十师。在单水口一带，南征军正与叛军激战。三天后，张发奎率部及时赶到阳江，刚好遇上已与南征军激战三昼夜正在溃逃的叛军。来得好不如来得巧。张发奎这支生力军一阵猛打猛攻，邓军残部哪有还手之力，只好夺路而逃，纷纷向海南岛逃窜。

战役结束后，张发奎旅在肇庆整休。

军长李济深前来探望全体官兵，夸奖张旅行动迅速，作战勇敢，并道："向华，军部决定，鉴于原第十二师师长梁鸿林叛变，准备由你们独立旅扩编为第十二师，由你升任第十二师师长，想听听你的意见。"张发奎一听独立旅荣升第十二师非常高兴，但对自己任师长却一再谦辞："军长，本人尚年轻，资历尚浅，第十二师是著名之师，需要一个有威望的人来担任，我想推荐第四军副军长陈可钰兼任第十二师师长。"李济深思虑再三，说："向华，凭你的军功和经验，你完全胜任师长一职。这样吧，我尊重你的意见，由副军长陈可钰兼师长，在广州遥领，你以副师长负实际领导责任。"

"是。"张发奎给军长敬了一个标准的军礼。

1925 年 11 月 21 日，张发奎被任命为第十二师少将副师长，时年二十九岁。

十二师管辖三个团，第三十四团团长为叶挺，第三十五团团长为缪培南，第三十六团团长为黄琪翔。

第三十四团团长叶挺，字希夷，号西平，广东惠阳人，1896 年生。保定军官学校毕业，曾任孙中山的侍卫团营长。1924 年加入中国共产党，不久赴苏俄学习。1925 年回国后，适逢十二师扩充队伍。叶挺与陈铭枢、张发奎都很熟识，二人均了解叶挺是一名不可多得的良将之才，他出任独立团的团长实至名归。

据《张发奎口述自传》中叙述，叶挺能够出任团长，这里面还包含着一段姻缘的秘密。原来早在叶、张二人都当营长时，叶挺在广州认识了一个美丽的女孩。在女孩姐姐出阁前，其父母不让妹妹嫁给叶挺。叶挺追求她多年，一直不成功。后来女孩的姐姐出嫁了，但其父又开出新的条件：叶挺必须当上团长。所以张发奎推荐叶挺当三十四团团长，也有成全其婚事之美意。

第三十四团由新军组成，叶挺任团长，周士第任参谋长。除叶挺团驻在广东西江肇庆地区外，新组建的第十二师的其他部队做好渡海准备，投入消灭南路邓本殷残部的战斗。

12 月末，张发奎部抵达雷州半岛。邓本殷已逃到海南岛。张在湛江（广州湾）附近的遂溪设立了师部，派部队消灭了邓本殷残部和雷城、徐闻以及雷州半岛各地的土匪。

1926 年 1 月中旬，张发奎率部进击海南岛，这次的进攻与现代战争毫无关系。十二师征集了大小不同的帆船组成舰队，小船只能载几十人，大船也仅载下百多人。他们利用潮汐，在黄昏时起航，张发奎在苏联顾问保罗与参谋们的陪伴下，搭乘一艘小型机动船“南丰”号。张发奎坐在船头，全神贯注，观察海面情况。十二师的主力——两个战斗团与特务排——从硇洲岛乘坐两百多艘帆船。其余部队从半岛南部的外罗起航。经过一夜的航行，士兵们虽身体有些疲倦，但个个精神抖擞，在拂晓时成功登陆，并发起总攻，很快攻占了铺前港及沿海阵地。翌日黄昏，张发奎登上海南岛，当晚攻克新埠。第二天黎明，十二师向海口挺进，上午就占领了海口，邓本殷乘军舰逃走。第十二师在琼岛所向无敌，如摧枯拉朽般，在数天内就将敌人残部完全肃清，广东革命根据地终告统一。

这是张发奎军旅生涯中唯一的一次渡海作战，也是一场没有海军舰艇参加的渡海夺岛战斗，凭借的只是一条条小型机帆船，不可谓不是张发奎军旅史上神奇的一笔。

在广州，陈可钰闻知张发奎率领第十二师又立新功，十分高兴，他向李济深坚辞所兼第十二师师长一职，并推荐说：“张向华乃血性汉子，有雄才大略，责任感强，而且颇有前瞻的目光与魄力。这次南征指挥第十二师屡战屡胜，功绩显著，理应由他任师长。”军长李济深以为有理，答应了他的请辞。

不久，军部下来委任状，张发奎任第十二师师长，朱晖日任副师长，许志锐为师副参谋长。这一年，张发奎刚好三十岁。

上岛之后，总结这次渡海战役的胜利，张发奎认为，除了官兵英勇作战之外，还有一个关键因素不得不提，那就是政治部的宣传工作很到位。政治部的职能是在军队中实施政治训练，以革命思想武装军人的头脑；组训民众；从事革命宣传，派人协助建立工会、农会，帮助草拟组织规章等。

进驻十二师的政治部主任廖乾五，是一名共产党员，他朴素诚恳的工作作风给张发奎留下了深刻的印象，他常常听廖乾五向官兵们演说军队对工农大众的职责以及纪律的重要性等。

在他的影响下，张发奎对革命的认识，对部队的管理有了新的想法，他决定好好利用在岛上驻扎的这段时间，对部队进行教育整顿。

作为旧式军阀，张发奎有一些坏嗜好——赌博、叫歌女陪酒等，如今他以身作则，摒弃了所有坏习惯，完全改变了以前的生活方式，并希望以此来感化下属。

第十二师制定了官兵必须遵循的四大禁令——禁止逃亡、禁赌、禁嫖、禁烟（鸦片）。禁令对所有官兵一律实施，违者受罚也无一例外。其中，对于官兵逃亡的处罚最为严峻，严重的可执行死刑。

十二师的口号是“遵纪人人平等，杀敌绝对自由”。四大禁令的执行，取得了良好的效果，它维护了军纪，保障了战斗力。除严格治军外，张发奎还重视军队的思想政治教育，他让廖乾五等政治部军官给士兵上课，张发奎懂得了不仅要学习怎样去武装士兵、教育他们去战斗，最重要的是还要帮助他们思想上进步。士兵学习什么是“三民主义”，为什么要建立“国民政府”，知道自己为谁而战。以前，如果有人问士兵这个问题，他会回答“为张发奎”，现在则会说“为了人民”。当然这并不意味着整个国民革命军中每个士兵都有此觉悟，但新的观念已经开始植入。

张发奎设立了经济委员会和人事委员会，前者用于管理储备基金，后者主要负责实施了一系列公平的赏罚、升迁、罢免制度。擢升军官的标准是作战勇敢、训练精良、恪守军纪、爱兵如子。

有了这些有效的措施做保障，十二师不同于以往的军阀部队，呈现出崭新的面貌，官兵情绪高昂，纪律特别好，作战能力强，是一支雄壮之师、威武之师。

5月的海南岛已是一副盛夏景象，椰风树影，水清沙白。这日黄昏，张发奎正和来部队探亲的夫人在沙滩散步，这是峥嵘岁月少有的休闲时光。

忽见沙滩那边有一个人影匆匆跑来，走近一看，原来是去广州军部开会的副参谋长许志锐，他边走边招呼："师长、嫂夫人好，我回来了。"

张发奎一看："志锐，你回来了，军部有什么要事？"一面抱歉地对夫人说，"看来不能陪你了。""军务要紧，你快去忙吧！"张夫人微笑道。

"走，志锐，我们回师部！"张发奎一面招呼许志锐，一面吩咐副官："通知团以上干部，马上到师部，召开紧急会议。"

"是！师长！"

不多时，十二师的团以上军官来到师部集合，张发奎环顾四周，看人齐了，朗声道："下面请许副参谋长传达军部指示。"

许志锐赶忙放下警卫员递过来的水，兴奋地说："我这次去军部开会可是带回来了一个好消息，军长命令我们迅速回师广州，参加北伐！"

闻听此言，底下的军官个个喜出望外，大家七嘴八舌："太好了！就等着这一天了！""什么时候集合队伍出发？""谁打前站？"

张发奎看着大家摩拳擦掌、跃跃欲试的样子，也是分外欣喜："这真是个好消息。志锐，你刚从广州回来，给我们说说这北伐究竟是怎么促成的。"

许志锐喝了口水道："我这次到广州出差，从军部了解到，上个月10号，桂军第七军军长李宗仁来到广州。他此行有一个重要任务，就是促成国民政府北伐。但因刚发生'中山舰事件'，蒋介石与汪精卫为争夺国民党的领导权，斗争已趋白热化，加上国共矛盾日益恶化，他的北伐大计并没得到各方面的支持。"

对于1926年3月发生的"中山舰事件"，张发奎一直心存困惑：正值国共两党合作时期，却为李之龙是中共党员一事而喋喋不休，实在蹊跷。但“中山舰事件”发生后，汪精卫因受牵连而离开广州，蒋介石已成为广州的中坚。这不由得让人觉得这又是一次蒋氏借机排除异己巩固自己地位的“阴谋”，但作为一个职业军人，张发奎只想行军打仗，保家卫国，无意染指政治，所以个中缘由不愿多想。

张发奎揽住思绪，对许志锐道：“后来怎么样?”

“后来，因为湖南的唐生智起兵反抗北洋政府的省长赵恒惕，受到直系军阀吴佩孚的镇压，唐生智无奈被迫退出长沙，急忙向广西的李宗仁求助。”

“广西人马与唐生智部联手作战，这些大家都知道，说些不知道的。”有人忍不住打断了许志锐。

“别着急啊，听我慢慢讲。”许志锐继续说道，“李宗仁赴广州，策动北伐，他认为此时出兵机不可失，蒋介石虽然同意他的见解，但一再强调，现在广州困难重重，如何能谈到北伐? 于是，李宗仁就找到了我们的军长李济深。李宗仁与咱们李军长是广西老乡，两人相交深厚，李军长对李宗仁的北伐之论相当赞同，鼓励他应再接再厉，不可功亏一篑。”许志锐绘声绘色地说，“我听军部的一个老同学介绍说，一天晚上，在军长的书房里，两人促膝长谈。李宗仁忽然灵机一动，对军长道：‘任公，你第四军可否自告奋勇，抽调两个师先行北上，待稳定湘南、湘东防线之后，我们再促中央北伐?’稍停他又道：‘任公之第四军乃粤军主力，主人翁自告奋勇效命疆场，势必影响其他客军。我们七、四两军，皆能征惯战之部队，一定可以把敌人打败。甚至可收复长沙，造成有利形势。’军长听罢，毅然而答：‘德邻，此意我完全赞同。’李宗仁道：‘这样吧，明天召开中央政治会议，我将列席参加。届时，我当再次提出出兵北伐的要求。我发言后，你即请缨，请政治会议决议，准许第四军北上入湘参战。’军长点首赞同。”

“军长支持北伐是英明之策。”张发奎问，“中央同意了吗?”

“第二天，李宗仁在会上力陈北伐的重要性，请中央务明天时，速定北伐大计。他的话音刚落，李济深军长即起身道：‘德邻同志所言各点，十分中肯。形势已很明了，今日北伐，正是千载难逢之机，何况唐孟潇已声明附义，第七军正在前方苦战，并节节推进，北伐已势成骑虎，中央断不可坐视。’他摸了摸长须，提高嗓音道，‘为免七军与孟潇无援，第四军愿派两师前往，叶挺独立团即可出发。吾望各军袍泽，共襄盛举，中央更应速定北伐大计，早日问鼎中原，以慰先总理在天之灵，以慰海内外爱国人士的殷切之望。’”许志锐把这一段说得活灵活现，如临其境般，“李军长的慷慨陈词，使众人都为之感动。会场上一时无声，没有反对之语。结果，原则上同意李宗仁北伐的主张，政治会议同时任命唐生智为国民革命军第八军军长，并决定组织北伐军司令部，推蒋介石为北伐军总司令。”

许志锐顿了一下，侧身道：“为促成北伐。李军长已派叶挺独立团为先锋，入湘援唐，并令我们第十二师与第十师迅速回师广州。”

张发奎听罢，大声叫好：“有叶挺独立团打先锋，我们完全放心，希夷这个人我最了解。”

叶挺所率的独立团是在第四军扩充部队时组建的，独立团没有上岛，组建后就驻扎在广东西江肇庆地区。其前身是“建国陆海军大元帅府铁甲车队”，这支军队中共党员占大多数，曾归中共广东区委直接领导，参加过两次东征。第二次东征之后，以铁甲军为主，又从黄埔军校抽调部分干部组成，后来在第四军中取得第三十四团番号，因它具有一定的独立性，官兵由共产党方面自己解决，受共产党直接领导。

叶挺亲自挑选独立团的所有干部，其中半数以上军官皆为中共党员，且皆为黄埔军校一、二、三期生，如陈赓、曹渊、卢德铭、许继慎等人，都为独立团的营、连、排长，同时招募了广西、湖南的一些贫苦农民和进步青年，官兵总共两千一百人。独立团组建后，训练比其他部队要求严格，精神饱满，军纪严明，战斗力强。在此之后的作战中，战功显赫，因团长是叶挺，所以大家习惯上称它为“叶挺独立团”。

这也是十二师中，张发奎最欣赏的一股力量，他关切地问许志锐："叶团情况怎么样？"

"叶挺独立团作为北伐先遣团已经出征。叶团入湘后，即迅速抢越郴州，急赴永兴，插进安仁，把由攸县南下的吴佩孚部队驱返攸县，叶之举使唐生智第八军无背腹暴露之虞，湘南一带亦肃清了敌踪。敌军四个团全部被击溃，战场形势的发展使人振奋。"许志锐答道。

"好，叶团首战告捷，以一胜四，树立了北伐胜利的先声。我们要迅速做好开拔准备，加入援湘作战。"张发奎深思一会儿，道，"我们第十二师下辖三个团：三十四团、三十五团和三十六团。现在三十四团主力改为独立团后，我想，志锐，由你重新组建三十四团，并任琼崖警备司令，我们走后，你负责海南岛的治安，在这里留守一段时间，暂时不参加北伐。"

许志锐听说不让他参加北伐，心一热，有些急，但他深明师长的用意，只好服从。

5月19日一早，迎着旭日，张发奎率全师将士渡船离开海南岛，回师广州。之后会同第四军十师、十一师一起昼夜兼程向前线开拔；但见云卷旌旗，汗湿征衣，宿露餐风，枕戈披甲。沿途，众百姓箪食壶浆，夹道相迎，情景感人。将士们无不感慨此举解民众于危难之中，虽置身沙场，但深感报效有门，内心无比光荣。

北伐，北伐！

这次北伐，主要的敌人是吴佩孚和孙传芳的军队。吴佩孚控制着湖南、湖北和河南一部分，辖有七个步兵团、三个独立旅，共约十万人，加上湖南督军掌握有四个师和三个旅，近三万人。孙传芳集团控制着苏、浙、赣、闽、皖五个省，有近十五个师、二十四个独立旅，总人数为二十二万五千人，但孙传芳的嫡系部队不过三万人。尽管如此，敌兵力优于北伐军，一场恶战势必难免。

吴佩孚得知两广派兵援湘，遂重新部署人马，其以北军宋大霈为第一路司令，协助叶开鑫、余荫森担任正面作战；王都庆为第二路司令，担任右翼临澧、常德一带防务；唐福山为第三路司令，仍率谢文炳师任左翼作战；令鄂军夏斗寅旅、贺耀祖、刘鉶等部入湘西；令董政国为第四路司令，率阎日仁、唐之道两旅为总预备队。四路大军，云集湘中。

6 月 15 日，第四军陈铭枢的第十师、张发奎的第十二师在广州举行北伐动员大会后，乘坐火车至韶关。

当时，广州至韶关的铁路非常糟糕，枕木有的地方已腐烂得很厉害，一碰便像豆腐渣一样碎掉，火车行驶得很慢，特别是上坡的时候，跟走路速度差不多。铁路长达二百五十公里，它建筑在水流湍急的北江右岸，四周景色迷人，河水是蔚蓝色的，长满了灌木和竹子的高山从东至西将河谷团团围住。在每一个大站，都有由当地守备部队组成的仪仗队列队欢迎。他们高呼口号，燃放鞭炮，预祝北伐成功。这使张发奎备受鼓舞。

火车到了韶关就是终点站。部队改为行军，沿着武江而上，翻过高高的九峰山，陈铭枢、张发奎率部进入湖南郴县、安仁一带。与此同时，桂军胡宗铎率李明瑞旅和杨腾辉、陶钧等团也及时赶到，开往永丰一带。

根据北洋军阀内部的情况和湖南战场上的状况，北伐军制定了集中兵力、各个击破的战略方针：首先向湖南、湖北进军，长驱直入，迅速消灭吴佩孚的势力；同时先稳住孙传芳和他谈判，并向湖南、江西、广东、福建边境，分派部分兵力对孙传芳的势力进行监视和防备，待两湖战场取得胜利后，再集中兵力消灭孙传芳；最后再集中兵力消灭张作霖，统一全中国。

刚刚到达湖南安仁的第二天，张发奎便接到唐生智从衡阳发来的命令。

原来，在衡阳坚守的第八军唐生智部，由于得到北伐军第四军、第七军的支援，开始反守为攻。作为国民革命军第八军军长兼前敌总指挥，唐生智统一指挥入湘各军作战，部署进攻长沙计划。他决定以第八军、第七军担任湘江西岸作战，主攻长沙；第四军担任湘江东岸作战，攻占醴陵和株洲，同时警戒江西孙传芳部的窥伺，保证北伐部队右翼的安全。

张发奎见作战计划甚是周详，感叹唐生智不愧是将才，立即率部于7月4日到达攸县集中。当天，第十师师长陈铭枢也率部由衡阳赶到攸县。广东方面三路人马同时向北军发动攻击。

第四军十师和十二师云集攸县一带，因副军长陈可钰未抵前线，即由陈铭枢统一指挥。陈铭枢遂下令叶挺独立团在左翼佯攻醴陵以南要地泗汾的敌军，牵制其主力；三十五团、二十九团则径向醴陵东南要地的清水港攻击前进，其任务是主攻，并预定破敌后即跟踪追击直指醴陵；二十八团、三十六团担任策应。陈铭枢自带三十团作为预备队，张发奎于前敌指挥。

陈师长部署后，张发奎强调，这一仗，打泗汾最为重要，泗汾解决后，其残余可能败退醴陵城，也可能溃窜江西的萍乡，醴陵或可以不战而胜了。因此，必须切断萍乡铁路，才能肃清萍乡线以南的敌人，巩固湘南广大地区的胜利成果。

7月8日，右翼军集结高枧，陈铭枢下达进攻醴陵的命令。

作为前敌指挥的张发奎下达作战命令："令第二十九团团长范汉杰率队由美田桥攻击前进，破敌后追至株萍铁路之楚东桥，即行停止，转对萍乡方面警戒，第三十五团团长缪培南率部由清水港攻击前进，破敌后向醴陵追击，占领醴陵城。各部于9日准备完毕，10日拂晓实行攻击。"

部署完毕，张发奎亲自率直属各营队，随第三十五团前进。

战势的发展果然不出张发奎所料，泗汾攻克之后，残敌弃城北去，大部分往江西萍乡逃窜，而萍乡铁路已被切断，溃敌逃无可逃。

太阳开始偏西，张发奎进驻柳树坳，正遇上叶挺。叶挺报告说，泗汾敌军已退，独立团正尾追逃敌，一直追至醴陵。张发奎说："看来醴陵已无敌军，我军应迅速占领醴陵。"

下午5时30分，张发奎与陈铭枢各骑高马，率部昂首进入醴陵城。城内群众载歌载舞，燃放鞭炮，夹道欢迎革命军。

不久，陈铭枢又指挥人马，一举攻克株洲。

时任第三十六团参谋长的李汉魂认为：“攸县的胜利，是叶团独奏胜功，而醴陵、株洲的胜利，是第十师和第十二师共同创立的辉煌战绩，也真正是旗开得胜！较大规模的部队配合运动，提供了我军以后攻平江、围武汉等几个大战役的实战经验。”

株醴两线敌焰涤荡之后，浏阳已陷无险可守的局面，长沙尽失屏障。李宗仁指挥的第七军、唐生智指挥的第八军乘东线陈铭枢、张发奎师捷报正传之际，催动人马，向湘江西岸之敌施以重压，北军不支，纷纷后退，于7月12日顺利攻克长沙。张发奎师随即攻下浏阳。

株、醴、长、浏为北伐军掌握后，北伐军士气大振。

此时，北伐军总司令蒋介石致电陈铭枢、张发奎，对陈、张率人马攻克醴陵，致以慰劳，并令他们分别在醴陵、浏阳一带休整待命。

早在粤军时期，张发奎就十分重视部队的思想政治工作。此次北伐，他深知意义非同寻常，出发前就特地在全师连以上军官会议上做动员：“我们这支部队是在东征、南征中锻炼成长的，民众对我们的期望很高，因此，我们对自己要更加严格。在这里，我要重申军纪，除不拉夫、不筹饷、不扰民规定继续执行外，第十二师各团、营、连每到一地，要主动和群众联系，帮助群众挑水，准备柴火，打扫卫生；借老百姓的东西不能损坏。部队撤离后，要归还门板，捆好铺草，损坏东西要赔偿。对于这些规定，一定要严格执行。”

部队休整时，张发奎又召集全师连以上军官开会，在肯定了行军中友好的军民关系后，他又强调说：“现在我们是打了胜仗，但离北伐胜利还远着呢，这个时候，大家千万不能得意忘形，不能放松自我要求，还要在队伍中严格执行四大禁令：不嫖娼、不赌博、不吹烟（鸦片）、不开小差；同时，继续执行‘三大公开’，即各级军官都要财政公开、赏罚公开、用人公开。各级军官都要管好自己的人，看好自己的队，凡违反者，绝不轻饶!”

军官们一听，更为肃然，知道师长可不是开玩笑的。

张发奎平时与官兵相处很随和，但执行起军纪来从不含糊。在北伐途中，他常亲带一批政工人员下到部队的驻地检查连队执行规定的情况，有违令者，轻者关禁闭，重者枪毙，绝不姑息。从此，“四大禁令”“三大公开”成为张发奎治军的原则。

张发奎深悉宣传的重要性，要求政工人员每到一地，做好群众的宣传工作，四处张贴“打倒军阀”“打倒帝国主义”“打倒贪官污吏”“打倒土豪劣绅”“废除苛捐杂税”等标语口号，教唱军歌，让北伐战争深入人心。

第十二师驻守浏阳约二十天，由于天气炎烈，时疫蔓延，不但部队伤员增多，而且民间的疾病也很猖獗。虽然部队卫生设施和药品有限，但张发奎一方面要求卫生人员加紧治疗伤兵员，一方面也为群众施医赠药。民间的一大困难就是食盐紧缺。由于敌军在岳阳截留大批淮盐，强行奉公，这等于封锁了食盐南下的供应，以致盐商裹足，人民面临生活缺盐的威胁。张发奎知道此情后，要求后勤军需部门从广州源源解运食盐，酌量划拨供应市场。

这一招不亚于千百门大炮机枪的威力，人民望风相拜，剖胆相从。有主动来密报军情的，有自动要求参军入伍的，有远道从平江而来苦诉民困的，还有许多由民众组织的民团局来人来函表示，只要部队需要，他们随时随地提供民夫和向导，他们会不辞劳苦甚至豁出生命来效力。这使张发奎深受感动。

除此之外，第四军在部队建设方面也采取了一些新举措，张发奎把这些举措用在了自己的部队中，取得了良好的效果。

一是情报工作方面有革新，组建了侦察队。师部规定每个团要组建一个侦察队，战略情报则由师部作战处情报科掌握。

二是北伐军总司令部设立了军需总署，军部与师部也设立了兵站，负责向后方运送伤兵，向前线运输军火、军服、粮食等。

三是在征兵制度上有所改善，规定只有军级单位才有权招募新兵。以前，常常几名团长轮番到同一个县去征兵，县长们不堪其扰，现在规范多了。同时，雇聘挑夫的程序也照此改变，挑夫改称“运输兵”。他们与战斗兵待遇相同，组成了军队中最重要的部分。

四是军部的军医处办起了野战医院。师部与团部设立了救护所，由受过西方医疗训练的医生主持，佩上尉或少校衔，还配置了药剂师与男护士。救护所能提供简单的治疗，主要是止血。每次战斗结束后，师部副官处与军医处会从每个连抽调一名士兵组成一个殡葬队，把敌人的阵亡官兵与自己的阵亡官兵合葬在一个普通的墓穴。

五是战俘工作交由师部副官处负责处理。俘虏们由特务排看管，通常先指派他们抬担架或当运输兵，然后再分派到不同的连队。

这些部队建设方面的新举措，标志着第四军正在朝着一支现代化军队的建设方向发展。张发奎深深地感受到这次北伐不同于以往的战争，第四军不是杂牌军，不是军阀的队伍，而是一支新军。

8 月 16 日，第四军副军长陈可钰在长沙接受任务后，赶到浏阳驻地社港市的前沿阵地，召开第四军作战会议。

陈可钰首先通报说，7 月 9 日，北伐大军在广州举行北伐誓师大会后，陆续开拔。蒋介石总司令让李济深军长留守广州，自己带着北伐总司令部于 8 月 12 日凌晨到达长沙，受到五万群众的热烈欢迎。当晚，蒋总司令主持召开军事会议，部署北伐第二期作战战略计划。会议决定，对赣取守势，加强警戒，对鄂取攻势，乘胜追击；把第八、第七、第四军合编为中路军，以唐生智为总指挥，进攻汨罗江、平江一线，直指武汉；以第六、第一军为总预备队，随主力跟进；以第二、第三军为右翼军，负责对江西方面警戒；另以附义的黔军改编的第九、第十军担任左翼，从湘西以出荆、沙。另外，中路军再分为左、右两纵队：第八军和鄂军为左纵队，由唐生智兼任纵队指挥，目的是攻取岳阳；以第四、第七军为右纵队，李宗仁为纵队指挥，任务是攻击平江。各军自 8 月 19 日起发起总攻击。

陈可钰从桌子旁站起来，下令道：“此次会战，我军作为主攻部队，由第十二师师长张发奎统一指挥第三十六团黄琪翔部和独立团叶挺部从中路进攻平江，第三十五团缪培南部从左翼佯攻平江西南高地，牵制敌人正面主力。”

“是。”张发奎起立接令。

“第十师师长陈铭枢指挥所属三个团，越过平江东南，渡汨罗江，插入平江城北面，配合中路作战。”

“是。”陈铭枢起立接令。

张发奎接受任务回到师部，马上派出多路侦察员探听敌情，察得平江守敌为吴佩孚之第二十五师第五十混成旅陆沄部、桂军第一路司令韩彩凤部和湘军杂牌军周凤岐部，共计四个师五万人马；守城人马由陆沄以蒲平镇守使兼平通警备司令身份统御。

平江城四周，多山地峡峪，易守难攻。陆沄乃北军中能征惯战之将。他早就料到北伐军会来进攻平江，便在平江城周围，甚至环平江城至汨罗江北岸的山岭、塘坳、大小道路、险要地段，均构筑了坚固工事，并在北伐军可进攻的路段上，加布地雷、蒺藜等物，并砍倒大树，推下巨石，作为路障。除此以外，还在平江城东南的鲁肃山上密密麻麻地布满了山炮、迫击炮和机关枪。陆沄经此布防，据险顽抗，自以为平江固若金汤。

张发奎不敢轻敌。他考虑到，正前方天狗山及鲁肃山的敌人在河前面筑有坚固的战垒，硬攻难以取胜，不如另择进攻路线。这时，侦察员回来报告，除了正面路线，侧面还有两条：一条在白玉湖下面三里，另一条在止马铺附近。张发奎闻之，心生一计，决定采取包抄战术，派一部从正前方佯攻敌军前线，而把主力军从左侧包围敌人的两旁及后方。

8 月 19 日拂晓，三十六团发动攻击后，即沿治茅源向前进，却未发现敌人踪影。这时，接到当地老百姓报告，说金窝山西坑有敌兵扼守。黄琪翔遂下令二营进攻。守金窝山西坑者，是敌人韩彩凤部，其派人献出步枪两杆，伪装投降。张发奎看出其乃诈降，当即下令猛击，敌人纷纷后撤，黄琪翔率部追逃。最后将敌人逼退到平江北门附近的高山，敌人居高临下，颇占优势。黄琪翔指挥人马奋力拼杀，眼见北伐军攻势凌厉，敌人放弃高地继续溃逃。

这时，黄琪翔亲率第一、二营转向县城北迂回，参谋长率一营正面进攻，叶挺独立团冲过汨罗江抵达金窝，张发奎指挥人马进攻城东童子岭，掩护叶挺独立团向黄团靠拢。直属部队的官兵早已手痒，见师长带头披挂上阵，二话不说，迅速出击，三下五除二便将这股敌人打败。

张发奎一边令叶挺率部向平江前进，与第三十六团联合作战，消灭在平江城的敌军，又令第三十五团猛攻，以便达到从两旁攻打的目的。下令后，张发奎统率直属队伍向平江挺进。

不久，第三十六团团长黄琪翔飞骑来报："上午 10 时 40 分，我团从北门攻进平江城内，我正指挥余部从北门攻进平江城，直捣敌军司令部。"张发奎闻之大喜，立刻把战况向军部报告，并令黄团长与叶团长联合清除城内敌人，并注意鲁肃山的工事。黄琪翔即率一营前往清除。

此刻，第三十六团参谋长李汉魂率三十六团第一营从正面进攻击溃敌人后，抢占平江城西北一块高地，把军旗插到城头，随即开展巷战。敌我双方正激战中，叶挺独立团及时赶到，加入巷战，至 12 时许，已将城内之敌完全解决。敌军悍将、平江通城防守司令陆沄拒绝投降，举枪自尽。

平江之战，共计十小时，吴佩孚倚为"良将劲弩，信臣精卒"的精锐部队，顿时烟消云散，湘东北门户终为北伐军打开。此战俘敌军官七十九人、兵一千五百余，缴获野炮十六门、迫击炮两门、机枪五挺、步枪一千余支、马十二匹、枪弹十万余发，其余军用品辎重不计其数。第四军伤亡一百七十三人。

张发奎从被俘敌军军官口中知悉，陆沄自信能消灭北伐军。当他得知部属决定投降，见大势已去，他说："好，你们走吧！"旋即拔枪自戕，以报吴（佩孚）大帅知遇之恩。

张发奎听完，正色道："军人当有此杀身成仁的气概！他求仁得仁，我钦佩他。”遂吩咐副官买一副好棺材将其厚葬。

嗣后，第四军把平江战场善后交给后续部队，继续向溃败之敌追击，几乎兵不血刃占领通城。8 月 23 日，第四军前锋随敌溃兵之后进入大沙坪。26 日，第四军攻抵汀泗桥。

此时，第七军、第八军也已先后克复岳州、羊楼司、蒲圻等处，残敌纷纷向咸宁撤退，据守汀泗桥一带待援。北伐战史上著名的汀泗桥战役，随即在这里揭幕。

汀泗桥和贺胜桥的血战

汀泗桥是粤汉铁路线上一座铁桥，也是一个小镇，它是武汉南面的门户，背枕着咸宁、嘉鱼两县间的黄塘湖，北、西、南三面环水，铁路斜穿西南至东北，东面是崇山峻岭，地形险要。除张兴国、赤岗亭一段为大路外，其余皆为蛮荒丛林，举步维艰。由于湖水很深，实在不可能夺取桥头，而其北端堤坝上由敌军布满了装上倒钩的铁丝网。1917 年马济北伐和 1921 年湘鄂战争赵恒惕部也都只是攻抵桥前，就不能再向前进军，且部队遭受重创。吴佩孚之所以能威震全鄂，很大程度上就是倚仗这一雄关天堑。

如今，吴佩孚带了爱将刘玉春已从北京南下，向武汉挺进。现在，守卫汀泗桥的北军将领宋大霈、叶开倬、陈嘉谟等，都是吴佩孚的爱将，以宋大霈为守军总指挥，集精兵两万余，云集于汀泗桥瓶颈地带，准备与北伐军决一死战。陈嘉谟亲率所部精兵第二十五师万余人，也星夜兼程前来增援。

侦察队将以上情况报告给张发奎，张立即上报副军长陈可钰。陈可钰听罢，沉思了一会儿，说：“兵贵神速，看来，我们不能让宋、叶、陈之麇集人马有从容布阵的时间，使其有喘息的余暇。现在是下午 1 时半，我决定，不待友军第七、第八军会合，即下令四军人马向汀泗桥前进，以达到夺取铁路的目的。向华，你以为如何？”

“我完全赞成，机不可失，我们得争取主动权。”张发奎表态说。

“这可是一场硬仗，你们要做好准备！”陈可钰正色道。

张发奎请战：“军长请放心，我十二师善打硬仗、恶仗，最艰苦的任务交给我师吧。”

得到张发奎等将领的支持，陈可钰于 8 月 25 日在石坑渡颁发了攻击命令。

这时政治部带来的老乡告诉黄琪翔，徒步蹚涉那条流入黄塘湖的汨罗江是可行的。黄琪翔向张发奎报告了这一情况，并建议涉水。

于是以黄琪翔亲率一路人马，在老乡帮助下，涉水渡河。这是怎样的一幅画面？夜黑星疏，那些老百姓没有武器，却甘愿暴露在敌前，不顾生命危险给部队带路；革命里的官兵把步枪顶在头上，走过了水面齐胸的汨罗江。在战斗中，他们一马当先，攻打敌军的堡垒。战斗结束后，张发奎不无感慨地说：“没有老乡的援助，部队就是孤掌难鸣。汀泗桥之役可谓树立了民众援助国民革命军的一个样板！”

8 月 26 日与 27 日交接之际，部队在夜色中衔枚疾走，接近敌阵时，攀登鼓噪，以白刃杀入敌阵。敌军做梦也没想到北伐军会从急湍的河水中强渡而包抄其后路，守在最高峰阵地的敌人发现北伐军偷营后，惊慌失措，组织密集的火力向北伐军扫射。在敌军机枪扫射下，数十名官兵倒下了，血染整个大桥。

汀泗桥之役黄琪翔团应居首功，他的三十六团一营最先突入敌阵，双方厮杀之中，伤亡惨重，然最终歼灭强敌，攻克桥北之中央最高阵地数处。

夜战至拂晓，第四军发起了全面攻击。

张发奎在桥南岸亲自指挥独立团和第三十五团同时向敌人发起正面进攻，队伍从桥南右翼猛扑桥头死守之敌，以一当百，勇不可摧，迅即攻上桥头，残敌仍负隅顽抗。

桥北端，敌将宋大霈见北伐军来势凶猛，亲自上阵督战，扼桥顽抗，以炽烈火力交叉封住桥头去路。在枪林弹雨里，北伐军官兵虽一排排倒下，仍前仆后继，终于抢占桥头堡。

张发奎即令传令兵发信号弹，三颗红色信号弹空中升起，画出漂亮的弧线。

各团官兵见到信号知铁桥得手，立时风卷残云般向桥头冲去。“冲呀！杀呀!”的喊声刺破了夜空，终于在拂晓时攻下了要塞。一时间，守敌大乱，纷纷弃甲溃逃，但归路已断，在四军各路人马夹击之下，残敌全部俯首缴械。

27 日，北伐军占领汀泗桥。陈可钰当即下令三十六团、三十团负责守桥，其余人马继续乘胜追击，仅两个小时，即攻下咸宁县城。

汀泗桥一战，第四军英勇善战，获得“铁军”称号。

战斗结束后，张发奎登上山头，发现无数死伤在战壕里的双方官兵，大部负有白刃战的刺刀伤，足见战斗激烈程度。他要求官兵要善待战俘，不能仇视，一律优待，要回家的，概予不究，发给路费，送他们回家。

一个叫李文藻的被俘军官，是北军军官队班长，与李汉魂同是保定军校的校友，他目睹北伐军严明纪律和高尚风格，极为感动，叹曰：“仁者无敌矣。”

8 月 28 日，北伐军总司令蒋介石电嘉陈可钰、陈铭枢、张发奎，文曰：

汀泗桥、咸宁一带。探送第四军陈副军长、陈师长、张师长，并转各团长钧鉴：

汀泗桥夙称天险，乃我军一鼓而坠之，负隅逆军，歼灭殆尽，非兄弟等筹策攸宜，将士忠勇效命，畴克臻此，嘉慰逾恒。戴团长陷阵负伤，殊深系念。除派员驰赴汀泗桥慰问外，所有在事出力人员，着先传令嘉奖，并希将此役伤亡官兵详查汇报，以凭赏恤。

蒋中正

汀泗桥一战，是北伐战争中决定性的一仗。敌我双方拼死苦战，争夺激烈，弹雨弥天，各死伤两千余人。吴佩孚守汀泗桥的精锐部队中，三个团长战死，三十九个连长只余五人，士兵死伤过半。在四军中，仅第十二师就毙敌一千余人，俘军官一百五十七人、士兵两千两百九十六人，缴获大炮四门、机枪九挺、步枪三千余、马十四匹、军用品无算。

望着烟雨茫茫的江水，想到战场上尸横待殓，战火中人民骨肉分离，张发奎不禁惨目伤心，吟起一句古诗："劝君莫话封侯日，一将功成万骨枯。"

数十年后，李汉魂回首此壮烈情景时仍慨然谓："北伐军血染黄沙，沉着果毅之大无畏精神，万古彪炳，丰草长林，将永为国殇哀悼！"

吴佩孚的军队在汀泗桥、咸宁城大败之后，撤回贺胜桥固守。为扭转败局，吴佩孚决定亲自披挂上阵。

贺胜桥是继汀泗桥后的又一座铁路桥梁，号称鄂南第二门户，地势险要，也是一个兵家必争之地。它西以黄塘湖为依托，东以梁子湖为屏障，均为天险。加之 8 月正是涨水季，两个大湖之间原有的陆地已变得很狭小。吴佩孚在这个狭小的地带，设置了六十门大炮、一百余挺机关枪、二万余人进行把守。吴佩孚认为，汀泗桥战斗的失败，是由于被北伐军抄了后路。为了避免重蹈覆辙，他亲自指导构筑贺胜桥防地，不仅构筑了十余里的纵深防地，而且贺胜桥附近的每个小山头都构筑成环形工事，既可独立作战，又可互相配合，形成交叉火力。

吴佩孚视察所有阵地之后，得意地说："昔以汀泗桥一战而定湖北，今以贺胜桥一战而定天下。"

8 月 28 日下午 5 时，张发奎率部来到咸宁。当天晚上，蒋介石、李宗仁、白崇禧、唐生智、陈可钰、陈铭枢、夏威和胡宗铎等北伐军前方高级指挥官齐集咸宁，商讨攻打贺胜桥的计划。

贺胜桥之战，守者为中国最负盛名的直系精华，督战者又系直系主帅、能攻善守且自诩为戚继光的吴佩孚；攻者为北伐军的中坚四军与七军。此役的胜负决定着各自命运。因此，双方都在孤注一掷。因虑湖水之盛，正面之隘，兵力难展，北伐军决定向贺胜桥发起全面进攻，由李宗仁直接指挥各军进攻贺胜桥，并直捣武汉。李宗仁当即下令第四、第七两军同时出击。

第四军副军长陈可钰下了向贺胜桥进攻命令后，张发奎迅速做出如下部署："叶挺率独立团急行进至贺成铺，向贺胜桥警戒，右翼与第七军联系，左翼与三十五团联系。三十五团警戒于黄石桥道路上，以壮独立团声威，独立团得手，敌势动摇后，马上给敌人以正面猛攻。三十六团为预备队，距前线不超过五里，随战况发展而发展，师炮兵营由邓演存参谋长指挥。"

盛夏，天黑得晚，19 时 10 分，夜幕还未完全降临，战斗已经打响。

第三十五团和独立团从正面冲锋，两团人马集中精锐力量，企图突破敌正面阵地，其枪炮声之密、火力之猛，为北伐军自北伐以来所没有，但见空中弹雨乱飞，地上白刃交锋，在山野炮和重机枪的轮番扫射下，战场上血肉横飞，一片火海。

天拂晓时，叶挺掏出手枪，迎着晨风高喊："独立团跟我上!"说罢，率部从右侧攻，猛如过江龙，敌人见势不利，纷纷逃离。

左侧，缪培南把军帽一摘，大喊："弟兄们，独立团已经上去了，我们三十五团也不是没种的！都给我冲!"说罢，也亲率全团主力向敌狠攻，怒如下山虎。

张发奎早已坐不住，挽起袖子："给我拿机枪来!"他跳上阵地，带着副师长、参谋长等师部一批高级指挥官与士兵一道，浴身于火海中，任流弹横飞，炮弹四炸，无畏无惧。十二师由师长、副师长以下官兵，莫不风驰于战场之上，战况极为惨烈。

北伐军的舍生忘死使吴佩孚的官兵惊呆了，他们有生以来从未见过这样不怕死的军队，子弹一批批扫过，前面的人倒下了，后面的人踏着战友的身体又冲了上来。

“这些人简直疯了！”坐镇在装甲车上亲自督阵的吴佩孚也有些不相信眼前的一切，他吹着胡子大声对执法总司令赵荣华下令：“赶快组织八个大刀队在后面督战，官兵如有后退，不分军阶，一律处以极刑！砍下他的脑壳！”

贺胜桥头喊杀声震天，桥下积尸累累，河床都似乎要为尸体堵塞。尽管北军在大刀下督战，但北伐军愈战愈勇，战斗不到半个小时，敌方出现惊惶，开始有计划地退却。虽然北军大刀砍下了几颗军官的脑袋，砍死士兵不计其数，其防守一线仍然全面崩溃。

吴佩孚见状，遂下令死守第二道防线，拼死保住贺胜桥。

这边，张发奎一夜未合眼，便开始部署下一步行动。他扫视了众军官一眼，说：“各位兄弟，辛苦了！接军部的命令，独立团、二十八团负责正面进攻，三十五团、三十六团由两侧迂回进攻。炮兵要不惜炮弹摧毁敌人的火力。决战就在今日，希望各团加把劲，不惜代价，也要拿下贺胜桥。”

枪炮声、厮杀声又起，直冲云霄。张发奎从望远镜中看见，独立团和第二十八团官兵拼着命冲杀上去，又被敌人反扑过来，而后再杀，再反扑，双方于桥头展开了喋血拉锯战。只见桥头刀光剑影，血肉横飞。

在敌方，吴佩孚的高参张方严也手持望远镜在观察，他虽是一名久经沙场之将，但从未碰到过如此恶战，当看到身着灰色制服的北伐军踏着同伴尸体前仆后继地冲锋时，两条腿不由得打起了哆嗦，他长叹一声：“北军必败也。”

贺胜桥一带地势特别，起伏不大，均为波状地和可以徒涉的小湖沼，遍地又都是茅草丛树，障碍视线。因此，指挥员不易指挥自己的人马进行战斗，几乎全是各营各连甚至各排各班为战。好在平时张发奎治军有方，重视部队主动性培养，官兵们虽处乱阵，仍临危不惧。

第四军与北军双方激战一日，付出重大伤亡，仍不能攻下桥头。这时，第七军先头部队俞作豫团赶到，增援第四军右翼。继而又有第八旅尹承纲之第十五团、周祖晃之第十六团赶到，在贺胜桥东王本立一带与北军展开战斗。

张发奎仍然置身前线，沉着地指挥直属部队和炮兵队数次把反复包围过来的北军人马击败，炮火频频击中敌兵麇聚点及粮弹辎重。

吴佩孚见北伐军冲杀极猛，复派机关枪、大刀队于桥上，凡畏缩退却者，立被射杀。吴佩孚还将手刃退却之旅团长的头悬在电线杆上，以示有进无退。然而，北伐军士气极旺，哪里枪声最密集就向哪里冲锋，敌军见势无不大惧，争先恐后地后退，桥窄人众，路不通行，士兵们左突右冲，数千人掉入急流中。

吴佩孚的大刀督战队堵在桥头，散兵见无路可退，竟向大刀督战队反冲锋，督战队被冲垮，数万人一哄而过，夺路逃生，吴佩孚的副官也被打死。敌大将陈嘉谟见大势已去，又不愿退却，滚在地上大哭，谓其受恩深重，今日兵败如此之惨，实无面目见吴帅。他的手下一旁急劝："追兵已至，你再不走，就要被俘了！"如此，陈嘉谟才在卫兵相架下，仓皇而逃。

敌另一大将刘玉春丢盔卸甲地跑到吴佩孚的装甲指挥车上，直挺挺地跪在吴佩孚的面前，声泪俱下地道："大帅，我的人马快打完了，三个团长伤了两个，三十九个连长只剩了五个，别的部队都未听我命令，就请大帅拿我正法来振作一下士气吧。"

吴佩孚长叹一声，落下老泪，双手扶起刘玉春，道："胜败乃兵家常事。"话音未落，乒乒乓乓，其指挥车连中数弹，帅旗被炸折。吴佩孚见大势已去，急忙乘车夺路而逃。

贺胜桥两边，不少为断头、缺足的尸体或饮刀未死辗转惨啼呼号者，在电线杆上、树上挂人头多个，均为吴佩孚之大刀督战队所杀，其状惨烈，难以笔书。

汀泗桥、贺胜桥两役均为决定南北两方命运的关键。贺胜桥一战，从 8 月 29 日上午起至 8 月 30 日上午基本结束，时间刚好一天。敌军在战斗中阵亡约四五百人，水淹死者比战死者尤众。俘虏敌军官一百六十九人、士兵两千三百八十六人，缴获军火一大批。四军伤亡四百九十七人。

李宗仁命第七军夏威率第一、二两旅，经全牛向鄂城追击敌人，追至鄂城时，将宋大霈部全部缴械，并俘虏其参谋长。

损兵折将好不容易攻下的武昌

9月1日，北伐军第四、第七两军主力攻至武昌城下。李宗仁与各队长官在殷家湾召开会议，决计趁敌立足未稳之机，下令攻城。

武汉三镇位于汉水、长江交汇处，汉阳在汉水两岸，汉口在长江北岸，武昌则在江南，形成了三镇鼎足、隔江相望的天然形势。武昌历来为湖北省省会和府城。城防设置坚固，城墙高达二丈多，墙外是二三米深的护城壕，有大小城门九个；城内有蛇山横贯其间，俯瞰全城；城北靠近长江，东有沙湖，南有洪山，西有南湖，是一座易守难攻的城池。

战斗打响后，官兵们抬着木梯，高举军旗，呐喊着冲向城墙。谁知武昌城垣甚高，坚实无比，墙外有护城壕沟，水深没颈，官兵们冒死攻到城下架云梯时，由于梯子太短，距城墙上端还有两米多，无法登城，攻城部队停在城池边上，不得要领。城墙上，敌人滚木礌石一滚而下，机枪、手榴弹一齐扫射，北伐军攻城部队伤亡极大，死伤达百余人。

李宗仁见强攻不下，只得下令停止。第一次攻城归于失败。

9月4日一早，秋风渐起，新月如霜。李宗仁召开紧急军事会议，向第四、第七两军高级将领通报最新敌情："据可靠情报，吴佩孚率残部由贺胜桥败至汉口查家墩总司令部后，一面下令其人马严密守城，一面一日数电四处求援。目前，吴佩孚是远水解不了近渴，他把守武昌城的重任交给他最信得过的将领刘玉春，并令陈嘉谟为武汉防御筹备总司令。刘玉春接到重任后，下令紧闭九座城门，加强防御工事，居高临下，配置各种火力，防止我们攻城。吴佩孚则坐镇汉口，调度由北南下的援军。”

李宗仁介绍完敌情后，继续道：“蒋总司令已到江西指挥北伐孙传芳的队伍，这里仍由我任攻城司令，陈可钰为副司令，以第四军全军及第七军胡宗铎部、第一军二师刘峙部并配大炮九门合编为攻城军。二师暂归第四军指挥。另外，各师选四百人、干部十五人，编成奋勇队，也即是敢死队，皆以营长为队长，为攻城之先锋。”

各师长领受任务后，当即回到所属部队，下达了攻城任务。

张发奎回到十二师后，立即召集营以上军官会议，张下令道：“三十六团和独立团为主力。三十六团攻白骨塔宾阳门，独立团攻宾阳门至通湘门，三十五团为左、右翼攻城军总预备队。”说到这里，张发奎停顿一下，环顾四周，又道，“现在，我们要马上选出三百名敢死队员，组成奋勇队，准备攻城。”

团长、营长们一听要成立奋勇队，个个摩拳擦掌，纷纷表态说：“师长，我们每一个革命军人都是奋勇队员，不用挑选，就让我们营去吧！”

张发奎听了，大为动容：“好，就由你们自己指定第三十六团、独立团的一部分作为奋勇队，除此之外，还要准备预备队，作为攻城的第二线待命。”

“是！”团长们异口同声地应道。

9 月 3 日凌晨 3 时，北伐军第二次攻打武昌城开始。一时间，炮火连天，枪声、喊杀声惊天动地。

“跟我上！”三十六团三营营长欧震首先率奋勇队员在猛烈炮火掩护下，扛着长梯，迅速涉过壕沟，来到墙根，安置好云梯，准备爬墙。其他各团奋勇队也争先恐后地按指定方位，携竹梯攀附而上。

“北伐军上来了！”守城的敌人早有准备，集中火力向城墙下猛扫，并向奋勇队员扔掷炸弹、火把、滚石，刚爬了一半梯子的队员们纷纷倒下。在嘹亮的冲锋号声中，奋勇队员们不断高喊着“打倒军阀！”“革命军胜利万岁！”一个跟一个冒死往上爬，从未停却，然而由于云梯太短不能到墙头，敌人火力又太猛，虽强攻了一个小时，死伤过半，却没有结果。夜色中，高大的城墙如黑铁般矗立。

张发奎在指挥部密切关注着攻城的情况，攻城部队付出如此大牺牲却未有进展，使他心急如焚。这时，电话铃骤响。夹着嘈杂的枪炮声，话筒那端传来叶挺悲痛的声音："师长，一营官兵除通信员外，全部牺牲！曹渊也阵亡了！"

张发奎心中一颤，眼中流下热泪。

曹渊是独立团第一营营长，中共党员，英勇善战，为独立团之中坚。二次攻打武昌命令下达后，一营全体官兵摩拳擦掌，表示愿以死相拼，纷纷留下绝命书，此举成为北伐军美谈，谓"古有贻榇决死战，今有留书攻城壮举"。叶挺见一营请战坚决，便把一营作为独立团的奋勇队，由曹渊任队长。

凌晨3时总攻开始前，曹渊带着奋勇队员偷偷越过壕沟，来到城墙根下，准备打敌人个措手不及。突然墙头灯火通明，枪声大作，守城的敌人发现北伐军想偷袭，马上集中炮火向他们反击，火力相当猛烈，压倒了北伐军之炮火，爬在长梯上的奋勇队员全部壮烈牺牲。

天大亮后，攻城部队完全暴露在敌人视线下，既上不去，又不能后退，只得躺在墙根壕沟里躲避炮火。负责指挥的曹渊见攻城无望，半蹲在地上，给叶挺草成一书谓："团长，天已拂晓，登城无望，职营伤亡将尽，现存十人，但革命军人有进无退，如何处理，请指示。曹渊。"他刚写完"渊"字，突然一颗流弹飞来，正中他的头部，鲜血四溅，当场殒命。其渊字最后一笔拖了三四寸长。这报告竟成曹渊的绝笔。

张发奎听完叶挺的报告，含泪道："叶团长，代我向一营问好，告诉他们，曹营长精神不死，我们北伐军是支铁军，是打不烂打不垮的！"

攻城指挥李宗仁见攻城部队伤亡惨重，继续攻打徒招无谓牺牲，下令停止进攻。

就在这时，蒋介石偕白崇禧、顾问加仑、唐生智一行抵武昌城南之徐家海。他对部队围而不攻有些不快，立即主持召开了军事会议。

“武昌城内敌已惶惶，我当趁敌立足未稳，攻克武昌，限四十八小时内攻下城。”蒋介石说话态度非常严厉，丝毫没有商讨的余地。

蒋介石讲罢，张发奎等在场的高级将领皆面面相觑，没有发言者，谁都知道，攻城非同儿戏，众人皆把目光转向李宗仁。

李宗仁见蒋介石态度十分坚决，也未做陈述不宜硬攻之理由。

“既然没人有意见，散会。”蒋介石首先站起来，走出了会场。

胡宗铎随李宗仁出了会场，小声问：“德公，武昌城如此坚固，限期之内何能攻下?”

李宗仁道：“蒋总司令自信心很强。他说能攻下，攻不下也要攻。”

胡宗铎道：“德公何不做解释呢?”

李宗仁道：“总司令往往知其不可为而为之，面析无益。我们也只有尽力罢了。”

一旁的张发奎听了，久久无语。

9月6日晨3时，北伐军第三次攻打武昌城。

这一次战斗比前两次更为激烈，由于北军已有了准备并增加了援军，当北伐军奋勇队抵城下时，城上火药包、手榴弹、爆炸罐、滚木礌石等一并扔下。独立团潜至城脚，挂梯数具，官兵相继攀登，然敌枪弹如雨下，登梯官兵皆被击毙，各处皆牺牲惨烈。

在官兵们激烈攻城之际，蒋介石偕李宗仁到前线视察，他见官兵伤亡枕藉，知攻城无望，只好下令各部队停止攻击。三次攻城皆以失败告终，这是北伐以来革命军牺牲最惨重的战斗。于是北伐军从战术上转攻为围。9月16日，蒋介石调李宗仁的第七军和第一军第二师入赣作战，阻击孙传芳军，陈可钰接替李宗仁担任武昌攻城总指挥，武昌围城任务由第四军独力担任。张发奎所率的第十二师，作为攻城军的总后备军，驻在南湖附近。

当时武昌城已被围达十余日，副军长陈可钰不愿再拖延时间，于是召开军事会议，决定9月19日攻城。正待陈准备下令之时，忽然收到唐生智送来的情报，说武昌城内敌军因缺粮少食意欲投降，攻城之事可缓行。于是，陈可钰没有下达攻城命令。又等着两日，发现敌人毫无投降之意，乃判断不过是缓兵之计，大怒，遂下令挖地道攻城，由张发奎的独立团负责此项工作。

三次攻打武昌失败后，张发奎认识到强行攻城是一个错误，城防坚固而北伐军攻城装备不足，纯粹依靠勇气，只能造成不必要的牺牲。在认真研究了武昌城的工事地图后，他们决定挖开城墙地基，埋设炸药。强攻不行，只能智取。

独立团团长叶挺是学工程的，他指挥了整个爆破进程。十二师决定在东湘门挖地道，铁路从这里穿过。根据叶挺的建议，大家改装了两辆吴佩孚弃置的载货车厢，四周围上钢板，两侧钻了枪眼，每辆铁甲车装载数十名独立团官兵，在夜间用一节火车头推动这两节车厢向东湘门再踅回。一批士兵跳下铁甲车挖掘炸药坑，其余人留在铁甲车厢里用机枪等火力掩护。

当时的武昌敌军首领刘玉春是吴佩孚的亲信，他收到消息，知道吴大帅正在召集人马准备兵分五路反攻武昌，因此，下定决心死守城池。为此，还试图用诈降来拖延时间。现在，眼见北伐军挖地道攻城，而援军仍未到，内心大为恐惧。加上被围月余，城中几乎已经到了弹尽粮绝的地步，百姓饿死者数以千计，军心动摇，他想孤城不能死守，于是，组织了一个三千人的“敢死队”，伺机偷袭，欲阻止北伐军挖掘地道的同时夺取城外仓库存粮。

转眼到了9月30日，张发奎提醒官兵注意，敌人已经被困这么久，肯定会做困兽之斗，要防止他们狗急跳墙，一定要做好警戒。

果然不出所料，10月1日凌晨，趁着夜色，敌人分三股，数千人由通湘门、中和门和保安门开始突围。叶挺一边命令部队还击，一边向师长张发奎报告，请求支援。

张发奎当即令第三十五团团长缪培南派一个营加强独立团的防御力量，又令第三十六团派一个营到山口寺附近抵抗敌军。经过激战，第十二师的官兵夺回了通湘门高地，打死打伤数百敌人，把敌人赶了回去。但独立团也死伤三百多名官兵，几乎打完了所有弹药。可见这一仗的残酷与激烈。

10 月 6 日，攻城司令部下达了夺取武昌的命令。10 月 10 日拂晓，敌师长吴俊卿率所部起义，打开保安门、中和门，迎北伐军进城。北伐军迅速推进至城下，第十师、第十二师分别从保安门、通湘门入城，沿途发动进攻，刘玉春、陈嘉谟部略有抵抗，旋即被完全缴械。城里市民见北伐军进城，纷纷涌上街头，夹道欢呼。

正在进城的张发奎接到捷报，独立团于早上 7 点半从通湘门入城，占领蛇山；第三十五团随第十师进城后，抓获躲藏在文华大学的敌长官刘玉春，另一敌将陈嘉谟也已落入北伐军手中。

武昌既克，举国震动，海内外各方贺电雪片般飞来。武昌黄鹤楼、汉口大钟楼、汉阳晴阳阁上都飘扬着革命政府之华旗。城里城外到处是一片革命的欢庆景象。

站在武昌城上，张发奎感慨万千："这武昌城整整包围了四十天，今日终被我革命北伐军攻破。历史竟然如此巧合，1911 年辛亥武昌首义之日为 10 月 10 日，推翻了大清帝国。这次我们攻克武昌也为 10 月 10 日，正好是十五周年。看来 10 月 10 日为吉利之日，我们北伐军定能得天下！"

武昌战役后，陈铭枢被委为武昌卫戍司令，第四、第八军分道扬镳：第四军留驻武昌，第八军离开武昌，移驻汉口与汉阳。

长长的船队一字排开，突突突地离开武昌码头，向下游江西方向直进，船上载满全副武装的第四军将士。张发奎站在船头，表情凝重，任由江风扑打脸上。他忆起当年在武昌上学时，在汉口英租界的江边公园门口立着一块告示："华人与狗不准入内。"年轻的他感到很耻辱，曾在心中暗暗发誓：有朝一日我掌权后，一定要收回租界！没承想，今天他少年时许下的誓愿就要实现了。

占领武昌后，张发奎命令师政治部去街上贴标语，向老百姓做宣讲，把废除不平等条约与收回租界的愿望广泛传播开。"打倒军阀”“废除不平等条约”“收回租界”等口号大量涌现，学生、市民走上街头，要求收回租界，武昌城内已成一片革命的沸腾海洋。

张发奎见状，欣喜异常，他对陈友仁、邓演达和苏俄顾问铁罗尼等人说：“现在武汉已经收复，百姓的爱国热情高涨，我们应该顺应民意，不顾一切阻碍，收回租界！今非昔比，我相信，英国与其他列强不会再奉行炮舰政策了！”听了张发奎这番话，邓演达说道：“向华，你的心情我理解，收回租界，也是我们的心愿，但凡事都要遵循外交程序，切忌鲁莽行动”。陈友仁和铁罗尼也认为邓演达所言极是，均说：“此事要从长计议。”就在张发奎正在为收回汉口英租界做努力的时候，忽然收到军令，要他即刻出发率部援赣。

原来，国民革命军攻克武昌后，吴佩孚精锐已失，北伐总司令部遂将军事重心放在消灭盘踞浙赣方面的孙传芳主力。孙传芳虽也是从奉系分出，但已虎踞长江下游有年，饷裕甚丰，兵强马壮，其实力较吴佩孚有过之而无不及。

初时，孙传芳并没有把蒋介石亲自带领的北伐军放在眼里。没想到北伐军从9月6日出兵江西后，直指孙传芳五省联军，并于9月19日一举攻克江西省城南昌。孙传芳立刻组织强大兵力反扑，打败孤军挺进、攻入南昌的程潜第六军，重新收复南昌，并调集卢香亭、郑俊彦、陈调元和周凤岐等部，在南昌与九江之间沿南浔路排成长蛇阵，准备与北伐军决战。

蒋介石闻第六军惨败，大怒，急令李宗仁的第七军从武汉向江西进击。第七军进兵江西后，初时取得箬溪大捷，但由于孤军深入，遭到敌军的围攻，在德安一役中损失惨重。而此时，蒋介石亲率队伍，第二次攻打南昌，连攻三日，牺牲重大，均未果，不得不撤出战斗。

武昌攻克后，蒋介石决定对孙传芳再次用兵。他与李宗仁、程潜、白崇禧等一起重新制订了《肃清江西计划》，并令在北伐中屡立战功的第四军入赣参战。其时，第四军副军长陈可钰因病住院治疗，第十师师长陈铭枢担任了武汉卫戍司令，于是由张发奎率领第四军精锐出发援赣。

从湖北打到江西“铁军”扬名

张发奎受命于危难中，即于10月20日率所部由武昌乘轮船东下，至石灰窑登陆，于28日开抵白水街集中待命。蒋介石见四军如此神速，大喜，特地于10月27日从高安发来“嘉勉张发奎千里驰援电”：

武宁李军长转张师长向华兄勋鉴：

此次兄千里增援，不辞艰劳，殊胜爱慕，有将如兄，革命无虞不成矣！途中有否遇敌？病兵多否？士兵冬衣发否？伙食有否带足？共有战斗兵若干？盼详复。中正，感。

11月1日，蒋介石指挥三路人马，杀向孙传芳的联军，北伐军肃清江西计划开始实施。

在江西省武宁县箬溪镇，李宗仁即令第七军向德安攻击，张发奎师和贺耀祖师向马回岭进击。在北伐中，张发奎参加了四场主要战役：汀泗桥、贺胜桥、武昌及马回岭，这四场战役一次更比一次凶险。

马回岭地处南浔铁路北段，北距沙河二十一公里左右，地位重要。此时据守马回岭的为敌三个混成旅，其中颜景崇部实力较强。敌军据守险要，布防甚严，于进攻不利。

11月1日，从湖北阳新方面经山间隘路而潜入之北伐军贺耀祖之部队，毁坏铁轨一段，且在马回岭火车站纵火，孙军部队驰往该处救火者，猝不及防，突被北伐军开枪乱击，非常狼狈，但仍做应战准备。是时在德安的颜景崇，虽然得到急报派兵往援，但彼见来袭之北伐军仅二三千人，颇为轻视，故将一旅之兵，分作数起运往，致被北伐军逐个击破。

11月2日晨7时，张发奎率师总后备队，取道陈家湾往贾家大路，随第三十五团前进。这时，黄琪翔团长派人来报，第三十六团在意塘棚一带准备迂回包围敌人，进攻孤山中部。不久，万家垄方面枪声大作。11时，张发奎接到第三十五团缪培南团长报告，该团第一营已将敌打败，正沿着铁道乘胜追击逃敌，有一部分残敌仍在孤山抵抗。

张发奎即派第三营与第三十六团联合进攻孤山敌人。黄琪翔团长得令后，统率各营向孤山进攻，并命令炮队连续向孤山、骆驼山开炮，掩护步兵进攻。血战整整持续了一小时。正午12时，孤山、骆驼山完全克复。此时，李宗仁率第七军已抵德安城南高岭一带，张发奎便与第七军联合作战，于16时打下了德安城。这一战，敌军据险而守，北伐军择险而攻，战况惨烈。

黄昏时分，天竟下起雨来，豆大的雨粒扑打在地上升起一层白烟。敌军利用这一气候，向三十五团阵地连续发动两次反攻，皆因该团各部戒备严密，未能得逞。

午夜时分，伸手不见五指。敌军得到援兵，开始反攻，他们挥着刺刀与北伐军第三十五团第二营白刃决斗数次，最终被北伐军打败。然而，孙传芳部并不示弱，他们利用控制的铁路线，源源不断地从黄老门、沙河运来援军，把第十二师团团包围，企图一口吃掉。

情势万分危急。

张发奎亲到阵地前沿观察，见敌人敢于出击，判断敌军必有援兵驰至。他一边令各部加强注意，不许疏懈，并部署在明天拂晓施行总攻击，一边派人与驻在离马回岭不远的第一军贺耀祖独立二师联系，请求支援。

谁知派人通告了五次，自命为蒋介石嫡系部队的贺耀祖对四军素有偏见，竟然一兵未发。参谋长吴奇伟亲自前往，哭诉第十二师孤军血战的危险，仍未能打动贺耀祖派部队增援，张发奎气得大骂。

在这危急关头，张发奎得知追敌至德安的三十六团完成任务后已奉令返至五谷庙，当即下令该团迅速加入战斗，插入三十五团与二十九团之间的空当阵地，全力支援三十五团，争取一举奏功；又令第十师副师长蒋光鼐率二十八团向敌右翼抄出敌后，以呼应三十五团、二十九团正面攻击。

3 日拂晓，三十五团正面之敌颜景崇部发动攻击，双方激战，乃至于刺刀相搏，战事极为惨烈。所幸三十六团及时赶到，以一部向敌正面突击，一部由右翼猛进，将敌包围。血战一小时，敌势终呈不支，纷纷退却。

第十二师硬是靠自己的英勇奋战，不仅避免了全军覆灭，而且动摇了整个敌军战线。

在左翼与北伐军二十八团、二十九团对抗的敌军，见颜景崇部业已顿挫，也相继退去。第十二师乘胜进占马回岭，残敌丢下大批辎重，向沙河、星子方向逃窜。

4 日上午 10 时半，敌军再次向北伐军猛攻，枪炮齐发，烟尘蔽日，十分凶猛。第三十六团黄琪翔团长命令部队严守铁路右边的高地。在机枪掩护之下，第三营从左翼进攻，于 11 时 50 分将敌人击败。此时，蒋光鼐统率第二十八团向左翼推进，并派一营助战。第七军见友军赶到，乘势从右侧进攻，取得胜利，敌人全线溃败。

马回岭之役遂告结束。马回岭既克，南浔铁路即被北伐军严密控制。孙联军后援不继，乱作一团。孙传芳得悉上述消息后，急急从湖北武穴返航至九江对岸小池口，及至九江失守，知大势已去，无可挽回，又恐周凤岐部断其后，乃乘快艇逃回南京，以败军之将的身份实现他的“短时期内就可以回到南京”的谶言。

随后，北伐军迅速攻克九江、南昌。

马回岭一战，第四军伤亡七百多人，由于友军见死不救，至第四军于孤军奋战之中，幸得师长张发奎指挥得当，官兵勇敢，否则险遭全军覆灭。这一仗的胜利来之不易，打得艰难，打得心寒，张发奎有感于北伐军内部的分歧、矛盾与敌意，这为后来的分裂埋下了伏笔。

11月8日晚，张发奎悲愤有加，熬了个通宵，先是给北伐军总司令部拟发了一份电报：

一、职师冬晨攻击万家垄之敌，业接触。右翼七军未能协同，左翼贺师长前进迟缓，于是敌得协以谋我……二、职部此次独立作战，伤亡甚多，已知者阵亡营长一，重伤二，其余伤亡官长约二十余，士兵约五百余。贺师长始终未能与我协同动作。

紧接着，他又给陈可钰写了一封报告，真实地记述了当时的激战情景，痛斥贺耀祖独二师见死不救，以及部队进南昌的所见所闻。由于是内部报告，写得极为真实和直截了当。该报告后来被随军的苏联顾问带回莫斯科，得以保存，弥足珍贵。

报告首先陈述了四军在马回岭孤军作战、贺师见死不救之情景：

此次本军入赣，受七军李军长指挥。冬江两日在德安及马回岭之役，几陷本军于绝地，照预定计划，左翼于冬日拂晓总攻击，由七军击右侧即德安城及九仙岭一带之敌，独立第二师击左侧即马回岭一带之敌，本军任务则攻击德安城东北及万家垄之敌。乃冬日上午八时，本军三十六团已向骆驼山及孤山之敌攻击，三十五团已向万家垄之敌攻击，敌均顽强抵抗，经我官兵奋勇血战四五小时，卒将敌击破，将所有敌人之高山阵地概行占领。敌虽败退仍节节抗拒，且增援之敌由火车大批运到，本军陷在核心，左支右吾，昼夜转战，虽德安城于冬日下三时即行克复，而马回岭方面危险万分。当时独立二师贺师长驻在孙村与马回岭相距不远，在一昼一夜间经本军张师长五次通告，催促其出击，并派军部吴参谋往效秦庭之哭，终不见出一卒一兵。幸本军官兵奋勇牺牲至七百人之多，始于江日上午将马回岭之敌完全肃清。使非本军者，未有不完全覆没者也……

其次，用典型的事例，陈述了四军军纪严明，深受人民欢迎。反观独二师军纪涣散，百姓深受其害，两军出现鲜明对比：

本军此次入赣，深得人民同情，战争之际随军队行者恒数百人，以是风声所播，各处民众无不渴望四军之至。当独立二师之入九江也，军民本纪比较逊于本军，人民大失所望。而二师至九江团宣传人员缺乏，一切宣传品又无，而贺师长第一次之布告又为向地方筹饷者，并责商会即借筹两万元，虽曰不久即还，而民众以前受惯军阀欺骗，因之怀疑我革命军。及本军一到，人员各（如）得甘雨，即时全市开市欢迎鼓舞称道备至。全市之中鲜见本军官兵，其得见者，仅职部之宣传队及四军之士兵之宣传队耳。因是人民脑中无不有一第四军，在街谈巷议均做锦上添花之语，其影响所及，独立第二师少数之不肖士兵亦从而学好。当虞日下午一时开军民联欢会时，市民到者四万余，职部人员及士兵之做宣传工作者全体动员，一时革命空气非常紧张，此为九江市民第一次所受之训练，亦由此而认识革命军之真面目。独立第二师官兵借搜索枪支为名，到处抢劫，尤以北方人受害最巨，其所得赃物，如女衣女舄亦当街拍卖，其情形与入武昌城相似。经本军官兵之劝告干涉乃稍敛，事为贺师长所闻，乃为惩一儆百计，于齐日正午将其手枪队队副文少吾执行枪决，其枪决地点乃选送至本军十二师司令部以前正对面之空阵地，盖欲使本军官兵知其有此举也，而一般看热闹之民众人山人海，佥云此乃被四军不答应之结果，职当对民众讲演声明国民革命各军之纪律均是一样……

实际上，这种投机取巧行为在北伐开始不久即已时有发生，作为旁观者的苏联顾问也完全洞悉这类把戏，他们认为，国民革命军各部队对战胜敌人的共同事业所做的贡献也远不相同。加伦认为，广东的一些主力军肩负了最后一些战斗的全部负担。第七军和贺耀祖师在战斗中随机应变，只在追击被打败的敌人时非常积极，大部分战利品都落到了他们手中。

随军苏联顾问越飞有一份详细的分析报告，说明北军如何凶残而不得民心，北伐军又为什么能取胜的原因，并指出："由于贺师不救，四军遭受包围，作战艰苦。江西战事，最重的负担始终是二、三、六各军，损失亦以这几军为最大；一军之二师，虽亦参战，亦蒙大损失，但非独当一面之军（初时第一师归六军，第二师归二军，最后次作战，第二师为总预备队，后即加入追击部队），四军这次参加作战，其作用很大，唯马回岭、德安一带作战，因贺耀祖不照原定计划，不照顾他（四军）左翼，而只拼命地往九江去，所以四军曾受敌之包围，经过很大的危险。显然作战之艰苦，是上述这几军，但战利品却是七军及贺师得的最多！其余各军，多少亦得一些而已（因敌人缴械者实在太多）……"

这表明，在这次北伐中，张发奎所率的第四军贡献大，牺牲也很大，缴获却不多，其无私无畏的品格令人敬佩。同时，也看出，北伐军内部像贺耀祖部这些大煞风景的现象，与党见、政见的分歧一样，急剧涣散和瓦解着这场主观上极不成熟的"大革命"，使这场本已大打折扣的革命蒙上了一层新的阴影。

江西平定后，第四军奉命班师回鄂，驻防武昌。当一身戎装的张发奎率领援赣的部队乘轮船出现在长江码头边时，前来迎接的国民党军政要人和数万名群众，顿时欢迎声一片，鞭炮声、鼓乐声，杂然并作，声闻数里。在进城的十数里路途边，彩旗飞扬，万头攒动。

张发奎不禁以手加额，向群众答礼。

由于张发奎在江西的出色表现，爱才心切的北伐军总参谋长李济深想一步到位，破格提升张发奎任第四军军长一职，并电请总司令蒋介石。蒋介石却以为不妥，于11月12日在九江复电给李济深表示自己的意见：

广州李总参谋长勋鉴：

电悉，张向华战功固大，但年龄资望尚浅，吾辈爱人以德，应养成其大者，不必急于破格升迁，中意先升其为第四军副军长，而以陈景瑗为副党代表，如何？请再裁核。

中正文

11月26日，蒋介石任命张发奎为第四军副军长兼第十二师师长，任命陈铭枢升任第十一军军长。然而随着第四军的扩编，急需用人。翌年1月，张发奎很快升任第四军军长，副军长由黄琪翔升任，所部辖第十二、第二十五师，师长分由黄琪翔（兼）、朱晖日担任。而在广州的李济深，为避免番号重复，将原来的第四军改称第八路军。由此，第四军一分为三，即为陈铭枢的第十一军、张发奎的第四军和李济深的第八路军。

1927年1月25日，在武汉粤侨联欢社的倡议下，武汉社会各界为第四军从江西凯旋召开庆功会。由于第四军出师北伐以来，战无不胜，攻无不克，创吴佩孚于鄂南，败孙传芳于赣北，加以军纪严明，所到之处，秋毫无犯，深得人民群众拥护。武汉人民为表彰第四军的功绩，特铸一铁盾，正面镌有红色“铁军”二字，铁盾背面题词云：

烈士之血，主义之花，四军伟绩，威震迩遐。能守纪律，能毋怠夸，能爱百姓，能救国家。摧锋陷阵，如铁之坚，革命担负，如铁之肩。功用若铁，人民倚焉。愿寿如铁，垂亿万年。

作为大会主持人，北伐军政治部主任邓演达大声宣布："此铁盾赠给英勇无敌的第四军，这是人民对我北伐军的嘉勉。请四军代表上台领奖。"

伴随着台上台下雷鸣般的掌声，刚升任军长的张发奎一身戎装，健步走上台，代表第四军将士从邓演达手中接受这一荣耀，心里感到无比激动与自豪，频频向台下群众敬礼。

应该指出的是，"铁军"这一荣誉称号，是人民赐给参加北伐的第四军将士的。张发奎代表第四军接受这一荣誉，当然有其客观原因：因为该军在攻克武汉后，率师北伐的副军长陈可钰因病住院而去职，嗣后第四军扩编，张发奎升任副军长、军长，因此由张发奎代表第四军接受人民赐予的这一荣宠。但从张发奎在北伐战争中的表现来看，他作为"铁军"的代表，并被武汉人民誉为"铁军英雄"，是当之无愧的！那面盾牌后来一直为张发奎保存，并视之为传家之宝。

第四章　卷入政治风暴中的军人

再度北伐

武昌、南昌攻克后，北伐军完全占据主动地位，国民革命军决定向长江下游进军，此刻，吴佩孚已无反攻之能力，孙传芳在江西新败，对江浙也仅图自保。而北伐军自身，由于连续作战近半年，各部伤亡极大，亟待整补。在军事上取得节节胜利的同时，政治上的暗流也随之滋长。

1926 年冬，广州国民党政府和国民党中央总部决定迁都北上，以便于北伐的继续实施。国府要人均认为迁都武汉是最佳选择，没想到蒋介石却反对在武汉建都，坚持要建都于南昌，其理由谓此举不使军事与政治紧密结合，实际上其内心是担虑武汉乃唐生智的势力范围，他无法指挥一切，由此国民党内部产生了汉赣隐然对立。

这天，张发奎接到命令，让他去南昌述职，临行前邓演达找到张发奎："向华，这次你见了蒋总司令，要劝说他定都武汉。"接着邓又和张商量了应该怎样向蒋介石进言。

即将离开南昌前的一日，蒋介石邀请张发奎共进早餐。这是个好机会，张可以和蒋单独会面。餐桌上，张发奎向蒋介石进言："总司令，我们部队都希望您能够定都武汉。"蒋听了，不置可否，他说："向华，你是个模范军人，我希望你不要卷入政治中去，希望你别学陈铭枢，他喜欢干预政治，却不顾及他自己的军事职责。你与他不同，你真心关心自己的部属，所以他们为你效命。我希望你将来远离政治，把精力集中于军事任务，注重军事训练。倘你这样做，你的前程无量。”张发奎是个思想简单的人，如果不是邓演达要求，他本不会和蒋提这个要求，现在，他衷心赞同蒋介石这一套模范军人的观念，“是，总司令！军人不应该搞政治！”张发奎回答，停了一下，他又问：“总司令，我回武汉之后需要做些什么？”蒋介石说：“一旦发生什么事情，要向谭延闿请示。”那天，蒋总司令给了张五千块大洋。

尽管蒋介石再三反对迁都武汉，但在众人的坚持下，最后还是于1927年3月6日决定将中央党部、国民党政府全部迁到武汉。

当天，陈铭枢离开武汉。他离开前要张发奎去他汉口的家聊天儿。当时有其他访客在场，包括第十一军副军长兼第十一军第十师师长蒋光鼐、第十一军第二十四师师长戴戟以及第二十四师副师长蔡廷锴。陈铭枢说：“蒋先生反对迁到武汉是错误的，由此造成了党内分裂，第四军和第十一军不追随蒋是正确的。但蒋先生多年来待我不薄，我唯有辞职，并离开武汉。”众人听了，唏嘘不已，陈又说：“向华，我走后，十一军就交给你了，希望能好好维护它，像对待自己的第四军一样对待它。十一军的师长蒋光鼐、戴戟与蔡廷锴都会服从你的命令。”

尽管众人都劝说陈铭枢留下，但他不听。不日，他悄悄地离开，乘船去了上海。

3月10日，国民党二届三中全会在武汉召开，改选了党、政、军委员，张发奎成为国民党中央军事委员会成员之一。3月20日，武汉国民党政府正式成立。

二届三中全会大大推举了汪精卫，限制了蒋介石的权力，成了一个不折不扣的反蒋会议。当时，武汉方面军人反蒋日渐明朗，唐生智、张发奎均公开反蒋，唯陈铭枢袒蒋，由此注定了第四军的分裂。当年的战友，后来因政见不同，竟然兵刃相见，令人扼腕。

3 月底，武汉的领导人讨论进攻上海、南京。此时，张发奎在军中的地位非常重要，他统率第四、第十一两个军，能出席国民党政府军委会的会议。

一伙武汉领导人鼓吹“安内”运动，旨在于重新北伐之前遏制蒋介石。唐生智特别热心鼓吹对北方实施攻伐。此人有野心，意欲取代蒋介石的地位。有一部分文官支持他的主张。大多数主张部署少量部队防备蒋介石，同时派遣主力部队去同张作霖打仗。换言之，他们主张“防东攻北”，那就是第二次北伐。张发奎特别热情支持这一路线。他分析说：“一方面，朱培德军在江西，我们不需要派部队警戒东面；另一方面，蒋的第一军是隶属国民革命军的。我认为我们不应该自相残杀，应该在清算自己的兄弟前消灭敌人。”邓演达、谭延闿等人赞同张的观点。

在汉、赣对立愈来愈明朗的情势下，国民党军开始实施了东下沪、杭的军事计划。北伐部队分为东路军、中路军和西路军，中路军又分为江右军和江左军。唐生智为西路军总指挥，张发奎的第四军归唐统辖。

1927 年 4 月 5 日，汪精卫与中共领袖陈独秀在上海发表联合声明，声称为了国民革命国共将继续合作。可以说，当时汪精卫是要同中共合作的，张发奎追随了他。当时国民党内许多人都站在武汉一边——谭延闿、宋子文、宋庆龄等。大多数国民党中央执行委员与国民党政府官员亦在武汉，苏联顾问加伦与鲍罗廷也是站在汪这一边的，他们赞成迁都武汉。也许这是俄方支持武汉政府的政策，这使得蒋介石认为一切都是共产党的阴谋。

1927 年 4 月 12 日，蒋介石在上海发动了“清党”，四日后广州跟着做，李济深在广州执行“清党”到如此地步——他甚至枪杀阅读汪精卫演讲文集的人。当时听闻最残忍的“清党”事件发生在广州南沙头——李福林下令在共产党员背后绑上石头，然后把他们推入珠江。在广西，黄绍竑也以铁腕执行“清党”。“清党”的始作俑者是李宗仁、白崇禧。捕杀中共党员的南京、上海、广东、广西四省市中，三个是新桂系的“食邑”。在“清党”的决策上，新桂系也起了推动作用，大开杀戒也比上海早三日。“清党”会议是在上海龙华镇的北伐军前敌总指挥部举行的，出席者有张静江、吴稚晖、李石曾、蔡元培、陈果夫等监委和蒋介石、李宗仁、白崇禧、黄绍竑、李济深等人。当时蒋介石顾虑重重，举棋不定，认为对付共产党没有把握。白崇禧挺身而起厉声说：“你们怕共产党，我不怕；你们不干，我白某人一个人也要干。我马上就要从我的防区内杀起!”就这样通过了“清党”决议。广西捕杀人数也远远多于上海。从而，掀起了一股反共黑潮。

蒋介石不仅在上海公然屠杀中国共产党党员，又于南京建都，这一系列的举动，激怒了武汉国民党中央和国民党政府，至此，宁汉正式分裂，处于对峙状态。在这一斗争中，张发奎始终站在武汉政府一边。

4 月 18 日一早，下着微微春雨，张发奎赶到唐生智的总司令部。身穿一袭唐装的唐生智把他迎进客厅。

双方寒暄几句后，唐生智即切入正题：“向华，现在北方形势紧张。把持北京政府的奉系军阀张作霖看到吴佩孚、孙传芳迭遭失败，兔死狐悲，大感不安。新败的孙传芳主动上天津，向张作霖求援，结成北方十五省联盟，组成所谓的‘安国军’，由张作霖就任‘安国军’总司令。张作霖决意南下，欲乘北伐军久战之余，一举而收渔人之利。他已令张宗昌之鲁军迎接孙传芳，又令其子张学良率奉军沿京汉路进攻河南。目前，张学良部已进占了郑州。”

“这可是北伐的好时机。”张发奎正为蒋介石闹分裂而影响北伐伤透脑筋，他真不愿意看到北伐尚未成功，自己内部又相煎起来。

“是的，武汉政府决定继续北伐，任命我为北伐军第四集团军总指挥，统率第四军、第十一军、第三十五军、第三十六军、独立第十五师和第八军之一部进军河南，讨伐张作霖；冯玉祥为第二集团军总司令；阎锡山为第三集团军总司令。其军事计划为两期，第一期占领河南，与冯玉祥部在郑州、开封会师；第二期与阎锡山在北京会师。”

张发奎略有所思地点点头。

唐生智拿出一叠文件，继续道：“今天请你来，就想研究一下具体作战部署，我考虑这么安排，向华，你任第一纵队司令官，率第四军、第十一军、独立第十五师为右翼；任刘兴为第二纵队司令官，率第三十五军、第三十六军为中路；另以原在河南境内的魏益三、伍应岐、梁寿恺、庞炳勋等部组成第三纵队，居中响应。部队将沿平汉路北上，约定冯玉祥部出潼关，沿陇东路东进，夹击河南之奉军，会师中原。”

张发奎仔细看了作战计划，表示赞同：“一切听从总司令的安排。”

4 月 19 日，第二次北伐誓师典礼在武汉南湖举行，张发奎与武汉国民党政府和军队的重要人物唐生智、谭延闿、徐谦、恽代英、廖乾五、郭沫若和彭泽民等都参加。誓师大会后，张发奎便亲率第四军、第十一军从武汉出发，于 5 月 1 日前全部开抵河南省驻马店，集结待命，总政治部主任邓演达也随军指挥作战。

出征前，张发奎将叶挺的第二十四师留在了武汉，这是一个新组建的师，它容纳了大量的新兵，需要整编与训练。同时，张心中明白，他不能放弃武汉这个基地。

在开往驻马店的列车上，张发奎有些心事重重。

此次北伐，是在宁汉分裂的状况下进行的，已没有第一次北伐那样齐心合力。特别是宁汉两派军队正对峙于安庆、九江之间，奉张人马在开封战役打败豫军后，占领了河南大部。据了解，推进至上蔡、西平一线的奉军，为其三、四方面军团，兵力约五万人，总指挥分别为张学良和韩麟春，这些都是奉军的精锐，拥有飞机、坦克和十几个重兵团，霸气十足，看来一场恶战不可避免。

张发奎再三叮嘱属下各指挥官，敌人无论数量和装备都比他们好，千万不能轻敌，一定要小心从事。

1927 年 5 月 1 日，张发奎统率的两个军完成了在驻马店的集结。

张一到驻马店就拜访了靳云鹗，由于他穿着士兵服饰，鄂部的哨兵没认出来。当他们知晓访客的身份时，他们惊诧张的身材如此瘦小。相比之下，北方的军人真是高大魁梧，尤其是山东籍的官兵。

5月13日，唐生智颁发了第一道总攻击令，命令将张发奎的第一纵队分成左右两翼，左翼经黄埠、青龙潭、南席镇，右翼经东洪桥、扶沟县、通许县，以兴隆集至韩庄之线为攻击目标，占领开封。张发奎接到总攻击令后，令第二十五师向上蔡、第十二师向黄埠、第十师向蔡屯警戒前进。

此时，参谋长送来作战报告，第一纵队的当面之敌为奉军第十一军赵思臻部。赵部盘踞上蔡一带，控制着洪河上的东洪桥和西洪桥，并有向我攻击之企图。

张发奎当即下令："为制敌先机，我骑兵第一团和第二十五师之七十四团立即向敌发起攻击，打他个措手不及。"

上蔡很快被攻下。5月16日，张发奎指派两个团包围了县城的富双英部守军，其余部队挺进东洪桥和西洪桥。东洪桥与西洪桥发生了激战，两桥相距约一公里路。在指挥这场战役时，张发奎忙坏了，根据战场情况把后备队在两座桥之间调来调去。结果后备队没有打成一仗，因为每当他们赶到一地时，战事就平静下去了，他们就要返回另一座桥增援。反而在来回奔跑行军中，累死了两个士兵。

战斗比预想中的艰难，这是"铁军"对"铁军"之战（北伐军第四军和奉军的第十一军当时都称为"铁军"），双方都把预备队投入了战斗。

这天拂晓，东方刚露出鱼肚白，北伐军第二十五师首先开始攻击。上蔡西城之敌以三个团的兵力，在十二门迫击炮掩护下，向二十五师反攻。激战中，北伐军七十四团团长张弛受伤，第三营营长许淑民阵亡，官兵伤亡甚重，高达五百人，先锋团损失了大部分指挥人员，所幸第三十五团适时赶到，才将敌击退。

北伐军十二师也在拂晓开始北进，午后在十里铺与敌发生激战。双方的行动都很积极，都想从侧翼绕到敌后。经过近一小时的战斗，奉军被击败，十二师占领了西洪桥附近的沙河渡口，但也损失了近两个团的兵力。

上蔡城迟迟难以攻下，张发奎带着直属部队迅速向东西洪桥推进，并命令第二十五师师长朱晖日率所部及第十二师之三十四、三十五团和第十师之三十团各一部继续包围上蔡。

到达前线后，张发奎和第四军副军长黄琪翔亲率作战参谋，前赴东西洪桥附近做实地侦察。望着硝烟弥漫中的上蔡城，张发奎调整了作战部署，发出新的攻击命令：以第十二师师长缪培南指挥七十团进攻西洪桥，三十六团攻击水寨，三十四团攻击东洪桥；以第十师师长蔡廷锴率所部为预备队；另以三十五团、七十四团在上蔡城东北监视城内之敌。

命令下达后，第七十团于16日下午向西洪桥之敌发动攻击。敌方为第六旅，据险抵抗，战斗甚烈，激战至次日上午，北伐军攻下西洪桥，残敌向陈蔡铺方向逃窜。

东洪桥方面，三十四团也同时发动攻击，敌方为第十六旅，据桥头土城顽抗，北伐军屡攻不克。至17日拂晓，一夜未眠的张发奎急调二十八团加入作战，才攻下土城，占领东洪桥，敌向商水一带溃退。

5月17日，东、西洪桥被攻下之后，据守上蔡城的敌军第十二旅旅长富双英见后路已断，派人向北伐军接洽投诚，上蔡城不战而下。

上蔡、东西洪桥之役，北伐军与敌苦战三昼夜，激战六七次，终将奉军中号称“铁军”的第十一军全军击溃。但张发奎部也付出极大代价，总计伤亡官兵达两千六百余名。

张发奎下令黄琪翔率领二十六、十二师和独立第十五师从西洪桥向逍遥镇前进。独立十五师下辖三个团，是由投诚的湖南部队改编的，师长是贺龙。张发奎曾这样描述这位新中国的元帅：“贺龙原是湘西的土匪头子，但他看上去很斯文，说起话来条理分明，一点儿也不像土匪。”

5 月 24 日，北伐军攻占逍遥镇。张发奎率部于上蔡、西平大胜后，又迅速令人绕出周家口（即今周口市），迂回漯河奉军后方，漯河奉军面临包围之中。张学良见势不妙，急令开封的王树常第十军乘夜车前往增援，迎击张发奎人马，以掩护全军撤退。

王树常遂以何柱国为先头部队，率兵急抵前线。唐生智旋即制定了第二次作战部署。

临颍是许昌的屏障，当时奉军以其为中心，各路人马集合在这里，从东、西、南三方摆开战势。其后方部队，仍节节增援，源源南下，另有野炮兵第四团、山炮兵第四团，并有飞机、坦克助战，声势浩大，总计兵力在十万以上。三万人集中于临颍城东，在北起辛庄、南至聂庄一带深挖了绵延二十余里呈弓形的攻击防御型战壕。临颍正面，即南面的京汉路和西部地区，除荣臻第七军外，还配有第十六军等部，依托王庄、十里铺、熊庄、安庄一线防御阵地，在小商桥以北的南河两岸据险而守。

唐生智令张发奎的第二纵队放弃向北攻击的计划，转向集中力量攻击临颍，以期将正面敌之主力部队一举消灭。

这个命令，对于张发奎来说是一个考验。当时第一纵队三面受敌，稍有不慎，就会受到敌人的夹击包围，甚至有被消灭的危险，但他并没有计较这一切，“铁军”之“铁”，首先体现在铁的纪律上。时任第三十六团参谋长的李汉魂后来回忆说：“在前进的行列中，他很少把自己的位置放在火力网的后面，命令就是命令，硬得像铁！连他自己接受指挥者的命令时也是一样。”

根据司令部的命令，张发奎连夜调整了部署。5 月 27 日拂晓，他下达了第一纵队作战任务，以第四军副军长黄琪翔指挥第二十六师、第十二师，攻击临颍城东北两端地区之敌，贺龙的独立第十五师向小商桥攻击临颍南端地区之敌，第十师从羊石向西南推进，对鄢陵方面警戒。他亲自率第二十六师为总预备队，随正面跟进。

张发奎指着地图上的“小商桥”说：“此桥素为兵家必争之地，南宋时期，名将岳飞提兵北伐，曾与金兀术大战于此，抗金时杨再兴也在此壮烈牺牲。”

黄琪翔接过话头：“如今，北伐军将与奉军在此相遇，有意味的是彼此的指挥主官都姓张，一个是铁军将领张发奎，一个是奉军少帅张学良，两张相遇，两军对垒，究竟鹿死谁手，还得有一番考量。”

张发奎笑曰：“告诉三军，我们也学岳飞，直捣黄龙府，与诸君痛饮！”

正当张发奎紧张地布阵时，在郑州，奉军少帅张学良也一夜未眠。他亲自接见了旅长何柱国，并面授他以良策。何柱国率部在临颍下车后，即与张发奎部相遇。

何柱国乃奉军少壮派，对北伐军战术有研究。临战前，他亲到前沿观察地形，见一个小村孤立于大片麦田之间，大笑曰：“张发奎善于山地战，素用‘迅速接敌，勇猛突破’的战术，作战时北伐军必利用此小村为掩护。北伐军火力远不如我们奉军，我给他来个将计就计，把全旅轻重火力全部集中朝向小村，北伐军近村时，打他个人仰马翻。”

果然不出何柱国的所料，北伐军利用麦苗做隐蔽，匍匐前进。主力集中在小村方向，如此则完全暴露于奉军火力之下。何柱国狞笑一声，打出第一枪，霎时间，奉军轻重火器一齐发射，北伐军官兵猝不及防，死伤惨重。

北伐军官兵毫不退缩，一排排向敌阵地冲击，士气甚旺，前仆后继，冲锋不止，竟将青天白日旗插到奉军散兵壕内达十一次之多。但在敌人炮火中，冲到壕前人已极少。

何柱国从望远镜中看到奉军阵地前北伐军的官兵尸横遍野，北伐军进攻锐气大挫。而此时，奉军的坦克和预备队还尚未用呢。

在其他战场，战况也同样激烈，但见烟尘蔽日，杀声震天，炮声轰鸣，血肉横飞。尤以城东战斗最为激烈，张发奎的第十二师伤亡尤为惨重，贺龙部伤亡严重，其第十五团伤亡达一千四百余人，第四军军旗也都丢失，后被贺龙部夺回。在贺龙部的顽强进攻下，残敌抵挡不住，向临颍撤退。七十六团团长沈久成身负重伤，三次奋起，竭力拼搏，直至阵亡。

午夜时分，张发奎仍坐镇指挥部，一天的战况如此惨烈，有些出乎其意料，看来奉军的精锐果真名不虚传，必须重新调整部署，加强力量。于是，他连夜急调第二十六师七十七团赶到辛庄，抄袭敌之左翼，以第十二师之三十四、三十六团任正面，三十五团任左翼，乘28日拂晓之际，实行全线进击。

28日的战斗更为激烈。前方的消息，让张发奎心里一次次发紧。

虽然北伐军发动了更为猛烈的进攻，然而，敌方兵力数倍于北伐军进攻部队，且有良好工事、优越兵器。北伐军自晨至午，苦战半日，正面前线官兵伤亡甚众，三十四团团长吴奇伟负伤，左翼三十五团也伤亡颇重；更为壮烈的是，右翼之第二十六师七十七团伤亡了五分之四，团长蒋先云率部勇敢冲锋，不幸壮烈牺牲。

蒋先云，中共党员，毕业于黄埔军校，原为武汉工人纠查队总队长。这次北伐，他主动要求参加。张发奎非常器重他的才干，让他担任新组建的第七十七团团长。战前，蒋先云向全团演说：“我团是新建立的，打仗有没有把握?”他自问自答地肯定回答，“我觉得是有把握的。因为我有一条命去拼，有一腔血去流。”蒋先云在战斗中实现了自己的诺言，身先士卒，直到阵亡。

惊闻蒋先云阵亡的噩耗，张发奎面对苍天白云，久久不语，清泪潸然而下，黄琪翔等闻之，也不禁同为泣下。

5月28日，邓演达、保罗等都建议张发奎立即下令部队撤退。张发奎也感到继续这样无限期的战斗是不行的，但他不同意现在就撤退，原因有两点：第一，白天撤退很危险，容易引发部队的溃散，加之，现在没有足够的火车车皮转移部队，很可能会被追上来的敌人全歼；第二，他已经下令蔡廷锴师急行军来临颍增援，他们必须等到增援部队到来，坚持到黄昏再开始撤退，夜间撤退要比白天撤退安全得多。

大约下午4点钟，蔡廷锴赶到了指挥部，李汉魂从前线报告说，张学良已经撤走了。毫不夸张地说，张发奎在最后五分钟的坚持，扭转了战局。

28 日下午，北伐军攻克临颍城。

张发奎在自传中写道：

> 临颍之战是我部在第二次北伐中所经历的一次最残酷的战役。奉军出动了第十军王树常全军，第十七、第八军及飞机坦克共十余万官兵，我军仅黄琪翔指挥不足额的第十二、第二十六师；敌军兵力十倍于我，且有良好的工事与优秀的兵器。……在我参与的所有战斗中，临颍战斗——并非许多人想象的汀泗桥战斗——给了我最大的满足感。……此役也是我在内战中参与的最残忍战役。正面战场伤亡惨重，蒋先云的七十七团伤亡过半，蒋伤重不治，七十六团沈参谋长阵亡；三十四团团长吴奇伟、七十六团团长沈久成负伤，共死伤将校四十余人。自北伐以来，此役伤亡最大。

克复临颍后，第二集团军冯玉祥部由陇海路东进，先后于洛阳、巩县间击破奉军右翼，奉军担心后路被切断，纷纷向黄河以北退却。冯玉祥部与中路军于 6 月 1 日会师郑州。

张发奎率部向开封进发，与第二集团军会师开封。至此，黄河以南已无敌踪，北伐军取得了辉煌的胜利。

1927 年 6 月 7 日，张发奎和一些参谋与一个骑兵连离开开封去郑州。一到就看见张学良致国民革命军的函件，信中说，他希望北伐军不要毁坏郑州附近跨越黄河的铁路大桥，这座桥由一位比利时籍工程师设计管理，修建十分不易。他信中还说，希望把他留下的大量麦子分给贫民。张发奎阅后，对参谋人员说：“从军事的观点考虑，张学良完全应该炸毁这座桥以阻止我军追击撤退的奉军，但是，他顾及整个国家利益并未这么做。奉军的军纪不坏，和张学良的教导有关。他原先以为河南守得住，所以构建了许多防御工事。尽管外面都传他是‘太子爷’，不学无术，但在我看来，此人头脑清醒，足智多谋，还是能干的将才。”

几天后，张发奎在郑州会议上遇见冯玉祥。他对张说：“你真了不起！你们南方人两条腿比我的马队跑得还快！”军人之间，总是惺惺相惜，张发奎率部向开封急行军的速度着实引起了北方官兵的钦敬。

但张发奎对冯玉祥却是有所保留，他同幕僚说：“冯对武汉政府的态度比较暧昧，更多的是‘左’倾亲共的，他不和我们站在一起，但也没有同我们断绝关系，似乎在骑墙观望。”

张对冯的判断是正确的，历史验证了这一点。

6 月 10 日，汪精卫、唐生智等在郑州与冯玉祥合商，决定河南军政交由冯玉祥负责，唐生智、张发奎部退回武汉。汪精卫报告说，农民协会发动骚乱，走向极端，导致后方不稳。接着又收到朱培德发来的电报，说蒋先生准备夺占江西。

次日，张发奎率部离开开封，班师回武汉。

分共与反蒋

回到武汉后不久，汪精卫召集“非共武装同志”开会，向他们出示共产国际的决议。据《革命文献》第 16 册记载，1927 年 11 月 5 日，汪精卫在广东中山大学发表题为“武汉分共”的演说，透露苏俄顾问 6 月 1 日交给他两份共产国际的决议，在其他省份，苏俄要武装两万名共产党员和五万名工人农民。他特别提醒唐生智、张发奎等将领要注意军队中的共产党人的动向。

武汉分共后，张发奎被任命为第二方面军总指挥，挂上将衔。第二方面军统辖第四、第十一、第二十军。二十军是由贺龙的独立第十五师加上四分之一个团整编而成。当总指挥与总司令两个官衔并存时，总司令高于总指挥，张隶属唐生智的第四集团军。

6月，黄琪翔被擢升为第四军军长，下辖十二、二十五和二十一师，缪培南被任命为第十二师师长，李汉魂为第二十五师师长，二十一师是由投诚的富双英旅扩编而成。

朱晖日升任第十一军军长，下辖第十、第二十四和第二十六师。蔡廷锴和叶挺分别留任第十、第二十四师师长，蔡廷锴的副手许志锐升任第二十六师师长。应蔡廷锴的要求，张发奎派第四军的陈芝馨接替许志锐任第十师副师长，蔡与陈是西江地区的同乡，除了陈芝馨，其他第四军干部没有被安插到蔡廷锴的第十师。

除了许志锐，还有其他第四军的干部调到二十六师担任要职，副师长、参谋长、经理处长、副官长以及三个团长都是第四军调去的。

叶挺的第二十四师中，三个团长都是第四军调去的。第十一军参谋长吴涵也是第四军调去的。

张发奎自然知道汪精卫的烦恼，但说到分共，其内心仍是矛盾的，毕竟在北伐中，他与中共的合作关系不错，四军能取得如此的辉煌，也与四军中的中共党员英勇作战密不可分。北伐战争是在国共合作的基础上进行的，国民革命军中有许多共产党人在工作，如著名的共产党人周恩来、林伯渠、萧劲光、李富春等，都曾在国民革命军中担任军、师级党代表或政治部主任。可以说，张发奎的部队是共产党员最集中的部队。

张发奎对共产党人进入他的部队似乎并不介意，随着他所指挥的部队的增多，共产党员在他的部队中也越来越多，远远超出了一个独立团的范围。如先后担任过第四军政治部主任的罗汉、张善铭、廖乾五和第二方面军总指挥秘书长高语罕等；他手下的几员征战沙场的骁将，如叶挺、蒋先云、卢德铭和许继慎等，都是共产党员。到北伐后期，张发奎任第二方面军总指挥后，据不很确切的材料统计，在他的军队中有两千五百至三千名共产党员。其中，叶挺第二十四师、贺龙第二十军是中共发动南昌起义的基本力量，卢德铭第二方面军警卫团是发动秋收起义的主力，叶剑英第二方面军教导团是发动广州起义的主力。共产党人在张发奎的部队里起着极大的作用，他们遵守纪律，刻苦耐劳，英勇善战，勇于牺牲，这点张发奎深有感受。

虽然部队里有这么多共产党人，张发奎对掌握军队还是蛮有自信心的。因为，四军军长黄琪翔、十一军军长朱晖日都是他信任的人，二十军军长贺龙不是共产党员，而叶挺又是他的好友。正因为如此，汪精卫发动“七一五”分共以后，张发奎对部队里的共产党人仍然采取容忍态度，不少著名的共产党人恽代英、高语罕、于树德等仍留在他的部队里，他甚至想把这些人留下来为己所用。直至在三十多年后，当美国哥伦比亚大学口述史学者问他“共产党人是否给了你很多帮助”时，张发奎的回答仍然是：“无可置疑，他们帮助了我，因为他们工作很勤奋。共产党的政工人员极为认真而且优秀。他们在宣传里只说我的部队好。”

可以这么说，在大革命时期，除了贺龙等后来与国民党决裂、成为参加革命起义的将领之外，在北伐军国民党的高级将领中，张发奎是与中共关系最友好、客观上对中共帮助最大者。与蒋介石、汪精卫、唐生智等人不同，他的“左”倾、他的联共，还是有一定诚意的。

其实，不单单是张发奎，四军里许多将领，如张发奎最信任的黄琪翔也不大愿意分共，并说：“离开共产党的帮助，以后打仗就难了。”历史学家黄仁宇在《内战》中这样评价道：

> 很多人物的举动也和《三国演义》所叙接近，即是在地缘政治中行止未定，只能以人身关系为依归。张发奎称“铁军”，以叶挺做先锋、贺龙任包抄、黄琪翔为预备队，战无不胜，也并不是战术高妙，乃是数人意识形态接近，在统御经理上互相信任，结为盟友死士，才能充分地分工合作。后来环境变迁，各人也不能再创奇迹。

这个观点值得回味，国共分裂后，张发奎的“铁军”果真没像北伐时那样战无不胜了。

1927 年 7 月 15 日，武汉的国民党中央执行委员会决定召集全体会议讨论共产党问题，旨在压制违反国民党党纲的所有言行。不久，汪精卫召集了一个高级军政领导人的非正式联席会议。汪精卫说，中央已决定实施“分共”，但有异于南京方面的“清共”。这意味着要用和平方式撵走国民党内的共产党员，不逮捕也不杀害他们。在场的高级将领们被告知回到各自单位做好准备：要求共产党员自动离开，如果他们不想离开，可以留在武汉，但不许在政治、军事机关任职。

对于汪精卫的“分共政策”，张发奎心存异议，他认为，在革命成功之前，革命力量不应该分裂。但是，张对于汪精卫是盲目追随的，他没有认真思考“分共政策”是否正确。他只是认为，既然国民党政府主席汪精卫认为“分共”是正确的，他当然要听，正如先前宁汉分裂时他坚绝支持汪的立场一样。张发奎对军事的兴趣始终多于对政治的兴趣，当然，这也影响了他在政治上并无许多高见。

7 月 15 日，汪精卫领导的国民党中央委员会，正式宣布和共产党分家。这一天作为分水岭，标志着第一次国共合作正式结束。对于张发奎迟迟不清共，汪精卫等十分不满意，一再敦促他要在部队中坚决清共。

一直紧跟汪精卫的张发奎，感到国共合作已不再可能，他开始对共产党人采取“礼送”的政策。但即使同意分共后，他仍大批接纳共产党人。时任北江农军负责人的龚楚后来回忆说：“张发奎将军由汪精卫宣布‘国共和平分家’后，不但不将我们党的同志清除，反而收容被国民党驱逐出来的同志。……我想起在武汉时流行的那一段传说：蒋介石屠杀共产党，朱培德遣送共产党，张发奎收容共产党。”也正因为这一点，中国共产党对张发奎一直存有幻想。

国民党左派代表邓演达在出走莫斯科之前，特地与在四军的苏联顾问铁罗尼一起来找张发奎。邓演达与张发奎关系密切，张发奎自然不好不见。邓演达开门见山地说：“向华，汪精卫的政治生命已经完结，您不应该听他的，唐生智政治上也死了。您应该带第四军、十一军和二十军回到后方广东，重建革命根据地，一切从头做起。”

张发奎知道邓演达不是共产党员，邓只是想让自己与共产党之间建立一种合作关系，共同组成一支反蒋反汪力量，便反驳说：“汪先生的政治生命还没有终结，他只是有点儿病，我们就要请医生救他。”

铁罗尼说：“既然这样，我们仍然可以找汪精卫谈谈。”

张发奎说：“你们找他谈什么呢？我的观点就是必须支持汪先生。”

三人不欢而散。

后来，谭平山、何香凝、徐谦等都与张发奎谈过类似的话题，同样没有任何结果。

邓演达和铁罗尼找到张发奎的主要目的是要鼓励张同共产党合作，以便建立一支既反蒋又反汪的部队。然而，张发奎虽然“容共”，却从未想过参加到共产党这一边来，这是其历史局限。他早年追随孙中山的时候，知道孙先生对汪精卫是有所寄托的。从表面上讲，现在先生已逝，汪精卫即使是扶不起的“阿斗”，他这个“赵子龙”也要责无旁贷，尽力扶持。

汪精卫在武汉进行“分共”的同时，还策划着“东征反蒋”。

此时发生的“东征讨蒋”，与“四一二”以后的宁汉对立已经不是一个性质的问题，纯粹变成国民党内部的争斗。“七一五”事变，即汪精卫为首的武汉政府正式分共后，国民党仍处在一种人们谈起即为之齿冷的可悲状态中——“一个党、两个政府、三个党部、四分五裂”。所谓“一个党”，即都称国民党的党名。所谓“两个政府”，即南京、武汉有两个国民党政府，分别以蒋介石、汪精卫为首，都自称是唯一的合法中央政权。所谓“三个党部”，即南京、武汉各有一个中央党部，以张继、林森、谢持等人为首的上海西山会议派虽然没有地盘，却也有一个中央党部，三家都自称是国民党的正统。

国民党的“两府三中央”在反共问题上达成了一致，可是在党权、政权上的争夺却依然如故。当时武汉政府的主席及武汉国民党中央的主席都是汪精卫，他一心要让南京方面承认自己是正宗，并表示臣服。南京政府的主席胡汉民和北伐军总司令蒋介石却不买账，非要瓦解和吞并武汉政权。武汉政权南面的李济深、西南的四川军阀、北面的冯玉祥都倒向南京政权，汪派国民党政府的财政状态接近崩溃，可谓是四面楚歌，内外交困。因此，汪精卫、唐生智认为唯一的出路是“东征讨蒋”，以主力沿长江顺流而下，打垮南京政权，夺取江浙富庶地区，这不但能解决财政问题，还可以使其他各派国民党势力臣服于自己。这样，7 月 15 日宣布与共产党分家后，武汉政府马上又喊出了“东征”的口号。

对于“东征讨蒋”，张发奎是支持的，二次北伐回到武汉后，他就表示：“蒋逆为吾人目前之敌人，非出师讨伐不可。”而且，他也很自信，他和唐生智的队伍能直取南京，赶走蒋介石。因为，唐生智的手下除自己带出来的湘军，还管辖着收编的高桂滋、刘佐龙等部，总兵力达十几万人。张发奎所部有三个军共四万余人，其中，第四、第十一军是广东军队，第二十军是刚刚扩编的湘西贺龙的军队。而他们所要对付的只是蒋介石的第一军，李宗仁的第七军还处于摇摆中。然而，唐、张二人真正实施东征后，又各自打起了算盘，并不想与蒋介石的军队真正打硬仗。

张发奎把指挥部设在九江，计划派四军第二十一师富双英部沿长江南岸东进，其主力分两路东进，一路经上饶、江州、杭州进攻上海，一路经皖南攻取南京。然而，张发奎的部下大多数反对东征，他们坚决要打回广东去。于是，他们对张发奎说，即使东征取胜，也如同北伐时一样，是“铁军”打硬仗，唐生智得便宜，长江下游也不会有容身之处；如果东征失败，部队也回不了两湖，那时就会进退不得，还不如趁离开武汉之机，带着这四万多人马回广东老家去另开辟一个局面。这一番话渐渐打动了张发奎的心。为此，他在与汪精卫商量后，召开高级将领会议，就东进讨蒋与回师广东问题征求意见。

7月的武汉大雨连绵，新的洪峰在长江上游酝酿。中共临时中央这时通过内线关系，摸透了张发奎的内心打算。

中共中央是根据共产国际的指示，于7月上旬进行改组的，由周恩来、李立三、李维汉、张太雷和张国焘五人组成临时中央常委会，履行中央政治局职权，陈独秀停职。其时，李立三首先提议应利用这一形势，把现在还能掌握的武装力量都调到九江、南昌一带，在那里暴动。周恩来、张国焘、李维汉、张太雷等也都认为武汉当局的“东征讨蒋”，不过是汪精卫、唐生智集团与蒋介石集团争夺地盘的新军阀混战，共产党领导的军队绝不能再参加。如果张发奎同意合作，就与他一同拉走第二方面军的部队，南下广东。如果张发奎不同意合作，就在南昌暴动，自己单独南下广东开辟一个局面。争取张发奎参加即将举行的暴动，是中共中央和国民党中的左派梦寐以求的，从当时的一份文件来看：

> 中共中央确定组织民众武装起义的新政策，着手制定湘、鄂、粤、赣四省秋收起义的计划。同时决定以中共所掌握和影响的部分北伐军为基本力量，联合武汉国民党政府第二方面军总指挥张发奎，重返广东，实行土地革命，建立新的革命根据地，举行第二次北伐。

因而，中共中央始终未放弃过联合张发奎这方面的努力，曾派张国焘等人去游说张发奎。但张托故不见。

鉴于张发奎态度的变化，中共也相应调整了自己的对策。7月20日，李立三、邓中夏、谭平山、恽代英、叶挺、聂荣臻等在九江举行谈话会，认为“依靠张为领袖之回粤运动，很少成功之可能”，提议“抛弃依张之政策，而决定一独立的军事行动”。与此同时，中共中央也根据张发奎的政治态度，改变依张政策，决定“如张不与汪精卫联络则到东江之后始解决之，否则在浔便解决他”。

对张发奎的争取工作无望后，中共以叶、贺部队为主发动了南昌起义。但起义后，仍将张发奎列名为主席团成员、革命委员会委员和第二方面军总指挥，贺、叶分别打电报给张发奎，欢迎他来南昌一块儿干革命，群众团体也发通电以及贴出“拥护张总指挥”的标语。贺龙也只是就任第二方面军“兼代”总指挥，意即仍随时欢迎张发奎前来。直到起义军撤到汕头后，中共还在尽量争取。

再说，8 月 1 日，张发奎接到贺龙、叶挺给他的电报，说南昌业已举事，劝他一起加入革命堡垒。此时，他虽然没有得到战斗详报，也猜测出他们是在共产党的领导下暴动了。张发奎开始还抱有阻止他们的幻想，认为自己在第二方面军威信最高，部下还是会听令的。只要他亲自出马招呼一下，叶、贺也拉不走多少队伍。他下庐山后，感到当务之急是稳住南昌城外围的部队，尤其是驻黄龙门、马回岭的第二十五师。因为这个师是他部下最有战斗力的一个师。于是他亲点自己的特务营，乘坐小火车，直奔黄龙门车站的第二十五师师部。

张发奎身边的特务营，都是从各军中百里挑一的年轻小伙子，绝大部分是广东籍子弟，约有四五百人，每人手中都有一挺手提机关枪，也称“花机关枪”，按现代兵器的划分应算是冲锋枪。那时得到一支连发武器实属不易，张发奎时刻不忘把这支卫队带在身边以防不测。

天近晌午，烈日当头，张发奎满脸是汗地赶到黄龙门车站，朱晖日与李汉魂前来迎接。

李汉魂沮丧地报告：“张总司令，第七十三团团长周士第把他的一个团拉走了，第七十四团参谋长王尔琢带走了两个连，第七十五团的三个营也不知去向。”

张发奎挥了挥手：“周士第是我把他放在团长这个位置的，他会听我的。赶快上车，和我去马回岭，我要亲自截住他们。”

于是，朱晖日、李汉魂跳上小火车。火车上，除了张发奎和他的特务营外，竟然还有三名苏联顾问。

黄昏，西天一片火烧云。聂荣臻、周士第带着担任后卫警戒的起义军第七十三团第一营守在一座铁桥边。他们听说张发奎亲自带着队伍坐火车追来了，隔河还清楚看见张发奎在那边喊话，便命令机关枪向空中开枪，吓一吓他们。

张发奎听到枪声，以为火车司机已被共产党控制，赶紧与李汉魂等人跳下火车，沿着路基向北狼狈而返。

载满特务营的火车却未停下，一直开到德安车站。火车一停，他们即被起义军包围，周士第命令他们放下武器，保证官兵的安全。他们只好服从。

聂荣臻等人进入车厢，发现张发奎的望远镜和随身的一些物品丢在桌上，还有一面“青天白日满地红”并缀有黄穗子的国民革命军第二方面军军旗。有意思的是，这面军旗被作为起义部队的军旗，一直扛到潮汕失败为止。

一小时后，一个参谋带来张发奎的一封信，问是否可以把他的望远镜还给他，这可是他的心爱之物。显然，他不指望追回他的部队了。

聂荣臻痛快地说：“可以，就连他的卫队都一同放回去。”

刚刚被俘获的张发奎的特务营又整了队，乘火车向北开去。

由此可见，共产党方面还没有和张发奎彻底撕破脸皮。而张发奎做出的反应，也还是有所节制的。

郭沫若回忆，南昌起义后，“我同张发奎通了电话，他要我立刻到他的指挥部去商量善后的办法”。张发奎、黄琪翔等也刚得到消息不久，“面容都很颓丧而又兴奋”。协商完后，“他却关心到我个人的进退上来。我回答他打算到南昌去。他却希望我能够跟着他走”。“我虽然坚持要到南昌去，他也没有阻拦我，而且还帮了我一点儿小忙。他说：‘要到南昌去，至迟今晚上就要动身。我们回头就下戒严令，明天就不能保险了。’”并请郭向贺叶等转告以下四点：一、我希望他们尽速退出南昌，因为我的部队也要到南昌去，免致发生冲突；二、我听说他们要回广东，我希望他们走东江，不要走赣南，因为我的部队要走赣南回广东，免致发生冲突；三、河水不犯井水，我们彼此不相干犯，我希望革命委员会以后不要再用张发奎的名义，做傀儡我不来；四、我对政工人员一律以礼遣散，希望他们不要伤害了我的人。在郭沫若的要求下，张发奎以书面形式为郭写下了这些内容。上述几点，大体还是与人为善，不是心狠手辣的做法。

其次，张发奎迟迟按兵不动。九江到南昌，至迟 3 日可到，但张发奎直到起义军于 7 日全部撤完后，8 日才进南昌，很显然不愿与起义军正面冲突。

再次，不追剿起义军。张发奎听从了叶剑英的建议，在率部返回广东途中另走了赣州、大余一线，使起义部队免除了后顾之忧。即使在李济深派陈可钰“迎张于途，嘱其向东江尾追贺、叶，与两广部队夹击叛军”时，张发奎也“坚不从命”。另有许多共产党员在内的中央军事政治学校武汉分校到九江后，“被张发奎缴了械。经叶剑英同志向张发奎建议，把该校改编为第二方面军教导团，剑英同志亲任该团团长，得到张发奎同意，才把这个部队保留下来了”。

三十多年后，张发奎是这样回忆南昌起义的：

> ……八月七日，我各师到达南昌，叶、贺已闻风向进贤、抚州方面逃遁，我除了招抚安慰外，当即指挥各师紧向叶、贺两部叛军追击，等我追到抚州的时候，叶、贺又窜向宜黄，而有由宜黄南下窥粤之势……后来，叶、贺叛军果然窜广东直趋潮梅，政府为挽救革命策源地之广东起见，乃令我“追剿”，当时广州政治分会主席李济琛亦派前第四军党代表陈可钰来赣，洽商“清剿”计划，因此，我就决定取道新淦、吉安、泰和、赣州、南安、南雄、始兴、韶关，径趋广州，以增强广州防务，必要时，再移广州之师东向潮梅，予以截击。

对于当时他的一些做法和立场，张发奎做出解释说：

我知道叶挺是共产党员。但是，我们彼此间极好。我想，我可以将他争取过来。最坏，我想他可以离开我的军队。

但是，我对贺龙没有把握，因为他有自己的部队。不过，我对他很好，他也知道这一点。我为什么对他不错，因为我是真诚而直率的。我知道他不是共产党员。

共产党人集中到九江时，我说：愿意去南昌的和郭沫若一起走，不愿去南昌的将被送往上海或他们愿意去的任何地方，发放路费。分共不意味暴力。它意味共产党从政府和军队中退出。我坦率地要求他们当我准备攻击南昌时站在旁边。唐生智胡乱地屠杀共产党人，我不能。我没有逮捕共产党人。为什么？因为造反的是在南昌的那些人，另外的人不能负责。此外，我永远不相信屠杀能奏效。许多政工人员离开了，我给每人发了路费。

我多次说过，我不会杀害共产党员。在任何情况下，我不同意将共产党员当作敌人。我不反对共产党员个人。

广州政变，暴动与隐退

1927 年 8 月 13 日，蒋介石宣告下野。此举促成了宁汉合作，桂系控制了南京。

李济深派陈可钰到南昌充当说客，陈可钰同张发奎谈了三天。“向华，任潮（李济深的字）希望你部南归，协助他镇压共产党叛军，此时叛军正向汕头推进。你意下如何？”

作为粤人，李济深这番邀约，正中张发奎意，即使没有李请他南归，他也会继续“追剿叛军”，南昌暴动毕竟是他的直属部下闯下的大祸，为此他深感不安，而且张发奎自信，如果自己能“追剿”叶、贺，那些被胁持的部队十之八九会阵前反正。现在，李济深让他回广东，可谓正中下怀。张发奎心下大喜，但脸上却不露声色，答道：“请转告任公，我很乐意南归，也愿意协助他‘剿共’。”

张发奎把部队交给黄琪翔与朱晖日，同陈可钰一起去上海。到了上海，他二人搭乘最快起航的一艘轮船去香港，然后转赴广州。

张发奎行前对黄琪翔说：“9 月 13 日，广州的李济深为支持蒋介石与汪精卫合作，发表了长篇宣言，希望下野的蒋、汪能重新执政。南京政府与武汉政府已经合并，形势有了新的变化。我打算暂时离开部队，去广州，与李长官好好沟通。由你代理第二方面军总指挥，率部继续南下吧。”

到了五羊城，张发奎意外地见到了薛岳。原来，因为薛岳在上海反对枪杀共产党，而被逐出了第一军，于是他来广州看望李济深。作为粤籍人氏以及前粤军第一师师长，他回穗是一件很自然的事。薛岳被任命为李济深第八路军暂编第一师师长。

在同李济深交流之后，张发奎感觉李这个人欠缺高尚的信仰，更像是个机会主义分子，李嘴上说要支持汪精卫，不过是一种谋略；他要求张回师广东，只是因为他麾下的部队不是贺龙、叶挺的对手，他需要借张发奎的力量消灭他们。

而事实正如张发奎所预料的一样。

在广州，忙于镇压南昌起义军的第八路军总指挥李济深，虽知张发奎拥汪反蒋，与自己的政见不同，但见叶、贺南下，潮、梅吃紧，此时不宜得罪张发奎、黄琪翔，且念过去都是自己老部下的情面，希望黄琪翔带部队到东江尾追叶、贺部队，与两广部队夹攻“叛军”。黄琪翔根据张发奎的安排，坚不从命，李济深不得已，急调驻广西的第十军兼程赶往粤东，与陈济棠等的部队“会剿”“叛军”。

张发奎渐渐确信，李济深正涉入协助桂系夺权的阴谋。他将这一怀疑告知薛岳与黄琪翔，他们都同意张的见解——那些广西军人正在策划一项阴谋。

1927年9月15日，在南京设立了中国国民党中央特别委员会，推定宁、汉、沪（西山会议派）三方委员。但汪精卫不愿加入这个特委会，他认此为非法机构，并要求张发奎他们反对它。同时，汪想在广州成立一个与南京的特别委员会对抗的政府，他要李济深公开谴责中央特委会并支持他本人。

9月21日，广州市内出现一番特殊景象，黄琪翔以代理第二方面军总指挥的名义率部队举行了“凯旋”入城式，并散发火药味很浓的回粤宣言，公开攻击南京国民党政府，并称打倒一切“篡窃党权”的分子。李济深无奈，赶紧派员到香港，迎接张发奎回广州主持军政。

9月27日，李济深主持召开军事会议，张发奎表示拥护李执掌广东权柄，并送两万支枪给他做见面礼。

再说在武汉的汪精卫听说张发奎部顺利开进广州后，十分高兴，他又看到了制衡南京的希望，他给张发奎发来电报说，准备在两个星期内从汉口到广州。张发奎没有与李济深商量，即复电催促汪精卫早日来穗，“以期在南方建立一个新局面”。

9月30日，广州政治分会决定，不遵守中央特别委员会限10月1日撤销之命令，并派张发奎为改组省党部委员，李济深为两广经济委员会委员。

10月1日，李济深的第八路军总指挥部在广州正式成立，国民革命军后方总司令部同时结束，原后方总司令部所属的军队及张发奎所部，统归第八路军总指挥部所辖。李济深在士敏土厂设宴招待张发奎。张发奎表明了他的政治主张，既反对国民党西山派分子，也反对唐生智篡夺国民党中央权力，并声明他及其下属将领均支持李济深作为南方军事首领。张发奎在广州南堤的旧盐务大厅设立指挥部，主力部队集中在韶关，另一部派往东江的石龙。

10月2日，李济深与张发奎致电汪精卫，表示我们不承认中央特委，并邀他回穗，但并未提及特委会。

汪精卫用密码给张发电报说，必须通电谴责特委会。10 月 6 日张发奎发出另一封电报谴责特委会。由于李济深拒绝通电谴责特委会，汪精卫派遣陈公博到广州传达他的想法：他要领导国民党党员到广州设立一个政府，以对抗南京方面。

在南京的广西将领李宗仁、白崇禧见状，反对张发奎控制广州，派出部队经上海乘军舰赴汕头。与此针锋相对，广州召开盛大的民众欢迎会，欢迎张发奎及第四军返粤。张发奎在会上声称回粤有三个使命：一是肃清共产党，铲除叶、贺起义军；二是改善广东政治；三是扶植工农。张发奎还发表通电，谴责南京特别委员会，要求李宗仁、白崇禧安排召开国民党二届四中全会，以解决局势问题。

10 月 7 日，李济深、张发奎致电汪精卫，请汪回粤主持“党国大计”。同日，汪派陈公博由汉口抵达广州。

张发奎知道李济深是拥护蒋介石的，与自己的主张并不相同，为了支持汪先生，只能对李长官多多“得罪”了。为了取得广州的控制权，张发奎、陈公博等乘广州防务空虚之机，向李济深步步施压，迫使他同意改组广东省政府，甚至改变部队番号，称李济深的留守第四军为新编第四军，而张发奎的前方第四军则保留第四军的番号，成为第四军的正统。

李济深步步忍让，被迫改组了省政府，以陈公博为省民政厅长，邹敏初为财政厅长，黄琪翔为军事厅长；又让出了农工厅长职，由张发奎的政治部主任谢婴白担任；广州市公安局长则由张发奎的军长朱晖日担任。最后，广州市市长也由汪精卫的亲信甘乃光担任。

李济深虽然对汪、张表现出了一副友善仁厚之态，但内心有些不安，问黄绍竑如何应对张发奎等的要求。黄绍竑见张发奎的矛头是针对自己的，有些无能为力，把自己的部队调往广西，东江防务交张发奎部接替。他苦笑着劝李济深说：“他们要求什么，就给他们什么好了！横竖广东人的事由广东人自己去搞，你是他们的老长官，虽然你是广西人，但你不是桂系，他们不会对你有什么歹意吧？”

10 月 18 日，广州国民党政治分会临时军事委员会正式成立，李济深任主席，陈可钰任总参谋长，张发奎、黄绍竑任副总参谋长，陈公博任政治部主任。该会为两广军事统一机构，取消李济深之第八路军总指挥、张发奎之第二方面军名义，通电声明主张恢复中央党部。

10 月 24 日，由张发奎派李汉魂的二十五师，赴东江解除李济深的第十八师师长兼惠州警备司令胡谦所部武装，将胡谦扣留。李济深电令将胡解省，张发奎却以“贪污”罪将胡谦就地处决。同时，张发奎又暗中争取了薛岳等粤军将领的支持，鼓励他们脱离李济深。

李济深看到张发奎越来越不把他这个老长官放在眼里，军事、财政、人事上的冲突不断发生。他唯恐鹊巢鸠占，失去了广东地盘，乃以老上司的身份主动提出，愿给张发奎港币五万元，要张出洋远游，并制造礼送汪派出粤的舆论。同时，他又将反对汪派最烈、与张发奎不合的陈铭枢由日本邀请回国，到福州再统军队，还特地电陈，邀其“回粤休养”。这一来，张发奎与李济深的关系陡然紧张。

10 月 29 日，汪精卫自上海抵达广州，召集何香凝、陈公博等人开会，谋在广州设立中央执监委员会，继续与南京政府对抗。

此时，在广州的汪精卫一直无法争取到李济深的支持，张发奎对汪精卫说，如果他们无法说服李济深，就不得不推翻他了。他建议召集会议，邀请黄绍竑、李济深出席，在会议期间逮捕他俩，解除他们卫兵的武装。这样，就可以迫使桂系听从他们。换言之，张发奎鼓吹以激烈行动在南方开创一个新的局面。

然而汪精卫不接受张的建议。他拟订了一个新计划：他和李济深经香港去南京，让张以出洋为名辞职，财政局送张五万大洋；汪与李离开广州后，立即逮捕黄绍竑。这一计划得到大家的同意，张发奎不得不接受了。

他提议将军权交还李济深，自己出洋，条件是李济深同意支持汪精卫。这是一个烟幕弹，大家各怀鬼胎。李济深中计了，他下令财政局给张发奎五万大洋充当出洋经费。接着，张发奎说自己要去香港安排旅程，目的是要李济深不必提防他。李济深于是招黄绍竑到广州代理政治分会及临时军委会两主席职务。

张发奎去香港是在11月13日，李济深、汪精卫去香港是15日，同一日黄绍竑自邕抵穗。16日晚，张发奎离港返穗，17日拂晓抵达广州，那时政变已发生，张发奎部黄琪翔军，会同李福林军及薛岳师在午夜解除了李济深驻穗部队的武装，第一次护党运动宣告成功。可惜黄绍竑闻风先遁，张捕黄挟以缴西、北江桂军枪械之计未遂。

汪精卫在这次政变中幕后决定一切。他期望张发奎他们在广州稳住局面后，同其他政治集团保持联系。如果政变失败，他可以假装什么都不知道。正如历史上有太多的事例，军人就是政客的牺牲品。

11月17日上午，广州政治分会匆匆任命张发奎为广州军委会主席，顾孟余为广州政治分会主席，陈公博代理广东省主席。同时，他们还宣称黄绍竑背叛党国，迫走汪精卫、李济深，应予以铲除。至此，汪派掌握了广东的一切大权，并宣言反对南京特委会。

18日，张发奎这才没事似的回到广州，主持军政，并以广州政治分会的名义通缉黄绍竑。黄琪翔攻占虎门要塞和石井兵工厂，并包围黄埔军校，将黄埔军校解散。

20日，张发奎在穗召开重要会议，决定成立"主席团"，以处理目前军事事务。主席团由张发奎、李福林和陈公博组成。22日，张发奎在广州总商会大会上发表讲话，表示："铁军"不是赤色军队，是支持国民党的；对李济深强迫商界筹款表示同情，决心裁减军费开支；反对唐生智，亦不服从非法的南京特别委员会。他要求商界支持他所领导的政府。

张发奎、黄琪翔发动的这次以"护党运动"为名的政变，史称"张黄事变"。"张黄事变"虽然在一夜之间获胜，却捅了一个大马蜂窝，在南京，汪精卫成为国民党内攻击的中心。

最为恼怒的是李济深，他下轮船后接到黄绍竑从香港打来的电报，得知广州兵变，方知上当受骗，大骂汪精卫和张发奎是伪君子，呈请中央剿办张发奎和黄琪翔，并马上电令他的部下陈济棠率兵从东江反攻广州，并联络已经从香港逃回广西的黄绍竑，让他率领由第七军留守部队编成的第十五军从西江和北江进军广州，对张发奎形成东西夹击之势。白崇禧赴汉口，与李宗仁商讨对付广东军事政变。海军“飞鹰”号军舰反对“张黄事变”，从黄埔起航，抵达汕头，与李济深部队联合。

张发奎紧急应对，一面把自己手下最精锐的第四军黄琪翔部调到梧州，以防备黄绍竑的桂系军队从广西反攻广州，一面把第二十五师调到广州以东的惠州、石龙一带，以阻止忠于李济深的陈济棠师从东江一带反攻广州。同时，黄琪翔还兼任广州卫戍司令，以加强对广州的控制。

11 月 28 日，张发奎发表致李济深的公开信，对李济深支持南京特别委员会的态度表示不满，并且声明，“铁军”最近的军事政变仅仅是为了保护自己，以反对黄绍竑企图解决第四军的诡计，同时也为了支持国民党。针对李济深诬称这次政变是“共产党之阴谋”，张发奎、黄琪翔还通电否认有容共及联络陈炯明之事，自称其行动为“护党”，表明他们是服从国民党中央的。他还电请汪精卫回广州主持大局。在上海，汪精卫派也为张、黄辩护，称其只是反对南京特别委员会，与共产党无关。

11 月 29 日，广州政治分会通过决议，发表一份谴责“桂系新军阀”的声明，指出桂系军阀阴谋伙同各种反对系，在广东乱政和危害国民党，并表示要解除李济深的一切军事职务，要“推翻和惩办”李宗仁、白崇禧和黄绍竑。次日，广东省军事会议还把张发奎的第四军及其领导下的其他粤军命名为“护党军”。

12 月 1 日，广州召开“护党”大会，通过六项决议：一、要求在广州举行国民党四中会议；二、废除非常的南京特别委员会；三、巩固广东国民基础；四、李宗仁、白崇禧和黄绍竑等同其他反动分子企图危害本省，要给予清除；五、要求政治分会惩办李济深；六、支持国民党，反对共产党。

以上种种措施和言论，都说明张发奎在为自己的军事政变进行辩护，企图洗脱罪名，同时他心里还是没底儿，再次和黄琪翔致函汪精卫和其他中央委员返回广州，以便管辖南方的党政事务。

尽管做出各种努力，12 月 2 日，南京国民党政府下令讨伐张发奎、黄琪翔。次日，国民党中央第四次全会预备会在上海召开，汪精卫和其他五名中委仍竭力为张、黄辩护，提出考虑到张、黄二人都曾经宣布过服从党的命令，因此，广东问题的解决应当通过即将召开的会议，而不应通过战争。

然而，战争已在弦上，不得不发。

事变以后，张发奎建立了独立团，由李济深的部下莫雄任团长，薛岳的新二师被扩编为第四军教导第一师，就这样，薛岳投入了第四军。

黄镇球的预二师和韩汉英的省防军第二团合并，改编为第四军第二教导师。至此，张发奎手中掌握了五个师。

张发奎与桂系军队在东、西、南三路相对峙。陈铭枢的第十一军由福建分水陆两路回粤东，参加讨伐张发奎战争。李济深委任陈铭枢为东路总指挥，节制钱大钧、陈济棠两部，会同西路黄绍竑、南路徐景唐合击广州。

正在双方剑拔弩张之时，中共领导的广州起义爆发了，这一下打乱了张发奎的阵脚。

其实早在“张黄事变”前，中共方面已在策划广州暴动，他们对张发奎、黄琪翔并不存在什么幻想。

叶剑英接到中共准备在广州举行暴动的计划后，心生一计，他摸准了张发奎、黄琪翔的心理，提出是否可将教导团调进来打李济深。张发奎开始犹豫地说：“教导团是一颗拉了弦的手榴弹，丢出去可以炸别人，可是搞不好又会在手里炸了自己。”叶剑英则说：“如果要打李济深，你部下的多数军官和部队都是李的老部属，恐怕靠不住。恰恰教导团同李济深没有任何历史渊源，可以用来打先锋。”

经过一番劝说，张发奎总算同意把教导团调到广州。为避嫌起见，叶剑英主动提出想辞去教导团长之职，专任第四军参谋长。

“张黄事变”后，中共广东省委军委负责人再次找到叶剑英，要他想尽一切办法扩充第四军警卫团，并把党的力量加进去，为日后的起义增加力量。得到组织的指示后，叶剑英马上去找张发奎，提出扩编警卫团：“我想再组建一个营，成为名副其实的一个团。这样才能保证警卫广州之需。总指挥您看如何?”警卫团原有两个营，一个是原来的第四军军部特务营，另一个营是刚刚在政变中收编的李济深的第八路军军部特务营。对李济深这个营，张发奎认为靠不住，也想在这个团增加新的力量。他听到叶剑英的建议，马上欣然同意：“好，你去办吧。”

12 月 9 日、10 日，汪精卫打来四封电报，要求张发奎对共产党员廖尚果等采取行动、查抄广州苏俄领事馆、驱逐苏俄领事、撤黄琪翔职等。张发奎很为难，以为廖尚果并不是共产党员，只是“左”倾而已，就像黄琪翔一样，但他一向都是听从汪精卫的，已经为黄琪翔撤职做了准备。

下一步是准备查抄苏俄领事馆。他令朱晖日查抄了人力车夫工会与印刷工会等，搜出了一批枪械，抓捕了一批人。

在如此复杂的环境下，张发奎也做了一些部署，派“雷震”“雷兑”等鱼雷艇，另派浅水巡舰，担任省河警戒，并梭巡由白鹅潭至三山一带；长洲则由长洲要塞司令部恢复警戒状况，河面泊有军舰两艘，日夜升火巡弋；其虎门、鱼珠、车歪各炮台，均一律宣布戒严，检查船只。陆上方面，河北由薛岳之一部及公安局保安队担任警戒，河南由李福林部维持，并在花地、芳村、石围塘、河南尾各地，增派队伍。

张发奎仍嫌市区兵力薄弱，又抽调教导团入市协防，并亲到该团演讲，谓不使广东为灰色，打倒腐化投机分子，不恶化，不右倾，奋斗到底。他原来担心的只是工人、农民组织的队伍搞些小暴乱，没想到这次暴动的主力竟然就是教导团。

12 月 11 日拂晓，谢婴白打电话到黄琪翔公馆，他报告张发奎：

“已经听到炮声，据下属电告，共产党发动了一场暴乱，您赶快逃……”报告尚未说完，电话就断了。黄琪翔急忙跑上楼来，连连喊：“快找叶参谋长！让他查查是怎么回事！”此刻，他还把叶剑英当成最可靠的人，后来粤系军阀中许多人盛传此事，并当成印证黄琪翔糊涂的笑料。

张、黄二人带着贴身卫士，慌慌张张地跑出了这座小楼。这时，起义军如果派出一个班的队伍，就有能力将这两个广州国民党军队的首领抓获。可惜的是，广州起义负责人疏忽了，忘记了“擒贼先擒王”之理，让张、黄逃过一劫。

张发奎出了院子，只听得市内的枪声更密，而且以西面长堤的第四军军部方向最为炽烈，只是珠江南面还平静。于是，他决定先渡江到河南避一避，便和黄琪翔匆匆地跑到附近二沙头的颐养院，找到了广州商会会长邹殿邦。邹有一艘汽船。张发奎同他一起乘船到珠江南找第五军军长李福林。

李福林到了河南，张命令江防司令冯肇铭控制住珠江，亦即保卫河南，不让暴动者过河。听到炮声后，冯与他的部下已经出动炮艇巡弋珠江。那时战火尚未波及。

张发奎要求李福林拨给他一个营去夺回广州，然而李福林拒绝了张的请求，他说他的部队的职责是保卫珠江南。李是个粗人，他指着黄琪翔的鼻子大声说：“今日的祸，都是他容共引起的！要我出兵帮助，要先除了他！”

黄琪翔一声不吭，张发奎忙为自己的这个老部下辩解。接着他对李福林分析说，现在城内发生“兵变”的不过只有一个教导团，而且还忙于攻打各机关，兵力肯定分散，假如有两营人过河，先攻占广九车站，分路向城内进攻，只消半天就可扫平“叛乱”。

珠江南是李福林的势力范围。在整个北伐期间，他一直留在后方保护他的领地，无论如何他都不愿放弃这棵摇钱树。无奈之下，张发奎决心抽调防御陈铭枢的东线，在西线还保持一部分兵力抵御桂系黄绍竑部，将其五个师兵力中的两个整师调回广州。

除了准备调来的兵力外，薛岳属下的一个新兵团及莫雄为团长的新编第二师第三团正在广州郊区，已经与起义部队接火。李福林的第五军实力只相当于一个师，发现形势对其有利也会参战。海军还有兵舰支援张发奎的部队，珠江内的英、美、日军舰和沙面租界内的外围地面部队也会掩护国民党军。

相比之下，广州起义的部队中正规部队只有教导团一个团和警卫团的一个营，还有几千名未受过军事训练的工人赤卫队、几百名刚入城的农民武装。虽然起义者的士气和斗志高昂，可是力量对比却过于悬殊了。

12 日拂晓，李福林、薛岳部队猖狂反扑，形势急转直下。中午，广州起义的主要领导人张太雷在驱车返回指挥部途中，在黄泥巷口遭敌机器工会体育队袭击，中弹殉难。

13 日，张发奎所部薛岳会同李福林部，从河南分三路向市区进攻，从黄沙铁路车站，从珠江前沿，并在海军舰只的配合下，攻入市区。

广州起义失败了。广州城再次笼罩在白色恐怖之中。

张发奎对广州起义恨得咬牙切齿，他觉得共产党在他后门点火，坏了他的全盘计划。“平叛”部队进入广州后，实施疯狂报复，真是逢人便杀，见人就砍，把苏俄驻广州的外事机关也同时捣毁，并杀害了包括苏联顾问在内的领事馆十多名工作人员。

周恩来在《关于党的“六大”的研究》中这样评价广州起义：

> ……张发奎的军队正好开去挡黄绍竑去了，如再等一个短时期，他们就会调一师兵力回广州解散工会和教导团。我们乘这空子把部队拖出来，并且根据情况估计，要起义是可能的，但坚守不容易。当时在广州的共产国际代表是德国人纽曼，他主张起义后坚守广州，建立苏维埃。起义的总指挥叶挺同志是起义的前夜才请去的。叶剑英同志刚入党，搁在一旁没有被用。叶挺在起义的当夜主张把队伍

拖出去，纽曼大骂叶挺动摇，说广州起义是进攻的，“应该进攻、进攻再进攻”。第二天张太雷同志牺牲。第三天大败，仓皇退出。结果张发奎回到广州，来了个大屠杀……

叶剑英也回忆道：“国民党军队进入广州后，进行血腥大屠杀，尸骸遍地，血流成渠，是役殉难的军民五千七百多人。苏联驻广州领事馆的哈西斯等五人也遭杀害。”

因为血腥镇压起义，张发奎部队的名声一落千丈。

当然，张发奎也有自己的态度。据谢婴白回忆：广州暴动平息后，张发奎在东山寓所酒后对二方面军参谋长谢婴白说：“7 月份我们不肯执行武汉政府分共政策，准备集中九江、南昌，东征（南京），仍维持国共合作局面；9 月回广州仍不执行分共，遭宁沪两方面斥责。我们一向认为共党的敌人是蒋介石、李济深，绝不是我们反对分共的第二方面军，但此番共产党发动广州暴动却把我们第二方面军也视为敌人，一律加以摧毁。我至今想不通，这岂不是黑白不分吗？”言下不胜叹息。

早在南昌起义时，张发奎已十分恼怒，说“我对得起共产党，共产党对不起我”。广州起义之后，他更是暴跳如雷，一逃出包围，就积极调兵遣将，残酷地镇压了起义。也许张发奎认为，自己是重交情、讲义气之人，他对共产党人仁至义尽，而叶挺等人一而再再而三地起兵“背叛”，在南昌起事，还可谅解；当他与黄琪翔好不容易从李济深、黄绍竑手中夺回广州后，中共又在广州发动起义，这使他觉得太不够义气，不讲朋友交情，认为他调兵反扑是理直气壮的。而在叶挺等人看来，为党、为主义奋斗，利用党掌握的武装起兵反国民党是完全正义的，不存在放弃朋友义气的问题。但双方的立场不同，看法自然迥异，以张发奎当时的觉悟，绝对理解不了叶挺、叶剑英等人的行动。对于广州起义，张发奎在 20 世纪 50 年代还写有《广州暴动之回忆》一文，极力为自己的行为辩护。

再说共产党人在广州这么一暴动，逼得张发奎从广西撤了兵，也使汪精卫吃不住劲儿了。国民党内反对他的人都说他通共产党，纷纷指责他，直把个汪精卫急得像个热锅上的蚂蚁，不知如何是好了。反汪派揪住汪精卫不放，说广州事变是汪精卫和共产党合演的双簧，张发奎、黄琪翔都是共产党员，还煞有介事地公布了许多所谓张、黄“附逆”的罪证。到了这个时候，汪精卫就是浑身是嘴也说不清了，不得不由上海乘轮船出国。

而刚被四中预备会议第四次会议宣布复任国民革命军总司令的蒋介石，电令广东各路军队合力“平共”。12 月 14 日，国民党当局发布命令：“临时军委会主席团张发奎、陈公博，第四军军长黄琪翔，公安局长朱晖日，着免本兼各职，听候查办。”

张发奎虽然把中共的广州起义镇压下去了，但没想到自己倒落了个“通共”罪名，而且更为严重的是，广西黄绍竑率领的桂军乘虚而入，内外交困，使他一时不知所措，在政治上完全处于孤立的地位，不得不和陈公博、黄琪翔和朱晖日等引咎辞职。李福林被推暂管广州，缪培南任第四军军长，薛岳任副军长。

12 月 18 日，张发奎电蒋介石表示服从，谓已被广州政治分会免去分兼各职，愿以国民党员资格补过将来。不久，他又和陈公博、李福林发表联名电报，表示衷心赞成蒋汪合作，尽力支持蒋介石复任总司令。

临离广州前，张发奎召开了最后一次军事会议，商讨如何对付大兵压境的桂军，以及陈铭枢、陈济棠的部队。为了不影响军心，张发奎、黄琪翔坚决不让众军官相送，带着家眷偷偷离开广州。

到香港后，张发奎一直关注着广州的战事。谁知不到两个月，就传来第四军战败、许志锐师长不幸阵亡的噩耗。

原来，缪培南送走张、黄两位长官后，放弃广州，全力出击东江陈铭枢、陈济棠的部队。

12 月 20 日，李济深系统的粤军在汕头召开军事会议，决定集合潮、汕、闽的粤桂军队进攻第四军。次日，南京特委授李济深以全权，返粤整顿局势。随后，李济深回到广州，亲率部队讨伐四军。

李济深回广州后，他和陈铭枢、陈济棠以广州市民的名义在泰康路勒石立碑，上书“在汪精卫与共产党员陈公博、张发奎、黄琪翔等领导下发生了广州暴动”。

黄绍竑则带着桂军的部队沿西江合攻广州，毫无阻碍地就占领了肇庆、三水、河口。

正在这关键时刻，作为“骑墙派”的李福林临阵叛变，派代表在河口欢迎桂军，泄露了缪培南第四军的作战方案。黄绍竑得到李福林代表报告，大吃一惊，觉得时间非常紧迫，如果稍有迟滞，就会有被各个击破的危险，立刻改变桂军的计划和行动。

许志锐牺牲后，军部令副师长陈芝馨代理，当夜，又组织全面进攻，双方死伤颇重，第四军只好固守阵地，停止进击。缪培南不得不指挥部队向老龙墟和平县方向退却，退入赣南，此时已损失近一半的兵力。

在南京，蒋介石听说第四军新败，觉得正是收买第四军的好机会，于是，他让缪培南率部进入赣东北，归顺于他。张发奎苦心经营的第四军，全盘纳入了蒋介石的阵营。

第一次新粤桂战争，就这样疾风骤雨般结束了。李济深统治广东的局面重新恢复，黄绍竑到广州后，仍用代理分会主席及代理第八路军总指挥名义，下令通缉汪精卫、陈公博和张发奎等，与武汉的李宗仁等相互呼应。

这时，正是桂系踌躇满志的黄金时代，而蒋介石正在处心积虑地进行第二次倒桂计划，他手中的第四军无疑是一支反桂的有生力量。

第五章　亦敌亦友：与桂系的关系

联蒋反桂与联桂反蒋

自从离开第四军后，张发奎在日本周游了一圈，便在香港、上海等地闲居了，这是他从军以来第一次离开部队，心里不免总有些失落。

回想从1927年1月到1928年9月这短短的一年多发生的事情，他觉得人生极富戏剧性，本来是满怀豪情地参加北伐，好不容易打到了郑州，官兵们原以为会一鼓作气，“直捣黄龙府”，可谁想到蒋介石以“清党”为名，拿昔日的战友开刀；而自己一直对共产党爱护有加，但中共却在他的辖区两次暴动，而且组织暴动、参加暴动的还都是他的直接下属，让他颜面尽失；还没来得及享受占领广州的喜悦，就被排挤出局，黯然南下；此刻为了拿回部队，不得不重投蒋介石阵营，一切似乎又回到了起点。

1928年，蒋介石发动第二次北伐，基本统一了全国。没承想北伐刚刚胜利，内部即起风波。蒋介石为了控制全国，通过两次裁军，企图压缩地方派系，极大地扩充自己的地盘和军事力量，李宗仁、冯玉祥、阎锡山等军权在握的“大鳄”们自然强烈反对。在第一次蒋桂战争爆发之初，张发奎是站在蒋介石这一边的，他眼见军阀连年混战，百姓遭殃，民不聊生，对于蒋提出的裁军意见，率先通电表示支持。在缪培南和薛岳的鼓动下，第四军上校以上的军官联名上书，要求裁撤自己所在的第四军。这种举动，在各军事首领都紧紧捂住自己实力不松动的状况下，是很难得的。

蒋介石正为无人支持他的裁兵计划发愁，如今收到第四军的通电，真是大喜过望，马上拿第四军做“试验品”。1928 年 8 月中旬，蒋介石将第四军的五个师缩编成三个旅，正式缩编为第四师，任命缪培南为师长，朱晖日为副师长。率先支持裁军的薛岳没想到自己连副师长都保不住，只让他当师参谋长。他觉得憋屈得慌，干脆什么都不要，怅然离开第四师。

1929 年春，以李宗仁为首的桂系势力在北伐中迅速膨胀，并得到广州李济深的支持，他们并不买蒋的账，公开反对裁军。这无疑对蒋的统治构成了严重威胁。蒋介石因而把桂系选定为进攻的头一个目标。湖南是桂系连接广西的通道，省政府主席鲁涤平完全听命于蒋介石，与桂系貌合神离。于是，桂系决定先发制人，以武汉政治分会名义撤免鲁涤平的省政府主席职务，由何键继任，并密派两师入湘解除鲁涤平等的军队。此举给蒋介石留下了借口，他立即组织起一支讨逆军，于 3 月 26 日下令讨伐桂系。讨逆军以朱培德为第一路总指挥，由江西进攻武（汉）、长（沙）路，阻止桂军南逃；刘峙为第二路总指挥，由皖鄂边境沿长江西攻武汉；韩复榘为第三路总指挥，由河南沿平汉路南下夹击武汉。

张发奎在上海，预料蒋桂难免一战，早放出要报复桂系的空气，故意使蒋介石闻知，并自负地说：“讨伐桂系的第一号任命状一定是我张向华。”果真，4 月 7 日，正在用人之际的蒋介石起用张发奎，任命他为第一路追击军司令官兼第四师师长，并拨其嫡系部队朱绍良、陈继承两师归张发奎指挥。

张发奎马上找到薛岳：“伯陵，告诉你一个好消息，蒋介石终于和桂系打起来了。现在蒋正把反桂力量集合在一起，组织起一支讨逆军，要和李宗仁他们大干一场！”

薛岳说：“这是真的？”

“这还有假吗？我早就预料蒋桂难免一战。”张发奎打开一瓶白兰地，满满地倒上两杯，“蒋先生已命咱俩归队，第四师仍由我指挥。”

薛岳说：“你准备为蒋介石卖命？不追随汪精卫了？”

张发奎说：“我已经和蒋先生谈好了，一旦桂系平定后，便邀请汪先生回国。当务之急，要把军权抓在手，重振我们第四军。在广州，我们四军吃了桂系不少亏啊。”

不日，张发奎就同薛岳离开九江去追赶第四师，它已开拔同桂系作战。

蒋介石命令张发奎调动各师集结于江西修水、铜鼓间，准备进攻武汉桂系主力，但为确保控制张发奎，又命令心腹特务关巩任第四师政治部主任严密监视张，并密令朱绍良、陈继承在一定时机内消灭张发奎和第四师。对于蒋介石的阴谋，张发奎早已料到，并加以防范。他将计就计，直至第四师集结铜鼓，他才正式到职担任指挥。沿途都是第四师打先锋，朱、陈部队随后跟进。

桂系主力第七军等因内部腐化，分赃不均，矛盾重重，导致毫无战斗力。驻防武汉的李朝芬部听到张发奎部西进的消息后，即逃窜至鄂西、荆州、沙市附近。张发奎率领第四师不经战斗便入武汉，又在荆州一带，一枪不发，收缴了桂军的一部分武器。

张发奎原以为蒋桂之间会有一场恶仗，但令他料想不到的是，桂系内部的倾轧早已使它四分五裂，张的部队一来，它们顿时土崩瓦解。

如此轻松解决鄂西的桂军，大大出乎张的意料，曾在北伐威震一时、有“钢军”之誉的桂军也如此不堪一击，仅仅坚持了几个月便被蒋介石打得晕头转向。6 月 27 日，李宗仁、白崇禧等相偕逃往香港，蒋桂战争以桂系失败而告终。紧接着，蒋介石又打败了与桂系联合反蒋的冯玉祥。

这次战争，蒋介石是个大赢家，跟着蒋讨桂的张发奎也进账不小。他率领第四师兵不血刃便进驻武汉、荆州，收缴了桂军的一部分武器，充实了部队。7月初，张发奎在解决桂军后，指定各部在荆州附近集结休整待命，并兼任鄂西绥靖主任。他在荆州积极整军集训，渐渐恢复“铁军”的军威，在南京的蒋介石有些惴惴不安。他深知已牢牢掌握军权的张发奎雄心勃勃，敢作敢为，又剽悍善战，特别是他忠于汪精卫，不得不防。于是，他给朱绍良、陈继承下了一道密令，伺机解决张发奎的第四师。

朱绍良、陈继承得令后，打算以庆祝张发奎部胜利之名，摆个鸿门宴，在沙市宴请第四师少校以上官长，准备待他们离开酒席之前，一举解除武装。殊不知张发奎已有戒备，在赴宴前命令部队未参加会餐的官兵，随时准备紧急集合以防意外，同时，在会场附近增加警卫巡查。朱、陈二人得知张发奎有戒备后不敢贸然动手，乃将张发奎和平解决桂军、补充实力的情况详报蒋介石，以待命行动。

张发奎已感到来自四方的威胁。东面的武汉，有刘峙重兵坐镇；西面的三峡，有刘湘凭天险扼守；南有长江之阻，李韫珩部驻防于常德，陈渠珍部驻防于沅陵；北面的襄樊，也布有重兵。张发奎心里有数儿，惹不起难道还躲不起？他决定离朱、陈部队远些，便以整训为由，让各师按地区进行训练，朱、陈两师驻荆州、沙市地区，第四师则移驻宜昌、当阳地区训练。这时，因为薛岳一直补不到实缺，便离开了。

张发奎部移师后，第四师第十一旅（旅长黄镇球）、十二旅（旅长吴奇伟）及教导旅（旅长陈芝馨）驻宜昌，第十旅（旅长邓龙光）驻白洋、当阳，重新归军的李汉魂任副师长，韩汉英任师参谋长。此时，全师有两万余人，超过甲种师的编制定额，实力相当雄厚。张发奎感到由衷地高兴。

9月初，汪精卫乘一条豪华轮船，从欧洲回到香港，在跑马地建立“国民党第二届执监委员联席会议”，树起“护党救国”旗号，策动一切不满蒋介石个人独裁统治的地方实力派联合起来，共同反蒋。汪精卫派人找到薛岳，给他一个任务，要他首先联系张发奎，希望张能带头反蒋。

薛岳说："向华远在荆州，四师孤军一支，如何反？"

汪精卫笑着说："我自有主意。你把我的密函带给向华，他自然会听我的。"

薛岳半信半疑地接过密函，托一个做生意的朋友，转交给张发奎。不久，张发奎派他的妻兄传来口信，说向华已不想打内战。

薛岳不免着急起来，说这个张向华怎么回事，真的要跟老蒋走？

9月18日，一阵滚雷由北边而来。香港各家报纸都在头版以大号字为标题刊出：张发奎率部在长江边的宜昌打响反蒋第一枪。消息传出，薛岳异常兴奋，连忙打听事情原委。

原来，在南京的蒋介石对已牢牢掌握军权的张发奎十分不放心，他一边命令在曹万顺的暂编第一师迅速乘船溯江而上，进驻枝江县布防，以阻止张部渡江南下，一边命令张发奎率部离开宜昌，乘轮船东下浦口，再坐火车到苏北海州地区接受整训，而宜昌交由曹万顺部接防。蒋介石想以调防名义解决张部。

张发奎知道，蒋介石对自己一直不信任，本来对其收缴桂系残部的武器就有点儿不乐意，现在汪先生又在香港建立"地下中央"，他一定怀疑自己与汪精卫之间有联系，现在果然行动就随之而至了。怎么办？与其坐以待毙，不如铤而走险，张发奎决心发难反蒋，领军南下。于是，他召集少将以上的将领开会征求意见，大家一致同意反蒋。

张发奎当机立断地说："我们现在是孤军作战，制订的作战方案一定要慎而又慎。我看，应包括三点：一、过湖南用回环战术，稳妥前进，极力避战，以保存实力。二、到广西后，如桂军能相容，即与合作；如桂军拒守，应全力先将桂军消灭。三、最终作战目的是攻取广州，以广东为根据地，联合各方面拥汪反蒋。当务之急，要秘密准备小轮船载运部队渡江，并让眷属乘外国轮船离开宜昌，以解后顾之忧。"

第四师官兵绝大部分是两广人，听说要渡江回乡都很高兴，只三天时间就全部渡过长江。

与此同时，张发奎还派出三路代表分头活动，第一路是派人赴重庆见刘湘，请他不要派兵追击。刘湘正为四川的问题弄得焦头烂额，没有余力干涉川外事，因此做个顺水人情，答应了。第二路是派人赴长沙见何键，请他在第四师路过湘西时不要截击，何键不仅不同意，还差点儿把来使杀了。第三路派人赴香港，敦促汪精卫迅速回来，做好桂系的工作，不计前嫌，重新合作。这说明，张发奎并非莽张飞，其反蒋是做了各方面准备的。

9 月 17 日，张发奎“先下手为强”，在枝江境内长江弯曲处伏兵以待。曹万顺师约两个团乘两艘轮船到达白洋附近时，即被打了个措手不及。张发奎亲自命令炮兵连开三炮，两船被击中要害，两团人马全被解除武装。取胜后，他下令把所俘士兵中的强壮者补充部队，把所俘旅长带到石门后放走。

蒋介石得知张发奎部已渡过长江并缴了曹师的械后，异常恼怒，命令李韫珩约三个团追击张部。张发奎见李部尾追在后，甩也甩不掉，实是讨厌，过慈利时，命令担任后卫的吴奇伟旅教训他一下。吴奇伟便在一个狭长的山谷巧布埋伏，将进入山谷的李部一千余人全部击毙。李韫珩经此大创后，再也不敢跟踪尾追。

在湘西，何键得到蒋介石全力歼灭张发奎部的命令后，即派李抱冰旅在石门口袭击张部。李部为保存实力，与第四师第十九团三营接触，打了半天就撤回。何键又派刘建绪军在武冈县之瓦屋塘设下埋伏，张发奎亲自带着特务营及十一旅迎战，激战一昼夜，双方官兵死亡都不小，但刘建绪军毕竟不是张发奎的对手，最后被迫退守武冈城。张发奎率部顺利渡过沅江。

蒋介石知道，张发奎部一旦回到两广，无疑是放虎归山。于是，他再次电令何键不惜代价堵击张部，一面通令全国讨伐张发奎。

张发奎当然不肯让步，1929 年 9 月 27 日，由其领衔，团长以上军官通电倡导第二次护党运动，通电反蒋，并提出撤销违法乱纪的三全大会；根本铲除腐败恶化势力和敦请革命元勋（汪精卫）返国主持大计这三项护党主张。同时，张发奎将“国民革命军第四师”

的番号改为“护党救国军第四师”。

从历史角度来看，张发奎在宜昌发难反蒋，虽然只有一个师的兵力，影响却相当大，成为蒋桂大战、中原大战的导火线，最后迫使蒋介石第二次下台。此为后话。

在香港，汪精卫得知张发奎反蒋，大喜过望，即派薛岳从香港赶到南宁，向广西省政府主席俞作柏游说，希望俞作柏能与张发奎合作，在两广创造新局面，薛岳遵命而行。

俞作柏是薛岳保定军校的同学，思想较为“左”倾，新任命为广西省主席。薛岳赶到南宁后，传达了汪精卫的指示。俞作柏听后有些左右为难。毕竟，他在广西主政不满三个月，基础尚未巩固，一方蒋介石要他入京，另一方汪精卫又叫他反蒋，真不知如何是好。薛岳与之彻夜长谈，揭露蒋介石的右倾真面目。最终，俞作柏听从了薛岳的劝告，发表通电，就任护党救国军总司令，欢迎张发奎的第四军来广西。

谁想到，俞作柏事先没有做好部下的工作，不但原来李宗仁的旧部吕焕炎等心怀不服，就连自己的心腹大将黄权也不了解实情，随即为粤军将领陈济棠所收买。蒋介石很快下令免掉俞作柏、李明瑞本兼各职，任命吕焕炎为广西省政府主席兼讨逆军第八路副总指挥，总指挥为陈济棠。

而在广州，陈济棠听说张发奎要回来，知道其来者不善，一面把他的总指挥部移设梧州，一面将香翰屏、余汉谋、蔡廷锴三师急调入桂，防堵张发奎。

形势急变，汪精卫为使张发奎部入桂不致同广西部队相左，便通过唐生智穿针引线，主动与黄绍竑晤谈，希望流亡在外的李宗仁、黄绍竑、白崇禧速回广西，领导桂军同张发奎合作，参加反蒋行动。黄绍竑答应了汪精卫的要求，秘密回到广西，重新控制了广西军队，并派人送去密信，决定不计前嫌，与张发奎通力合作。

11 月 13 日，张发奎接到黄绍竑的（11 日）电文，谓“接第二届执监委员联席会议命令，组织护党救国军第八路总司令部。李宗仁任总司令兼中央命令执行所所长，黄绍竑当副总司令兼广西省政府主席，白崇禧任前敌总指挥。相与一起讨蒋靖粤”。

张发奎为之大快，决定兼程入桂，并在同安宣布就任“护党救国军第三路总司令”一职，任命薛岳为副总司令。

11月24日，张发奎与黄绍竑会晤于梧州北面的石桥，想当初，两年前，在“广州事变”中，两人曾是生死冤家，如今为了反蒋，又站在了统一阵线上。

张发奎说：“兵贵神速，季宽兄，作战就应乘敌不备，攻其不意，若待对方准备完成，则难于取胜。”顿了一下，他态度坚决地说：“建议我们尽快会师东下，直取广州，不知你部意下如何?”

黄绍竑原想让部队休整一段时间再出征，但见张发奎如此坚决，也不甘示弱：“向华兄，既然两军合作，桂军岂有退缩之理？自当与你部同舟共济。”说着，他拿出一张作战方案说，“为了统一指挥两军作战，李宗仁先生将以中央传达所长名义，担任总指挥。”

张发奎点头表示赞成，并说：“我们两家可以兵分两路，我指挥第三路军经怀集、广宁到清远，定12月6日在清远与你们广西的第八路会师，如何?”

黄绍竑回答得很干脆：“行。我们广西方面，将由白崇禧指挥第八路军六师六旅，除吕焕炎率杨义师驻守广西外，其余均东下作战。现在广东方面早有防备，除陈济棠的讨逆军第八路余汉谋、香翰屏、李扬敬、蔡廷锴、蒋光鼐各师及直属部队外，蒋介石还派朱绍良带了三个师赶来支援，并任命何应钦为广州行营主任，指挥作战。”

张发奎说：“这定是一场恶战，应充分做好各种准备。我们已提出‘不打到广东会饿死，打到广东有饷银’的口号，鼓励将士勇往直前。我本人也已经蓄须明志，‘回不了广州，永不剃须!’”

黄绍竑把掌往桌上一拍：“上一次粤桂战争，我们桂军吃了败仗，这一次，定要把陈济棠的粤军打个落花流水。教训陈济棠，也就是狠抽蒋介石的大嘴巴。”

薛岳从广西回到香港，向汪精卫复命，桂系已与张发奎的部队合作，结成桂张联军，正直插南粤，他的使命已完成。

汪精卫大喜："张桂结盟，我们手里总算有一支与老蒋抗衡的军队，党国有救了。伯陵，你得迅速归队，协助张向华。"

再说桂军叛将杨腾辉、黄权得到陈济棠的支持后，有恃无恐，一面派出队伍进驻桂平，向南宁进逼，一面排挤俞作柏、李明瑞。俞作柏只得离开广西，前往香港，而李明瑞则倒向了中共一方，这给在桂军中秘密工作的中共组织提供了机会。

12 月 8 日，爆发了由中国共产党领导的百色起义，张云逸任红七军军长，俞作豫（俞作柏之弟）任红八军军长，李明瑞为红七军、红八军总指挥，从中共中央派来的代表邓斌（邓小平）出任红七军、红八军政委。可以说，张发奎在宜昌的反蒋起义，无意中给百色起义创造了条件。

回顾历史，中共领导的几次起义，如南昌起义、广州起义，现又是百色起义，都与张发奎有着直接或间接的关系，难道这些只是惊人的巧合吗？

困顿的"张桂联军"

同黄绍竑开完会后，张发奎立即返回贺县，率部向广东挺进。他们是左路军，行军路线是：怀集—广宁—清远；黄部是右路军，其行军路线是：德庆—肇庆—四会。

12 月 6 日，南粤仍是晚秋的景象。张发奎的第三路军与广西八路军如期会师，李宗仁在广东清远下达了总攻击令。7 日晚，两路人马分别由横石、清远渡过北江，攻击前进。

此时，广州粤军方面已在花县一带驻有花县防务工程，向左延伸至芦仓西江边沿，据说这是由陈铭枢亲自视察布置的。粤军方面的兵力对张发奎军约为五比一，而且他们是以逸待劳。

12 月 8 日，张发奎率第三路军到达花县，即以吴奇伟、陈芝馨两旅为右翼，攻花县、两龙墟；以邓龙光、黄镇球两旅为左翼，攻新田、石角。

战斗开始时，左翼进展很顺利。敌三个师大部分被击溃，撤回广州近郊收容整理。黄镇球旅官惠民团已攻入距离广州六公里多的和平墟。广州市区已能闻到隆隆的枪炮声，一片混乱。在此坐镇指挥的何应钦、陈铭枢心里十分慌乱，做好了随时登舰逃跑的准备。

进攻广州之役，张发奎认为只要一鼓作气，很快就可攻下，此时他已经三天三夜不眠不休，但精气神尚佳。他摸着两腮浓密的胡子在阵前鼓励官兵们："弟兄们，给我冲，我们一定能攻下广州！"

就在这关键时刻，邓龙光送来一封刚刚截获的敌军密函。从信中得悉，第六十师师长蔡廷锴正准备率部偷袭张发奎部。谁知就是对这封密函的处理，一下改变了战局。张发奎断定：即使部队能够攻入广州，最终也会被消灭，因此，他下令撤退。

当时，粤军比张发奎部队的装备好得多，特别是他们拥有当时还少见的空军，占有空中优势。12 日，粤军在空军协助下组织猛烈反攻，十几架飞机在低空盘旋轰炸，炸得没任何防空能力的张部人仰马翻、血肉横飞，团长李汉炯、欧震相继受伤。坚持了一天一夜，张发奎看到部队伤亡过大，没有制空权，只好下令撤退，集中至滘江口一带，并通知桂军撤退。

花县战役攻击期间，桂军负责花县北线协攻，牵制了三分之一的敌军，但他们协同攻击的任务并没有很好发挥。原因是，经过 4 月和 10 月两次变故，桂军官兵思想混乱，士气低落，白崇禧对部队掌握指挥不够落实，致使部队久攻不下。另外，他们也有坐观成败，使张发奎实力削弱，以便进入广州后操纵张军的企图和行动，所以打起来就不那么卖力。现在看到张发奎部退却，左侧怕受威胁，白崇禧也赶快下令撤退。

就在张发奎把部队撤到北江东岸北端的滘江口准备渡江时，忽然发现在南端担任掩护的桂军预备队蒙志部，竟然先于自己的队伍撤过北江西岸而且也不打声招呼，致使部队在渡江时失去掩护，危机四伏。

此时，广州方面的朱绍良部的几支小部队乘火车直追而来，由于前端掩护的桂军撤得无影无踪，火车竟得以一直开至湛江口，突袭张发奎的部队，打乱了他们的阵脚。

张发奎在几名强壮卫士的保护下，抢先过桥。他过江后，回头张望，只见直属部队的人马竞相争渡，秩序大乱，浮桥被挤断，不少人马落入水中，惨象万千……

在广东，张发奎部遭受重大损失，仅剩下一万四千多官兵，其中战斗兵只有八九千人，损失实力二分之一。官兵的伤亡很大，高级将领中，旅长黄镇球、副旅长欧震都受伤。旅长吴奇伟，团长孟敏、黄士途均掉队。张发奎打起精神，采北伐时期的三三制，将这些官兵重新整编，编成六个团、一个特务营、一个工兵营，恢复第四军番号，分为第四、第十二两师，自任军长兼十二师师长，李汉魂为第四师师长。

关于此次攻粤失败的原因，张发奎在《四军纪实》一书中评论说："此次之败，在于轻敌。左翼追到和平墟后，不直下广州，处置失当。两军联络不确实。友军不十分拼命攻击前进。且敌有空军参加作战，以致功败垂成。"黄绍竑在他的《五十回忆》中谈到此次失利的原因时也说："首为步调不一致，次为广西部队频经变动，战斗力已减。对方有空军参加作战，予我军有极大的威胁。"

这段时期，张发奎的部队接受桂系的指挥，因为他们弹尽粮绝，只能依靠李宗仁提供军饷。在张发奎的自传中，对这段时期有如下描述：

> 这段时期过得特别艰难，自从驻防海南岛以来，我第一次欠发饷银。桂系只发给我部士兵与士官每天两角钱……有一角五分要耗费在燃料与食物上。我部下士兵在广西没有见过猪肉，以往我们的伙食要丰盛得多。

正是隆冬季节，风雨交加，寒冷透骨。部队由于给养困难，士兵多衣不蔽体，情绪低落。张发奎看着这一切，心里像打翻了五味瓶，不是滋味。

转眼已是1930年，新年伊始，人们都希望有个好的开头。3月6日，张发奎到达廉州，不久薛岳重回第四军，张发奎称老友“雪中送炭”。

此时，粤军撤至梧州。蒋光鼐派人与张发奎秘密联络，要张联合桂系和他一起消灭陈济棠的实力，创造一个两广合作的新局面。张发奎当然同意这一计划，蒋曾经是他的部下，他于是便派代表去与蒋光鼐秘谈。谁知，二人一到梧州就被扣押了，张发奎始知中了蒋光鼐的奸计。

不料此时，粤军又大举进攻广西，李宗仁电催他立即回师，支援黄绍竑。

2月中，张发奎率部与黄绍竑在北流同蒋光鼐、蔡廷锴接仗。

原来初时，黄绍竑率部队迎战粤军，打得异常顺利，贵县和南宁均已克复，形势大为好转。胜利来得太快了，黄绍竑便头脑发热，他竟分兵使用，给对方留下空子。粤军发现黄绍竑手中的兵力不多，有机可乘，急令蒋光鼐师占领藤县，并以蔡廷锴、余汉谋、香翰屏三师沿容苍公路前进，企图解玉林之围，收内外夹击之效。

黄绍竑迫于形势，令第四军由高州进入容县杨梅，意欲阻止粤军前进，但四军未到，敌军已过容县。不得已，张发奎命令部队以急行军的速度，经由陆川，奔赴北流。

这时，粤军已占领离北流仅十五公里的三和墟。3月13日，连夜赶到的第四军，不顾兵力疲惫，马上出击。一场恶战就这样在三和墟附近展开了。

三和墟地势呈盆地状，周围是农田，北面有高山，已被粤军占领，黄绍竑部踞守在南部的丘陵地形。张发奎了解形势后，令第十二师为主攻击队，第四师为预备队，战线长达五公里多。借着夜色，第十二师向高地上的粤军发动猛攻，一时枪声大作。粤军居高临下，占领有利地形，易守难攻。张发奎指挥部队前仆后继，不惜牺牲，激战彻夜不息。

第二天一早，太阳出山，敌出动数架飞机前来轰炸，向张发奎军队的阵地猛烈扫射，粤军乘势发动进攻。张发奎冒着炮火，指挥部队打退了敌人的数次进攻。

部队血战三昼夜后，由于损伤过重，无法再支撑下去，张发奎只好于 3 月 16 日凌晨下令向西撤退。

这一仗，第四军被彻底打败，士兵们向后溃退而逃，士气全无。一个军的兵力只剩下一个师，张发奎有苦难言，把部队拉到南宁附近进行整编，将两个师的残部缩编成第三十四、第三十五、第三十六三个团，以吴奇伟、薛岳、韩汉英分任团长，邓龙光为参谋长；取消第四师番号，只留第十二师番号，张发奎自任军长兼师长。

经此一役，蒋光鼐的六十一师与蔡廷锴的六十师自称“钢军”。蔡还亲笔修书一封给张发奎说：“人们称你是勇士，如今我发现你只不过是‘豆腐军’。”他又说：“此战之后你们不应再使用‘铁军’的称号。”

这一天，阴霾四布，寒风袭人，张发奎的心更是一片冰凉。在战斗总结会上，他和白崇禧一起，猛烈批评黄绍竑指挥失当，没有集中使用兵力，给敌人钻了空子，造成部队惨败。

1930 年的春天是在一片贫寒的气氛中度过的。北流战役的惨败，使张桂联军捉襟见肘，暂时无力与粤军作战。张发奎一面令队伍抓紧休整，恢复元气，一面等待时机。

没想到，机会很快到来。在北方，迫于蒋介石咄咄逼人的压力，本来素有积怨的阎锡山和冯玉祥终于联起手来，并派人与李宗仁、白崇禧取得联系，三方很快结成反蒋联盟。于是，原第二、第三、第四集团军的五十七名将领，由鹿钟麟领衔发表通电，拥戴阎锡山为中华民国陆海空军总司令，冯玉祥、李宗仁、张学良为副总司令，并派人去香港，请汪精卫北上共商大计。

4 月 1 日，阎锡山在太原就职，冯玉祥在津关就职，李宗仁在桂平就职，唯张学良没有表示。于是，阎锡山任命李宗仁为第一方面军总司令，由广西出兵攻湘鄂；冯玉祥为第二方面军总司令，由潼关向河南进攻；阎锡山自兼第三方面军总司令，指挥河北军事；石友三为第四方面军总司令，由河南攻山东。

蒋介石紧急应对，于4月5日下达讨伐令，中原大战正式开始。

听到这个消息，薛岳兴奋异常，仿佛看到了希望的曙光。他三步并作两步来到张发奎的寓所，打听张桂联军的具体部署。

张发奎昨夜喝高了，今天起得晚些，看着薛岳火急火燎的样子，笑着说："伯陵老弟，瞧你都三十好几的人了，还改不了你的急脾气。昨夜开了一夜的会，李宗仁最后决定，将在广西的部队改编为中华民国陆军第一方面军，自任总司令，黄绍竑任副总司令，白崇禧任总参谋长，第一路指挥官是我，白崇禧兼第二路指挥官，黄绍竑兼第三路指挥官。看来又要打大仗了。"

薛岳问："这仗该怎么打?"

张发奎洗了把脸说："李宗仁是做大事的人，他说，广西现有兵力不多，为了要与冯、阎会师中原，只好放弃广西，全军北上，进攻湖南，直取武汉。后方一些战略据点，由地方团队负责维持。"

薛岳说："放弃广西，有胆识。这叫破釜沉舟，置之死地而后生!"张发奎说："你还愣着干什么，快去做准备啊。我们全军即将出发。"

为了迷惑敌人，在出发前，李宗仁略施小计，故意以小部兵力进扰平南，粤军果然中计，以为将袭北江，把在桂兵力全部调回广东，陈济棠亲在广州坐守。

5月22日，张桂联军挥师入湘，如入无人之境。蒋介石急令江西鲁涤平部入湘支援何键，鲁部才到赣湘边境，第一方面军已兵不血刃而得重镇衡阳。

旗开得胜。按照原来北伐的打法，白崇禧令张发奎率第四军抄袭醴陵，第十五军向渌口、株洲，第七军向衡山、湘潭前进。

醴陵之战是一场重要的战役。张发奎迅速做出部署，让韩汉英团、吴奇伟团，配备两门大炮，展开正面进攻，薛岳团为预备队。

战斗首先在泗汾地区展开，激战一整天，正面攻击部队遭到何键部的顽强抵抗，没有取得成效。

深夜，张发奎来到薛岳团部，商量对策，摊开作战地图，两人研究了一番。薛岳说："摸夜营是我的拿手好戏，不如我带一支尖刀营上去。"张发奎说："不可鲁莽，要干就干得漂亮点儿。你看这样行不行？你带一支队伍由右面高地迂回前行，包围何键的湘军，断他的后路。我带两个团从正面进攻，包他的饺子。"薛岳一听，兴奋道："真是妙计！"

随之，薛岳依计而行，从自己的团中挑选了一支精锐部队，配备了充足的弹药，神不知鬼不觉地绕过右面高地，摸掉敌哨兵，占领了渌水桥，迅速用火力控制了桥的南面。一切就绪，薛岳朝天打响了三颗红色信号弹。张发奎见信号弹升起，知道包围圈已形成，立即发动全线总攻。三个团如猛虎下山，向敌人进攻，霎时间，枪炮声、喊杀声一片。薛岳端着机枪，带着敢死队冲杀在最前面。何键部队多面受攻，难以抵挡，全线动摇，终于大败而溃逃。第四军大获全胜，缴获甚多，长驱直入，进至平江，一路都没有遭遇抵抗。

与此同时，友军也频频告捷，第十五军在占领湘潭后，一鼓作气而击溃渌口与株洲之敌，于6月5日进入长沙，朱绍良、夏斗寅、钱大钧各部皆北逃，何键率部逃往湘西。6月8日，白崇禧率第七军占领岳阳，前锋进入湖北，克复武汉已在指顾间。

然而，人算不如天算。此时战争出现变故。在这次作战中，黄绍竑的桂军一部因在后方剿匪，没有跟李宗仁、白崇禧、张发奎的队伍一起前进，出发时间稍晚了一些，两部之间便出现了空当。蒋介石听说长沙被攻占后，急电广东的陈济棠、陈铭枢派兵北上，合击张桂联军。陈济棠迅速派蒋光鼐、蔡廷锴部从韶关沿粤汉铁路北上，于6月10日乘虚抢占衡阳，把桂军前锋和后队截为两段。黄绍竑见自己的兵力单薄，一时不能将衡阳夺回，即用电报与前方李、白商量，希望他们回师先击败衡阳粤军，再行北进。

李宗仁、白崇禧正在考虑北进武汉还是回师救黄的时候，薛岳献上一计：现蒋军大都参与中原大战，驻防苏浙者甚少，我军不如移兵东南，直取南京，吸引蒋主力，以围魏救赵之策，摆脱困境。

这项建议可谓是一个出人意料的奇招。如果实施成功，可让敌手始料不及，但这也是步险棋，遭到大部分军官反对，未被采纳。张桂联军最后决定回师，先夺回衡阳再说。后来证明这是一个错误的决定。

粤军见张桂联军南回，迅速退守衡阳，于是，两军在衡阳展开硬碰硬的决战。

他们完全忽略了张桂联军具有这样一个特点：前进则气盛，攻无不克；而退却则气馁，战意消沉。而且，时当盛夏，长途行军，士气疲惫。如此一支军队，是很难与拥有空军的“老对手”粤军的生力军对碰的。

7 月 1 日，李宗仁下令总攻，白崇禧指挥第四、第七两军和第十五军为左翼，黄绍竑指挥两个教导师为右翼，在洪桥北面的五塘发动猛攻。战斗开始后，张桂联军攻势凶猛，但经过两夜三天的苦战，仍拿不下衡阳，部队损失巨大。

第四天，粤军大举反攻。打前锋的许宗武师阻挡不住，先退了下来，白崇禧严令第四、第七两军稳住阵脚。几经冲锋，伤亡惨重，第四军副师长李汉炯、第七军第八师师长梁重熙相继阵亡，被迫全线大撤退。在撤退途中，他们又遭到粤军飞机的扫射，整个部队顿时一片混乱，溃不成军，狼狈不堪。

在衡阳附近，得胜的一方——蒋系军事力量很快集结，对张桂联军形成三路包围之势。为了摆脱全军覆灭之危，白崇禧一边派联络员通知右翼的黄绍竑退却，一边则与李宗仁、张发奎等不顾一切冲出包围圈，经东安仓皇退回广西的全县。

这是张发奎从军以来最大的一次惨败。由于军心动摇，部队亡的亡，逃的逃，此时第四军只剩一千多人，而且按比例讲，官多于兵，于是，愿意离开的官兵，张发奎斥资遣散。

李宗仁见第四军以一万余人的雄劲之师，削减为千余人的残部，也深表同情。他慰勉张发奎说："胜败乃兵家常事，不必如此消极。我将本军许崇武、梁重熙两师番号撤销，将这两个师的装备和少校级以下约六千人，全部划给你们四军，以恢复你们的战斗力。"

白崇禧更进一步地劝道："向华，没有兵，我们给你补充；没有钱，我们给你筹措。我们有祸同当，有福同享，一切问题都容易解决。请你三思。"

李宗仁、白崇禧随即拨给张发奎几千官兵，分驻柳州、柳城两处。但张发奎只接受了士兵和枪械，将各级官佐一一送回给李宗仁。他心里清楚，白崇禧想把第四军和桂军混编，即桂军调来一个团，四军调去一个团；接下来就是几个营的对调，如此这般，后来的团长就会失去对原来几个营的控制权；最后，交换下达至连一级。白崇禧称此为"油炸黄豆"。表面上，白十分欣赏四军，他说希望把四军与桂军混合起来，直至合二为一，并说希望通过这样的交流，用四军的严明纪律影响桂军。

尽管张发奎明白这是个阴谋，四军的军官调到桂军后，肯定会被调职。但是，人在屋檐下，不得不低头。张发奎无法拒绝这一计划。

不管怎样，四军还是继续坚持下来了，它又被称为"张桂军"。张发奎配合原有老兵，重新编组，编成六个团，分为第十、第十二两个师，以薛岳、吴奇伟分任师长。四军整编后，薛岳得到重用，部队的人事调动、作战指挥之权均集中他手，张发奎欣赏薛岳意志坚定，对他信任有加，不少军官未被薛岳安排，纷纷离队。特别是李汉魂、邓龙光等将领一向与薛岳意见分歧，便托词离开了第四军。两人到香港居住一段时期，后经缪培南介绍投靠陈济棠。这无形中又造成了四军的分裂。

同年 8 月，李宗仁、白崇禧、张发奎在柳州整军，保持着四个军的番号，每军两师，每师两团。正在这困难时期，张定措转来汪精卫的寄语，以李、黄、白等在广西崛起，不过是一种感情的结合，无政治信念存乎其间，等到感情和个人利害冲突时，这种团结就不存在了。黄绍竑此次贻误戎机就证明了这一点。为今之计，要求李宗仁、白崇禧与张发奎合力组成一个政团，作为团结战斗的领导核心。

再说黄绍竑自北流之败，已受谴责。此次衡阳受挫，第四军几乎散伙，官兵只余十之二三。他自知不被见谅于张发奎，顿萌退志。后来，他脱离了桂系，投向蒋介石。

1930 年秋天，北方与南方在军事、政治方面的反蒋联盟已经土崩瓦解。但蒋介石并没有给张桂联军喘息的机会。他运用手中的权力，调集粤军、湘军、滇军和中央军全力来对付广西，特别是龙云的滇军。

龙云派出卢汉——他号称“讨逆军第十路军前敌总指挥”来攻打“张桂军”，将南宁团团围住。

好在南宁守军司令韦云淞防守有方，坚守了整整五个月。然而，南宁城内粮食有限，仅能维持到 10 月 10 日左右，如果不迅速派兵前去解围，恐怕难以守住。

在作战会上，张发奎代表四军表态说，四军愿当先锋队，参与南宁解围之战，赶走滇军，重振四军军威。

有了四军的支持，李宗仁心里有了底，由白崇禧率张发奎、杨腾辉、李品仙三个纵队，前往解南宁之围。

9 月 28 日，白崇禧从柳州出发，亲率主力部队，依靠当地向导的指引，从昆仑关和高峰隘这两个天险的悬崖峭壁中，找到了三条连马匹也通不过的单人小径。他令张发奎、杨腾辉两纵队把炮兵、电台、马匹等笨重东西都留下，全军轻装偷渡关山，一冲就冲到昆宾公路的四塘附近。白崇禧就这样用疑兵之计，牵制了宾阳的粤军，也迷惑了武鸣与高峰隘的滇军。滇军还以为是土匪，完全料想不到守城部队的援军竟飞渡到来，惊诧之余，措手不及。

张桂联军和滇军在南宁城下鏖战了三日。滇军作战力相当强，整连整连地冲锋，使张桂联军难以招架。打到第三天最为激烈时，白崇禧和张发奎同在一个山头上指挥。突然有一个连的滇军，沿山边隐蔽地区迂回而来，向山下吴奇伟的师部指挥所袭来，情势十分危急。

正当张发奎以为与滇军又有一场恶战时，滇军将领卢汉眼见打了三天，粤军余汉谋部仍迟迟未来合围，顿生疑心，担心粤军和张桂联军之间已有谅解，便于第三日夜间向西撤退，南宁之围遂解。

南宁解围后，守军将领黄旭初对白崇禧、张发奎两人说："10月10日，城内的米已吃光了，只剩下一些黑豆。情况十分紧张，恰巧这个时候，健公给我的电报到了，说：'援军走十二日由葛墟进出邕宾路四塘。'大家高兴之余，于是用黑豆饭来度双十节。"

后来广西一度以双十节为"黑豆节"。

滇军向西撤退，白崇禧挥军追击，以桂军紧随滇军之尾，张军从右江南岸经果德、果化兼程前进。薛岳首先渡河到北岸，抢占平马县城。滇军见薛岳部拦住去路，立即在平马城外西北面发动了异常猛烈的冲击，企图杀出一条路来。薛岳率部坚决阻击，并令奋勇队组织反冲锋。

战斗中，一颗流弹飞来，正中薛岳的腿部，这是他从军多年来第一次负伤，鲜血打湿了半条裤管，士兵要扶他下火线，他咬着牙大声说："别管我，把敌人压下去再说！"

顿时，冲锋号响起，十二师师长吴奇伟率部冲了上来。无独有偶，子弹不长眼睛，也把他击倒……

平马之役，是张桂联军与滇军硬碰硬的较量，比南宁的战况还要激烈，四军薛岳、吴奇伟两师长都在此役受伤。滇军见前有张军阻击，后有桂军追击，已无心恋战，另择他路，向西撤退。

南宁和平马之战，是张桂联军的最后一战。滇军退走后，受蒋介石之命前来围剿的湘军、粤军相继撤离广西。至此，广西全省，除梧州外都已由张桂联军完整地收复。李宗仁即将总司令部从柳州移到南宁，南宁又恢复了原来广西省会的地位。

由于腿部负伤，再加上战事已息，薛岳向总司令部请求调动工作，他在呈文中道："平马之役负伤后，复染疟疾……尚未复原，恳准暂调工作，俾资调养。"

张发奎到医院看望薛岳，并和薛岳商量对四军再次进行整编。其中，将薛岳的第十师并入吴奇伟的第十二师，全师编为三十四、三十五、三十六团，以沈久成、欧震、阚维雍分任团长，唐宁纵为参谋长。张发奎调到第一方面军军事委员会任职，薛岳得到一个闲职，调任柳州中央军校第一分校校长，韩汉英为副校长，主持日常工作，后薛岳在军校干了半年后，便于1931年5月辞去校长一职，返回香港。

1930年冬，中原大战以张学良附蒋引军入关，导致冯玉祥、阎锡山失败而告终。此时环顾海内，国民党阵营里的反蒋武装力量，只有居处邕柳一隅的张桂联军了。

面对蒋介石的重重压力，张桂联军已无法再组织武力反蒋，只能对内编练民团，以解决广西兵力不足的问题，对外则联系一切反蒋力量，尤其注意团结好广东的陈济棠，希望能重新建立两广合作的局面，打破蒋的封锁。

这种困境一直持续到1931年2月28日——蒋介石为了想当总统，竟然软禁了反对他的立法院院长胡汉民，顷刻间，宁粤间掀起了一场政治大风暴，激起了又一次反蒋联盟的形成。第八路军总指挥陈济棠当仁不让地充当了反蒋联盟的盟主。他派人去南宁，向李宗仁、白崇禧、张发奎转达释嫌修好、联合反蒋之意。为了表示联合广西反蒋的诚意，他将驻在贵县、桂平、梧州一带的粤军撤回广东。

处在上顾无望、艰难竭蹶中的李宗仁、白崇禧和张发奎得此佳音，直觉峰回路转，求之不得，欣然同意。一夜间，粤、桂化干戈为玉帛，由敌对转而合作。

5月11日，李宗仁在广西率诸将领向全国发出"讨蒋通电"。20日，白崇禧、张发奎到了广州，他们是作为李的特使特意请汪精卫回来，至此，张发奎方剃去他一直留着的胡子，因为回穗目标已达到。

5 月 21 日，白崇禧和张发奎来到香港，请汪精卫赴广州参加组府反蒋。27 日，中国国民党中央执监委员非常会议在广州召集，决定成立国民党政府，与南京政府对立，名目上是粤系，实际是联合国民党的所谓左、右派和桂系一起组成的。桂系在广西蛰伏一段时间之后，乘此机会又伸出头来，走上了政治舞台。

广州政府成立后，陈济棠与李宗仁相商，将两广军政人事重新做了调整。军事上，两广军队一律取消原来称号，改编为第一、第四两个集团军，由陈济棠、李宗仁分任第一、第四集团军总司令。陈部下辖三个军，分别以余汉谋、香翰屏、李扬敬为军长。李宗仁的第四集团军则以白崇禧为副司令，张发奎为前敌总指挥兼第四军军长，廖磊为第七军军长，夏威为第十五军军长。政府方面，广东省政府主席由陈济棠兼任，广西省政府主席由黄旭初担任。由是，两广合作反蒋局面正式形成。

哀哉第四军，才出虎穴又入狼窝

正在宁粤对立时刻，日寇公然在沈阳发动九一八事变，东北三省沦陷。此事激起全国人民的强烈愤慨，纷纷要求国民党政府出兵抗日，宁粤矛盾得以缓和。为了争夺国民党的党权，围绕召开国民党的四大展开激烈的斗争，结果，形成以蒋介石为首的宁派和以原广州国民党政府人员为首的粤派。由于两派相持不下，最后决定：各自分别召开第四次党代会，按分配的名额选出各自的中央委员，再在南京一起召开四届一中全会。

宁粤双方经谈判，决定在上海召开和平会议。粤方代表团一行从香港乘“晨臣总统”轮赴沪。汪精卫特邀张发奎、唐生智两员大将同行，想把这两个军人当作与蒋介石谈判合作的一张王牌。张发奎欣然而往，并在国民党四次全国代表大会上当选为中央监察委员。

在这种形势下，蒋介石于12月15日，被迫辞职下野。次年1月29日，中央政治会议又任命蒋介石为军事委员会委员长。至此，蒋、汪对立的局面遂告结束。

11月29日蒋介石离任前，下令处决邓演达。邓演达是国民党内著名的左派，是张发奎最亲密的朋友，早在粤军时期，在邓铿的部队里，他们就是最亲密的战友。张发奎没想到蒋介石会处死邓演达，他一直认为邓为人正派，出类拔萃，既博学又勤奋，邓的牺牲对党内是一大损失。邓的死令张发奎很悲痛，他在上海作为邓的治丧委员会成员，料理邓的身后事。

谁料到，李宗仁对张发奎到上海出席和议起了疑心，认为张此举不寻常，或为第四军另谋出路。白崇禧便采取措施，调吴奇伟第十二师驻守百色。张发奎闻讯后，甚感惊讶，从上海电请李宗仁收回成命。如不奉准，即乞将四军全体遣散。李宗仁不想把事情闹大，允其请，事乃终止。

此次桂系起疑心，使张发奎油然想起“分久必合，合久必分”之语，现在汪蒋已实现合作，该是考虑如何离开广西另望发展了，但好聚好散，分手也要有理由。目前日本人正入侵我东三省，不如把队伍拉到前线打鬼子去。

于是，上海和议结束后，张发奎于1931年11月17日在上海分电广州四全大会、非常会议和国民党政府，请准他率第四军北上援助黑龙江马占山将军抗日；18日，他又电李、白，重申前请；22日，他再电其部下陈劲节面谒李、白，提出上述要求。

12月10日，张发奎从上海回到广州，分晤胡汉民、陈济棠、李宗仁、白崇禧等，会商四军北上事，一样没有什么结果。万般无奈中，时为桂军驻香港办事处处长陈劲节，主动为老长官张发奎分忧，突然留函李、白，即去香港。他在信中说，如果李、白不准四军北上抗日，则他手中所掌握的用来买军火的外汇，即不准备交还。

情势发展到此地步，李宗仁明知张军援黑绝不会成为事实，也不好力阻其行，于是派人从广州去香港同张发奎谈判，提出了下面这两项解决办法：准吴奇伟率第十二师援黑；陈劲节必须回广西办清交代。

12 月中旬，李宗仁赴南京出席四届一中全会，过沪时又约张发奎面谈，解决一些有关四军北上的具体问题，但他心中对张发奎用陈劲节这一招始终郁郁不快。

12 月 28 日，第四军发出通电向广西全省党政军民告别。次年 1 月 1 日，第四军在南宁体育场举行北上援黑誓师大会，由吴奇伟师长主持。1 月 3 日起，第四军第十二师分批由南宁出发，取道邕柳公路北上，2 月 1 日全部集中全县。

就在这时，上海爆发了一・二八事变。当晚，张发奎接到蒋光鼐打来的电话，邀他去沪十九路军总部晤谈，张带黄琪翔同往。

蒋光鼐询问张发奎的意见，张发奎送他八个字："小事化小，大事更大。"张指出，蒋在上海拥有一支庞大的部队，而日军驻沪不足三千人，劝他先发制人——立即进攻日军在虹口的总司令部，凿沉吴淞口黄浦江上的船舶以堵塞日本军舰的入口。然而，蒋光鼐没有采纳张的建议，他说自己："只能应战，不能求战。"话不投机，张只能离开十九路军的司令部。

再说从广西南宁出发的第四军，此时正集结在柳州，遇到阻力。

一是，作为南京的最高军事机构军事委员会尚未正式成立，汪精卫虽身为行政院长，也无法解决四军北上的军费问题；二是，何键怀疑四军与唐生智有勾结，正在衡阳集结大军准备抗拒，非有南京命令，不准通过。

正在为难时，张发奎接到了蒋介石在和汪精卫于徐州举行会议后给他的电报："'一・二八'沪战后，日舰在长江阻止我军行动，四军不如遵陆接沪，较为适宜。"

李宗仁也从广州电云："吴师集中全县，当地民众对四军抗日义愤，极表钦崇，热烈迎送，素所未有。此时沪战正急，热河危殆，若四军停兵不前，殊难自解。若无论北上或东进，弟当力为赞助成行。如何早做决定。"

从何键致吴奇伟的电报获知，汪精卫要第四军开到上海，但陈铭枢反对第四军支援十九路军。原因不外乎有两点，一来他担心战事扩大，二来他更担心第四军进驻京沪地区。尽管当时，日本屡屡进犯，国难当头，但军阀们还只是关心自己的地盘，对日本没有足够的警醒。

1932 年 3 月 1 日，十九路军奉命撤离上海。

3 月 6 日，蒋介石就任军事委员会委员长，以军委会的名义下令，指定四军经衡阳、醴陵，到江西“剿共”，军饷由财政部拨付。

3 月 10 日，第四军离全县进入湘南，结束了它两年多以来与桂军并肩战斗的历史。

5 月，第四军开抵江西，加入了第四次“剿匪”战役。在南昌暴动以来，张发奎就已经感受到，国民党与共产党之间是不可能共存的。蒋介石当时的口号是“三分军事，七分政治”。但是在实际操作中，他依赖军事力量，忽视政治手段，如此，是不可能解决共产党问题的。

张发奎认为打内战毫无意义，他厌倦了这种自己人打自己人的无谓的政党之争，而且他很清楚，他和蒋介石在观点上有很多不同，老蒋只是想用他，永远都不会真正信任他。于是，他找到蒋介石，提出退休的请求，蒋同意了他的请求，并让财政部长宋子文给了他十万大洋，让他以军事参议院上将参议的名义，赴欧美各地考察军事，作为建军之参考，而第四军军长由吴奇伟接任。就这样，张发奎离开了他一手创建的第四军，远赴欧美。

“邹醒春”的欧美行

1932 年 11 月 2 日，张发奎偕夫人刘景容离开中国，踏上了前往欧洲的客轮。他将政府给他写的介绍信扔进海里，他厌倦了无休止的政治斗争，厌倦了打打杀杀的军旅生涯，厌倦了被人摆布利用的生活，他不再是“铁军”首领张发奎，他只是一名普通游客——邹醒春。

张发奎和妻子海外旅行的第一站去了德国，吴逸志与黄镇球都在柏林，而且中国驻柏林公使刘文岛是他的好友。

在德国，发生了两件令张发奎难忘的事情。张和吴逸志去听一位外国教授讲授外国历史的讲座，席间，教授为张泡了一杯咖啡，说想请教他一个问题。他说：“中国拥有几千年的文明历史，4.5亿同胞；而日本只是一个历史短得多，且仅有六七千万人口的小国，为什么却能欺侮中国？日军只出动一百二十八个骑兵就占领了热河，为什么你们能任由日本人这样摆布？”当时，1933年3月3日，承德失陷。汤玉麟不战而退往滦平，张作相退守古北口。听了德国教授这番发问，张发奎无言以对，他能说什么呢？说不是中国人贪生怕死，而是中国的地方军阀无能软弱？他感到很羞愧。

另一件难忘的经历发生在埃森。在访问克虏伯军火工厂后，张发奎与吴逸志站在一家店铺的橱窗前观看从不同国家进口的酒类，张发奎很爱饮酒，他称自己是个“酒鬼”。这时，一位老人走出店铺，问他们是不是中国人，得到他们的回答后，老人坚定地说：“只要你们的国土一天还被日本人占领，我就一天不会卖酒给你们！等到你们将侵略者赶出中国，你们再来我的店铺，想喝哪种酒，我都会赠送给你们！”老人的话深深地刺激了张发奎，人们看不起中国人，因为中国人不抵抗，因为中国人任由侵略者在自己的国土上驰骋，这件事以及老人表现出的这种轻蔑，让张发奎没齿难忘。

离开德国，张发奎又去了英、法等国，考察列强三军的装备与军事教育技能。当时正是一战过后，欧洲经济处于上升期，伴随着科学技术的发展，欧洲各国军事也在快速发展，武器装备不断改良。给张发奎印象最深的是德国的特种部队——如伞兵及装甲部队等训练，配之以激昂的民族精神士气，使他深为感动。但是他不能接受希特勒的政策，纳粹主义的反犹太主义令他厌恶，这是一种反人类的行为。

1933年冬，张发奎转赴美国，又考察了八个月，见闻益深，胜读万卷书。

在芝加哥时，张发奎由朋友介绍，结识一位美国医生，名叫奥兰多·斯科特，这天，斯科特医生邀请来自东方的贵客到他家中吃饭。席间，他对于张发奎烟酒不沾表示诧异，询问缘由，张发奎答称，自己肠胃有病，医生提议为他体检。一周以后，医生为张发奎开建议：烟不可再抽，但适度饮酒是有益的，除此之后，又给他配了些药。张发奎遵医嘱服用一周后，说来奇怪，困扰他多年的胃疼病就此好了。

张再次来到斯科特医生家，向他表示谢意。席间，热情的主人端起一个大约可容半磅酒的玻璃酒杯，介绍说这是他的传家之宝。说着，他在杯中斟满了白兰地酒，站起来高声对张发奎说："张将军，我最恨日本人，相信你和我一样，若你能将这杯酒一饮而尽，在我有生之年，打败日本人，我就将这个传家之宝的酒杯送给你做纪念。"

张发奎聆听之下，心中一震，二话不说，将这杯酒接过来，一饮而尽，说："在未来的岁月里，我一定会得到这个杯子！"

当时，日本正加紧侵华步伐，而国民党政府的对日政策还是极度容忍，未有抗日的迹象，何时才能将日本人打败，张发奎心里真是一点儿把握也没有，他却毫不犹豫地接受这位美国医生的挑战，只是出于一时豪气的冲动和爱国精神的感染。

张发奎在欧美各国，均受到当地华侨的热烈欢迎。他在伦敦接受天津《大公报》记者采访时慷慨激昂地说："祖国在今日，已危如累卵"，"吾人处兹非常时期，唯中备其力，迎头猛干，以救危殆"，"苟有人愿牺牲一切，为捍外侮，余愿为一走卒，以从其后"，"吾人之目的，厥在团结以救国"，"如有机会，余愿率一旅之孤军奋起抗敌，期有报国仇于万一也"。

三年时光，一晃而过，依张发奎考察所得，过去的平面战争已进步到立体战争，无空防即无国防。他还想留在美国、加拿大学习空军，回来后好发展自己的空军，可惜他体格检查不合格而未能成愿。此时，国内正风起云涌，华北危机日益严重，他接到蒋介石电召回国，才结束了为时三年的欧美考察生活。

应该说，这一段时光他远离政治与战争，是他最悠闲的时光，也是他潜心学习军事最宝贵的时光，为他以后指挥抗战奠定了基础。

1935 年秋，张发奎回到国内，在上海向报界发表讲话，表示决心抗日。不久，他到南京会见蒋介石。

蒋介石客气地问他："向华，回国后有何打算?"

张发奎开门见山："今后中国出路，唯有抗战之一途。我希望为未来抗战之军职尽力。"

蒋介石说："好，好，好。日后抗日，我必让你充先锋。不过，现在正是'剿共'的关键时期，薛岳正指挥以四军为主力的第七纵队在'剿共'，你先到闽、浙、赣、皖四省边区任总指挥一职吧。"

张发奎只好于翌年 1 月走马上任。

识汪面目始知站错了队

张发奎是当年军中拥护汪精卫最忠实、最坚决、最积极的一人，对汪真正做到了"言无不听，计无不从"。即使汪对他不够好，他也从未想过反汪，别人说他这是"愚忠"，他打比方说："一个女人结婚了，生了一连串的孩子，她的丈夫成了鸦片鬼，又不管家。那她怎么办？她没办法离婚，只好接受现实。"他用夫妻关系来比喻自己同汪精卫的关系，不是很贴切，但恰恰表达了他对汪虽有不满，却又不得不追随的无奈心理。

回顾张多年来追随汪的历史，他对汪精卫始终追随，毫无怨尤，特别是张发奎对于 1932 年汪蒋再次重新合作起了关键性作用。

按说汪精卫对张发奎虽不能特别提携，也当推心置腹，多方抚慰。殊不知汪精卫毫无信义，“翻手为云，覆手为雨”，对人只知利用，根本不懂得珍惜。他看到张发奎现在手中没有多少兵力，再也无力量帮助自己，弄不好反而影响他与蒋介石的关系，因此，便把张发奎当成了障碍人物，并尽量避免与他见面。

1932 年春的一天上午，张发奎特地到汪精卫铁道部一号的官舍去见他。谁想到，汪的夫人陈璧君出来挡驾说，汪先生病了，病得很重，不能出来会客。张发奎信以为真，请陈璧君代问好，便起身告辞。两天后，有人告诉张发奎，说汪根本没病，而是到杭州会蒋介石去了。张发奎不信，来人递上一张当天的晚报，报上头条新闻赫然刊登着蒋汪杭州会晤的消息，张发奎一看，方知被骗。

出国前，张发奎又去拜访汪精卫。因为第四军缩编导致一批军官被裁撤，张希望汪能出面，帮这些失业军官解决工作问题。从情理上来讲，张发奎认为第四军整编是为了汪精卫的复职而做出的牺牲，汪无论从责任还是道义上都应该帮助这些失业军官谋出路。张发奎希望在自己出国前能妥善安置好这些人，他们生活有着落，自己也就安心了。所以他明知汪精卫嫌他太烦，仍硬着头皮再次登门。

门房见是常客，进去通报。张发奎自以为和汪关系密切，不待通报，也跟着走了进去。其时，汪精卫正和秘书曾仲鸣坐在客厅里谈话。门房报告说张将军求见，汪精卫一听，皱眉道：“又来了，讨厌，真讨厌！”汪精卫的一席话，刚好被站在客厅门口的张发奎听得一清二楚。

张发奎愤愤地离开汪宅，回到自己的寓所，又气又恨，想起自己用尽力气拥汪，到头来却落得如此下场，于是恨恨地说：“汪精卫真是一阔脸就变，忘了自己昔日的理想，他的虚伪面目，今天被我戳穿了。”

他的一个幕僚见他如此生气，不揣冒昧地说：“向公，汪精卫无信无义之外，还很无耻。他这样无情地对待你，还跟着他跑干什么?”

张发奎长叹一声:“我一次又一次地反蒋,那年在广州还反过李济深,不了解我的人,都骂我反复无常,其实我是上了汪精卫的当。我现在再来反对汪精卫,那不更说我是个反复无常的小人吗?怪我没早日认清他的面目,如今这杯苦酒只能自己饮了!真是痛苦,真是难啊!”“你已经上了汪精卫的当,人们都说你是他的死党,今后还要跟着他走,说不定还要上他更大的当。”张发奎苦涩地笑了笑:“那倒不会了,以后我对汪会敬而远之,我已经没有兵权了,汪已和蒋合作,他还利用我干什么呢?”

话虽如此,但张发奎仍没放弃为四军军官安置工作的事。这时,孙科辞去行政院长职,由汪精卫继任,顾孟余任铁道部长,陈公博任实业部长,他们大肆安插汪精卫改组派人员。张发奎于是再次请汪精卫安置他们,汪精卫却只是敷衍。

情急之下,张发奎十分强硬地对汪精卫说:“汪先生,第四军的全体官兵,为了拥护先生的革命主张,这几年来一再苦战,舍生命,流热血,万死不辞,而今所剩不多了。总队已小,一部分人员安置不了,现在流落在南京、上海的有好几十人,而先生不加抚恤安置。他们生活都很困难,几次要来向先生请愿,还要向报纸发表一些东西。他们说:‘我们给汪先生出的力,难道还不如那些只会吹牛的改组派?’他们这些想法,都经我劝解和阻止了。现在如果先生再不理,就让他们来找先生,我也管不了许多了。”

汪精卫自知理亏,听后皱起眉头,又是搓手掌,又是搔头发,许久不作答复。倒是陈璧君在旁边十分着急,连忙替汪出主意说:“你就和顾部长商量一下吧,在铁道部内设法安置他们吧。”

汪精卫这才装成恍然大悟的样子,答复张发奎说:“好,我和孟余商量。”

几天后,在行政院会议上,铁道部提出了一个“设立路警管理局”的提案,会议通过后,随即任命前第四师副师长朱晖日为局长,前教导旅长、柳州军官学校校长陈芝馨为副局长，下设四处，编制将近二百人，除了安置第四军几十个闲散人员外，还安插了一部分改组派和反对过陈济棠的军官。

如此这般，总算给这件事画了个句号，但从此之后张发奎与汪精卫的关系已经开始出现裂痕。张发奎在自传中这样描述："对那些为他牺牲与战斗的军人的态度，显露了汪精卫的软弱无能。"

第六章　淞沪会战与武汉会战

抢筑工事预防强敌

1936年初，蒋介石宣布委派张发奎接替卫立煌任闽赣浙皖边区“清剿”总指挥，张在上海不肯就职，后经陈诚劝说，张才无奈赴职。张发奎不愿打内战，因此一直“消极剿共”，他坚信用武力对付共产党是不恰当的。蒋介石注意到他的态度，“强按牛头不喝水”，于是改派张去修筑国防工事。

张发奎看来，这构筑国防工事，是中国整个对日作战计划中主要准备工作的一部分，它对今后的抗日战争至关重要，于是欣然同意。苏嘉国防工事从苏浙边境的西塘到浙江嘉善；从浙江平湖到浙江海岸的乍浦，是为未来淞沪作战而准备的。

张发奎预感中日之战随时可能会全面爆发，一上任就马上制订缜密计划，不分昼夜、加班加点地赶工。他知道日本侵略者战争的脚步不会放慢。

1937年7月7日，这是一个中华民族永不会忘记的日子，这天夜里，北平郊外卢沟桥，日寇的几声枪声惊醒了深夜的中国守军，也唤醒了熟睡的中华民族。中日战争全面爆发。

七七事变后，张发奎义愤填膺，他愤慨地说：“大丈夫必当报效国家，如果此次仍不能对日作战，我就入寺为僧，永不问世事！”

卢沟桥事变爆发后，南京国民党军事委员会判断日军有可能进犯上海，命令上海京沪警备司令张治中及张发奎部秘密向吴县、常熟、无锡一带集结，以应付突发事件。7月21日，张发奎接到紧急命令后，星夜赶回嘉兴，迅速做出部署，要求国防工事必须在月底完成。于是，各县民工冒盛暑应征，日夜赶建，在广大民众热情支持下，国防工事得以提前完工。张发奎甚感欣慰。

此时，日军的铁蹄也正在逐步逼近，战云密布整个淞沪地区，大有一触即发的态势。

上海，这块当年楚国春申君的封地，是长江千里物产汇聚、万商云集的唯一出海河港。七百年前筑城设治以来，从黄浦江和苏州河的交汇口处起家，逐渐发展，到了抗战初期已经是一个有三百五十万人口的大都市。它是我国经济金融的枢纽，也是防御首都南京的屏障。

日本人对上海觊觎已久，五年前，“一·二八”打过一仗，后来虽签订了《淞沪停战协定》，但日本始终没有放弃这里。

此次引发淞沪之役的所谓“虹口事件”，还是从日军最擅长的“丢人”开始。这次丢的是一个叫作宫崎的水兵，时间在7月24日，起初，日方要求封闭虹口机场，后来虽然人找到了，他们仍然蛮横无理不肯和解。

8月9日下午5时30分，日海军陆战队中尉大山勇夫和士兵齐藤要藏武装驾车，无缘无故硬要闯进虹桥机场。守卫机场的中国保安队员拒绝其无理要求，大山勇夫竟拔出手枪，打死保安队员时景哲。周围保安队员开火还击，两名侵略者顷刻毙命。上海市长俞鸿钧紧急与日方领事再三交涉，但日军早已处心积虑，必欲一战。

国民党政府准备在上海开辟第二战场其实是7月下旬决定的事。除了战略上的意向之外，也看中了上海是个国际化的都市，这里的一举一动比较容易引起国际社会的注意，借以昭告世人中国抗日御侮的决心。所以，打从8月初开始便从全国各地调动部队向上海集结，可是由于当时交通工具缺乏，动员条件拙劣，四面八方拥进的军队有的搭火车，有的乘船，但大多数还是靠两条腿徒步行军，所以有许多部队当他们赶到战场的时候，仗都已经打完了。

8 月 11 日，大批日舰开至上海，蒋介石下令集结京沪线各部队向上海推进。张发奎接到命令后，利用夜幕掩护，把辖下的部队秘密推进到上海附近，计划先发制人，采取攻势，首先歼灭上海驻留的日军，使敌人海上增援的部队没有登陆的立足点。

在长期军事实践中，张发奎一直主张，只有“主动攻击”才能保证行动自由而立于主动的地位。而“奇袭”乃战术上最卓越的行动，所以他始终反对消极作战的手段。在北伐中他率领的第四军就是以善打攻击战而著称。这次，张发奎把辖区原属他指挥的两个师秘密向上海附近推进，以李崧山的第五十五师进出浦东及右侧的沿海地带，阮肇昌的第五十七师进出于上海龙华附近，他自己带直属部队在南桥设立了指挥所。

大战来临，张发奎非常兴奋，憧憬着辉煌战果的来临，这是他参加的第一次卫国战争，他觉得这个任务十分艰巨，当国家民族危难之时，捍卫国家，乃军人应尽之天职，怯懦推诿，绝不是一个忠勇的军人。他决心以艰苦卓绝的精神，竭尽一己之智慧与能力来克服一切困难。

山雨欲来风满楼，他紧张地静候着战鼓的擂动。

8 月 13 日，淞沪会战正式拉开序幕。

在这次战役的前夜，最高统帅部下达了淞沪方面军队的战斗序列：张治中将军担任指挥左翼部队，张发奎担任右翼军总司令；另以李崧山、阮肇昌、刘尚志各师，张銮基的独立旅及炮兵第二旅第一团编为第八集团军，集团军的总司令也由张发奎兼任。同时，刘建绪将军的第十集团军，亦奉命加入右翼军的序列。

接到命令后，张发奎即令张銮基旅向浦东推进，接替李崧山师的防务；命李师移动于上海方面，策应左翼军作战，并令刘尚志推进至松江附近，以为集团军的预备队，刘建绪集团军则由衢州附近向杭州推进，为右翼军的第二线兵团。

13日，敌我在上海的警戒部队发生战斗。我左翼军按照原定计划，即开始攻击行动。经过数日的战斗，因为没有摧毁坚固防御工事的火器，同时，又缺乏街市战的熟练经验，左翼军的部队虽曾一度进出于汇山码头，但终不能摧破敌人的整个防卫组织。

张发奎所指挥的右翼军方面的情况是比较沉寂的。因为在南市方面，隔着一个租界地区；浦东方面，又隔着一条黄浦江，所以就没有成为作战的重心。

但左翼方面军却不同了，战况是紧张的，因此，张发奎必须用各种方法给予友军策应和支援。张除命令阮肇昌师增援左翼军外，还不断地用炮兵在浦东的洋泾附近，袭击敌人的侧背，来策应左翼军的作战，由此传出了张发奎的“神炮”之说。

原来，由于第九集团军攻坚乏术，进攻受阻，蒋介石痛下决心，命令以“中国第一炮”著称的王牌炮兵部队——南京独立炮兵四个旅全部开往上海战区，以强大炮火压制敌人，摧毁敌重要目标和打击敌人水面舰艇，支援步兵进攻。其中，炮兵第二旅（欠第三团）归张发奎直接指挥。所谓“神炮”，是六门德国进口的“卜福斯”75毫米口径山炮，最大射程九千米，最高射频为每分钟二十五发，是当时中国陆军中口径最大最先进的优良炮种。

大炮不断打击敌人的“出云旗舰”，轰击虹口的日军司令部，使敌人备感威胁。敌人为消除这威胁，曾采取了种种侦察手段，不间断出动飞机，企图搜寻我炮兵阵地，毁灭我炮兵的力量。但他们始终无法找到我们的炮兵阵地，更无法制止我炮兵每天黄昏和夜间的袭击。

炮兵阵地的位置，是在浦东洋泾附近。为尽量发挥威力及避免敌方空军的威胁，当时就在对岸设了一个秘密的观测所，利用海底电线的通信，协助我们指挥炮兵的射击和修正弹着点的偏差。同时，炮兵的活动时间，常在黄昏和夜间，白昼，中国军队就把各阵地巧妙地伪装起来，或将各炮移动藏于沟渠和竹林的深处。因此，在这场战役的全部经过中，敌人始终没有发觉我们阵地的位置。

张发奎对这几门炮非常爱护，不但常常亲自去指挥射击，而且在会战终了最困难的时候，用尽方法，把它们全部安全地转移到了后方去。

这个炮兵阵地也曾有过一次几乎被敌机摧毁的教训。当时有几位新闻记者到战地访问，他们要求去看一看“神炮”的雄姿，经过炮兵营长的许可，来到竹林隐秘的炮兵阵地里，并在那里拍摄了一些照片。次晨，他们将访问战地的详情披露于报上，并且连炮兵阵地的照片也一并刊登了出来。

早上，张发奎在《时事新报》上看见了这篇详尽的报道，气得够呛，立马差人找来炮兵营长训话：“你知不知道大炮的位置是一个不应该泄露的军事秘密？记者的报道会给我们的炮兵阵地带来不可预测的后果！”那个炮兵营长吓坏了，半天说不出话来，

张又命令说：“还在这儿愣着干什么？我命令你马上回营，迅速变换各炮隐秘位置！立即执行！”

“是，总司令！”炮兵营长赶紧回营急速变换阵地。

果不出他所料，当天中午，敌方便出动了空军，把所有洋泾附近的竹林都炸光了，导致附近的居民也无辜遭受惨重损失。但所幸转移及时，大炮安然无恙。

事后，那位炮兵营长即被撤职，负责报道的新闻记者也受了处分，报馆被查究，这件事，对战地新闻不慎报道来说是一个教训，同时也说明了一个军事指挥官对战场上细微的事，也须时时刻刻密切注意。

这六门山炮带来的巨大威力，让张发奎深信，假如能够有较多的炮量和较大口径的炮种，一定能对这次会战有更大的帮助。因此，他建议统帅部，主张由乍浦附近海岸赶筑一条可以运输重炮兵的临时公路，直达浦东，效法海岸游动炮兵的使用方法，调集一部重炮兵使用于浦东方面，但是统帅部没有采纳这个建议。

张发奎的抗日爱国行动受到社会各界的肯定。老百姓热情地帮助他们，除了渗入敌军侦察敌情，他们还帮助国民党军队运送补给

品与伤病员。沈钧儒、何香凝、陈璧君等人来阵地探望守军，杜月笙还赠送了一辆林肯牌防弹装甲轿车给张发奎。同年 10 月 6 日，上海《救亡日报》刊登了著名记者夏衍采访张发奎的专稿，并附有田汉对张发奎的赞诗："把酒持螯咤战云，一时饮者尽输君。浦江两岸波涛壮，始信人间有铁军。"

郭沫若在浦东一次军民联欢大会上也说："我们的总司令是铁将军，在铁将军领导下的军队是铁军。我相信在铁将军领导下的民众一定是铁民。铁军和铁民团结起来成为一种铁的力量。我们的敌人日本帝国主义一定会被打倒的！"

淞沪战事开打的头几天，国民党军队是乘日军的援军未到阵脚不稳的空隙，以八十八、八十七两个师再加上地方守备部队和日军在虹口到杨树浦这一条战线上，进行了一条桥又一条桥、一幢房又一幢房的争夺战，这是日军在中国战场上第一次吃到了中国军队强力攻坚的苦头。

血战"东方巴黎"

从 8 月 15 日开始，日军凭着优势的空军战力密集轰炸上海市区，十里洋场一日之间竟沦为十里火场。以往人潮熙攘的闸北地区现在已经成了烟硝处处的人间炼狱了，单就南京路外滩华懋饭店和汇中饭店这一段短短的路就有一千六百多平民被炸伤亡。沪杭甬铁路上海南站这一天被炸得片瓦无存，当时在车站里候车的旅客两百多人当场被炸死。一个失去亲人的幼儿无助地坐在废墟中号啕大哭，完全不知道这个世界究竟发生了什么事。这张照片当时曾经披露于世界各大报刊，使国际友人对日本侵华的事实多少产生一点儿人道的关怀。

"空袭"在抗战期间一直是苦难中国老百姓的梦魇，当时的上海在一波又一波轰炸的间隙时刻，总有成千上万的居民涌上街头，四处逃窜，他们不知道什么地方安全，甚至不知道该往什么地方跑，只是随波逐流，希望能躲过“死在当头”的厄运。后来有人听说日本飞机不敢轰炸租界区，于是大家便一窝蜂抢渡苏州河，涌向公共租界。起初老外也确实发挥了人道精神，先后收留了五万多名难民，但是后来由于人数实在太多了，他们只好关上闸门，从此阴阳路断，把一双双失望的眼神隔绝于冷冰冰的栅栏之外。

双方激战正酣，蒋介石到松江车站，召集前线将领举行军事会议，商讨淞沪会战之战略问题。

宋子文、陈诚、白崇禧、孙元良和张发奎等均出席会议，宋美龄也由上海前来参加。会上产生两种意见：一方主张“国军”在淞沪地区采用持久战，以逐次抵抗消耗敌人兵力而保存“国军”实力，以利于以后之长期作战，当时支持这一主张者颇多，张发奎便是其中之一；另一方面，宋美龄认为“国军”如果能在上海多保卫一两个月，将会引起国际方面的干涉和支持，因而应不惜牺牲，尽力确保上海。

最后，蒋介石采纳了后一种建议，力保上海。

8 月 20 日，蒋介石发布命令，实行全国总动员，政府转入战时体制，以大本营取代军委会。大本营最高首脑为陆海空大元帅，由蒋本人亲自担任。全国被划分成了五个战区，它们分别是第一战区河北、豫北；第二战区晋、察、绥；第三战区江、浙；第四战区闽、粤；第五战区山东、淮北。上海属第三战区，由军委副委员长冯玉祥为战区总司令。转瞬之间，淞沪战场一下子扩大为战区，京沪、沪杭两条铁路的军车日夜不间断地奔驰，把一师一师的部队送来，加入填补火线，其情况与 1916 年法军为挽救凡尔登要塞的危急，从巴黎运送增援部队的状况相似。

从 8 月 13 日开始，中国军队一直是采取攻势作战的。从 8 月下旬开始，一个月之间，日军陆续投入淞沪战场的军队计有藤田的第三师团、山室的第十一师团、伊东的第一〇一师团、吉住的第九师团和第八师团的鹰森旅团、第一师团的安藤和竹内旅团，以及来自台湾的重藤支队。增援部队纷纷赶到，迫使国民党军队结束了十天来的人海攻势。

根据日本战史记载，这些部队是在“紧急动员”的状况之下奉命前来增援的，显然在淞沪开火之初他们并没有预期到这场战斗的规模是如此庞大。

中国军队现在正面临敌人大军压境的严重危机，而受命抵御日本抢滩登陆，指挥中国军队进行反登陆作战的将领则为前敌总司令陈诚。

8 月下旬，日本援军是沿着吴淞口到川沙口这条防线登陆的。假如任日军在此地区建立滩头阵地，他们势必仗着机械化部队的绝对优势在空旷的沙丘平原上沿着这一条战线向内陆推进，进而对上海地区形成大包围圈，一旦日军包围成功，上海就完了。

陈诚十分了解自己的处境，他必须以有限的兵力与简陋的装备在滩头上力阻日军的前进，从此，中国军队便进入了惨烈无比的反登陆作战阶段。

浦东第八集团军司令部，张发奎密切关注着战争的最新状况。

到 22 日，战事即开始转入更猛烈的阶段。敌军增援部队第三师团、第十一师团，以及第一师团、第八师团之各一旅团，当天即在宝山狮子林登陆，并即向我左翼军方面宝山、罗店、浏河线进攻，同时对我右翼军方面之川沙及浦东各地也采取积极的行动。我方亦同样以京沪、沪杭两铁道输送增援部队，投入左翼军方面，双方均以猛烈火力做阵地的战斗。情况特别紧张，是以我方对原来预期以攻击的作战手段指导会战的计划，不得不加以修正，而转入以纯粹防御战的阶段。

但敌人的装备和战术及战斗力各方面，俱达到相当的高度。他们的空军力量更占了绝对的优势，他们大量的野战炮兵配合着海军的长射程炮也发挥了很大的威力。而我方仅有临时构筑的野战工事，一切器械也比不上敌人，战斗的不利是难以想象的。

张发奎不断考虑，如果没有可以改变这不利形势的策略，单纯以大量的战斗力投入这方面的决战，却没有胜利的把握，则我们纯粹的防御计划，应否考虑加以修正？经过了这么长时间的殊死战斗，他得出的结论是："在我军的现有条件下，欲把敌人歼灭，或遏止他们的攻势，确实是非常困难的。"

这时，张发奎和张治中将军即建议最高统帅部："主张对上海作战使用兵力的最高点，应做一个精密的数字计算，并建议如果超过了这个限度仍不能压制当前的敌人时，则我们的战略应转变为持久消耗战。须先以十个师的兵力预先占领苏嘉、吴福线之既设阵地，以为第二抵抗线，此十个师的兵力除非在扩张战果方面，不得为其他状况而使用。"

他们二人并明白表示，愿自接受敌人攻击之日起，负责固守此既设阵地三个月时间。

但是最高统帅部不赞成这建议，认为上海是必争之地，应不惜一切来确保这个地区。又因当时敌人的增援部队尚未全部到达，战况有时亦稍为沉寂，于是有些将领便为此种情况所惑，以为敌人的攻势已至极点。就连冯玉祥将军亦有"淞沪方面的战况已经稳定了"的判断。

可是到9月中旬以后，情况出现变化，敌人大量增援，我们发现其第一、第三、第六、第八、第十一、第十六、第一〇二、第一〇六、第一〇七、第一一四、第一一六等师团的番号，估计其兵力约在二十余万，炮三百余门，战车二百余辆，飞机二百余架，其在淞沪与中国军队决战的决心，也益发明显了。

此时，我方的部署亦有所变更，原左翼方面，划分成两个区，以薛岳担任左翼，朱绍良担任中央，与张发奎部右翼相联结，左翼方面自9月上旬以来，战况已逐渐不利，阵地亦逐渐后移。虽后援部队逐次加入，亦仅能维持"寸土必争"的状况。

张发奎右翼方面的战况尚没有任何变化。敌人虽迭次企图排除中国军队在浦东对他侧背的威胁，但在张发奎部将领的严密戒备之下，敌人几十次的登陆行动都没有成功。

不过，张发奎常常顾虑，如果敌人左翼军正面突破企图不能成功时，有可能会采取侧面的迂回行动。因此，右侧的金山方面是一个最可注意的地区。

金山，早在戚继光于闽浙荡寇时代，日本就曾在此登陆而扰乱浙境，如果敌人以史为据，这段历史很有可能重演。在战术上判断，那里是一个理想的登陆地点，海面辽阔，地形也开阔，有利于登陆运动的沙滩及可作为滩头阵地的据点。

为了这个侧面的顾虑，张发奎多次实地侦察地形，并在那里配置了一连炮兵和一营步兵，再三叮嘱他们对海面做特别戒备。同时，又命令他们编组了一队渔船，驶出海面从事较远的搜索。为彻底明了实地的情况，他还常常亲自或令幕僚至沿海地带和浦东方面巡视警戒部队和火线的战况，并把全线的防御组织严密起来。整个右翼方面虽无特别紧张的情况，但他必须在缜密戒备方面努力，使统帅部可以集中全力于左翼和中央方面的作战，免去了对右翼方面的忧虑。

1937 年 10 月下旬，淞沪之战已经迈进第七十天了，回顾这两个多月以来的战事，可以说是人类史上前所未有的残酷杀戮。曾任第三战区司令官的冯玉祥在回忆当时的情形时曾经写道：“我们的部队每天一个师又一个师投入战场，有的不到三个小时就死了一半，有的支持五个小时死了三分之二，这个战场就像熔炉一般，填进去就熔化了！”

整个 10 月的作战重点，始终保持在左翼军方面。10 月下旬，敌人以全力攻击我左翼军阵地，决战的时刻已经到来了。战地悲惨的景况，亦一幕一幕地呈现在张发奎的面前。

中国军队的增援部队继续向前进发，他们由后方输送到战地后，没有一刻的停留和准备，就加入了火线。敌人的炮弹好像雨点一样散落在我们的阵地。我们的炮兵在数量与火力上都无法与敌对抗，只有英勇的战士们以血肉筑的长城，来抗拒敌人的火器。制空权也完全掌握在敌人手里，敌机一天到晚盘通在战地的上空。我们的部队没有立体作战的经验，仅凭血气之勇，不知讲求疏散与伪装，更招致许多无谓的损害。部队的行动白昼大受限制，一切部署的调整和兵力的转用都在夜晚，这更使指挥与时间上蒙受很大影响。战地是一片平野，不能徒涉的川渠，纵横交错。这对于联络与地形的熟识，均产生不少困难。

在这种种不利的条件下，各级指挥官当时都深深感到指导一个防御组织不健全的大兵团作战，确是一件不容易的事。而下级干部和士兵们，到这时候才认识了现代战斗的形式，才明白仅靠精神而忽略物质科学的战斗，已是落伍的思想。

在高度紧张的战况中，最令人感动和欣慰的是人民对作战的协助。不仅帮助军队的运输和救护，他们更自动地献出了他们仅有的粮食，一切好的东西他们都送给军队使用。学生们自动加入了战地宣传和通信的工作，妇女们看护我们的伤兵；慰劳队的歌声鼓舞着战士们，工作队的热心服务消除了战士们的疲劳。在大军作战最感困难的后勤工作，人民都帮助我们解决了。军队为国家而流血，人民也贡献他们的一切给军队，这就是民族战争的特点。

到10月下旬为止，淞沪全线守得好的要数孙元良的部队，他们是最先进入战场的队伍，打从“八一三”开始就负责固守黄浦江边上海市区闸北，直到这个时候都还坚守着阵地，寸土未失，师长孙元良回忆说：“八十八师在上海的闸北，坚守闸北阵地七十六天，日本军队屡次来进攻，没能越雷池一步，可以说遭到‘国军’很大的打击，所以日本的部队自己在广播上讲八十八师是可恨之敌。”

10月30日，左翼方面的战况非常不利。突击我大场阵地的敌军已在周家宅、姚家宅两处强渡苏州河，上海市区的中国军队侧背感受到重大威胁。以当时的情况判断，敌人似有从大场以西向左右席卷的行动。朱绍良将军这时忽奉命调任甘肃省主席，所遗中央兵团的任务，蒋介石命令张发奎去接任，并将右翼方面的指挥责任交给第十集团军总司令刘建绪将军接替。

战场上临时更换主帅，实乃兵家大忌。这时刘集团军的部队方从杭州向前推进，张一面担忧沿海地带的侧面和刘集团军能否确实接防，一面又感于上海方面的紧张状况，将如何去挽救这危殆的局面，此时他陷入了无限的焦虑，以沉重的决心，担当这残破而没有把握挽救的局面，成为他生命中最痛苦的记忆。

11 月 2 日，张发奎的指挥部移至龙华西侧的北干山，这是极接近火线的位置。当他到达那里时，情况变化了，第一线的部队已陷于紊乱状态；同时，渡河的敌人予我们侧面的威胁，也正在日益扩大中。但第一线已经没有可以抽调的部队，后援的兵团又迟迟未能到达，除了竭尽一切努力来调整这个紊乱的形势外，别无办法。

11 月 5 日，一件张发奎数月里日夜焦虑的事终于发生了。敌人的第六、第八两个师团当日就在全公亭、金山嘴等地同时登陆了。中国军队力量薄弱的警戒部队很迅速地被驱逐了，刘集团军行动迟缓，未能实行夹击，致使敌人一直向松江前进，张发奎部吴克仁军集结尚未完成，仓促应战，又遭受各个击破的命运。

9 日，松江被陷，中国军队腹背受敌，失败的战果已是注定了。

从整个战略上着眼，敌人强渡苏州河以后，退却已是无可置疑不能再迟延的事。这显然需要最高统帅部做困难的决定，应当机立断下决心，指导大军作战者，其最困难的时刻也就在此。当时，前敌总指挥陈诚将军来到张发奎的指挥部，他同意张的意见，可是蒋介石仍迟迟未决，等到情况已到了最危急之际，才于 9 日下达退却命令。但这时时机已不适切了，当张接到命令时，部队已陷于极端紊乱状态，各级司令部已很难掌握其部队了，因而造成了最后一幕原可避免而终不能避免的大悲剧。

张发奎心中异常痛苦。

松江沦入敌手后，张发奎电令第十集团军迅速占领乍浦、嘉善之线已经建好的阵地堵截敌军。这些国防工事，是张亲自监督完成的，这一带的地形，他非常熟悉，希望在此线以最大的努力来迟滞敌人由沪杭线南下。13 日，张发奎不顾属下阻拦，冒险赶到了嘉善。令他没想到的“乌龙”事件出现了。

当张发奎在弹雨下冒着生命危险视察阵地时，他才得知保存国防工事图纸的人员与掌握掩体钥匙的保长全都逃跑了，部队根本打不开门，张发奎气得七窍生烟。

本来，松沪会战转为守势时，张发奎就曾和张治中向南京建议，若凭借这些国防工事对日作战，至少可维持三个月。但最高统帅并不重视他们的意见，且将这么重要的国防工事交给地方管理，未派部队来防守，掌管钥匙的保长们一听说打仗早都跑得没影儿了，致使出现现在的恶果：第一线部队退却到达国防工事时，难以进入阵地御敌。这么辛苦建成的坚固阵地，却一点儿未能发挥作用，这怎么能不让人感到惋惜？

此时此刻，我们的一支装备极差的兵力，在暴露的土堆上构筑临时野战掩体，准备在三十公里的战线上，与拥有优势装备的日军第十六师团和近卫旅团之一部正面抗衡。结果可想而知。张发奎感到无比痛苦。

坐在部队撤退的车上，张发奎望着渐渐远去的重重硝烟的宝山、片瓦不存的吴淞、满地弹坑的大场……他亲眼看到了抗日战争中惨烈的一幕，曾经的十里洋场变成了横尸遍野的人间炼狱。但他知道，中日之间的战争还远未结束，虽然我们的武器装备、训练同日军相比很差劲，但将士们的士气仍然旺盛，我们定将昂扬地走向下一次的战斗！

11 月 14 日，嘉善失守。

12 月初，日军主力由郎溪北上进攻南京。12 月 12 日，南京沦陷，松沪会战至此结束。

在淞沪这个战场，中国军队投入的是当时全国百分之六十以上的精锐部队，照这样下去，相对持久抗战的策略，马上就要陷入无兵可用的危机了。不过日军的境况也好不到哪里去，因为这七十几天打下来的结果是他们万万料想不到的，进入 10 月份，甚至连弹药都补给不上，必须向华北的友军借调，这对训练有素的日军而言是不可思议的事。10 月 20 日，日军参谋本部被迫决定从华北战场抽调三个师团的兵力增援上海。

淞沪之战是抗战期间规模最为庞大的一次会战，无数将士用他们的生命粉碎了日军“三个月亡华”的狂言，破坏了日本侵略军“速战速决”的战略，为国家争取了九十天的宝贵时间，用他们的鲜血改写了中国军人的形象，让国际社会重新认识中国人民的抗战；更重要的是他们打乱了日本由北向南进的侵华策略，而被动地被我们牵着由东向西走，因此虽然丢了上海，但对整个国家的存亡而言，淞沪之役仍可以说是决胜的第一仗。

对于淞沪战役，张发奎在回忆录中这样写道：

> 在远东的战史中，是日俄战争后最大的战役，也是抗日战争中第一次最大的屠杀，作战时间将近三个月之久，双方动员兵力百万以上，一切当代的兵器都已搬上战场。我们在此役中虽然损失了巨量的兵员，遭受了严重的失败，其稍堪告慰的，我们则由此而认识了现代战争的特质，获得了许多的经验与教训，增进了不少的各种战斗技能，同时惊醒国人救亡图存的观念，再接再厉，产生新、厚的丰硕力量，坚持抗战到底的决心，去争取最后的胜利。

保卫大武汉

12 月 13 日，南京沦陷后，国民党政府移驻武汉，并以重庆为陪都，重新建立了作战的基础，在西南大后方整编生力军。

1938 年 1 月 11 日，蒋介石在开封召开军事会议，提出上海、南京失守后，“我们唯一的政治、外交、经济的中心应在武汉，武汉决不容再失，我们要维持国家的命脉，就一定要死守武汉，巩固武汉。”并说：“武汉重心不致动摇，国家民族才有保障。这就是我们的战略。”1 月 17 日，正式成立武汉卫戍总司令部，由陈诚任卫戍总司令，卫戍部队共十四个师、一个旅以及特种兵一部。随后，又以七个师组成江防部队，任命刘兴为江防总司令，负责防守武汉下游的马当、湖口、九江、田家镇等长江要塞。

1938年2月，蒋介石发表《抗战必胜的条件与要素》，称：

> 广大的土地和众多的人民两个条件，就是我们抗战必胜的最大武器。这次抗战，是以广大的土地来和敌人决胜负，是以众多的人口来和敌人决生死。……我们现在与敌人打仗，就要争时间。我们就是要以长久的时间来固守广大的空间，要以广大的空间来延长抗战的时间，来消耗敌人的实力，争取最后的胜利。

这就是被称为“以空间换时间，以小胜积大胜”的长期抗战战略。

1938年3月29日，中国国民党临时全国代表大会召开，张发奎参加了此次会议。这次会议选举蒋介石为中国国民党总裁，汪精卫为副总裁。听到这个决定，张发奎由衷地为汪精卫高兴，他始终是挺汪的，尽管汪对他并不真诚。

这次会议最重要的成果之一是通过了《抗战建国纲领》，提出了国民党政府抗战时期的内外政策。这份后来被中国共产党批评为国民党“片面抗战路线”的纲领，虽然表现出单纯的政府和军队抗战的倾向，缺乏真正动员全国各界各阶层人民，实现全民族团结抗战的勇气，但毕竟也表达了国民党政府坚决抗战，并在一定程度上开放民主的决心，在当时对于鼓舞士气、振奋民心产生了积极的影响。

抗日战争进入到以保卫大武汉为中心的武汉抗战时期。

最高统帅部于1938年春改组成适合统辖全国军民作战的机构，把一切军政军令及外交、内政诸职权，均由最高统帅部综合处理。这是一个新的战时国防措施，将全国划为一、二、三、四、五、八各战区，并于武汉设立卫戍总司令部。张发奎奉令在长沙恢复编组第八集团军的指挥机构，该集团军属于军委会直辖兵团，属下有五个步兵师，担任长江南岸鄂东一带的指挥职责。

6月5日，军事委员会在武汉召开会议，决定由蒋介石担任保卫武汉作战的总指挥。

6日，张发奎接到蒋介石命令，保卫大武汉的计划已经拟就。将武汉及其他外围划为第九战区，分四个兵团，以鄱阳湖西岸南昌方面为第一兵团，薛岳为兵团总司令；以长江北岸广济、黄梅、英山、罗田一带为第四兵团，王缵绪为兵团司令；张发奎则任第二兵团总司令，仍兼第八集团军总司令，指挥第二十五、第六十四、第八、第七十、第五十四、第二、第四、第六十各军，负有确保赣鄂门户，守九江以西至蕲春长江两岸各要点的任务。由于日军集中在华陆海军最大的力量，采取沿江推进、疾进直取的战略方针，企图迅速夺取武汉，控制长江天堑，横断中原，以遂其切断中国南北交通之目的。所以，张发奎部所防御的地带，既是御敌沿江西进的要冲，又是阻敌战略迂回的屏蔽。

与此同时，守城部队加紧在各条防线上构筑防御工事。至1938年5月，在北起横店，南至贺胜桥，东起葛店，西至新沟的武汉城防区，共构筑起永久防御工事六百五十个，构成以武汉为核心的大纵深防御阵地。在大别山麓，构筑起的工事线主要有六（安）霍（山）线、立（煌）商（城）线、潢（川）光（山）罗（山）线、长（台关）信（阳）武（胜关）线。其最重要的阵地有六（安）商（城）公路的叶家集地区、商（城）麻（城）公路的小界岭地区及武胜关、平靖关、九里关地区。

在赣湘鄂边界，先后在武宁横路区、修水铜鼓区、阳新辛潭铺区及湘北、湘赣铁路东段构筑起了二线阵地。在安庆至武汉的长江江段，则先后构筑和扩建起马当、湖口、田家镇江防要塞工事。至此，武汉保卫战的部署基本完成。

1938年5月29日，日本大本营命令华中派遣军与海军中国方面舰队协同作战，攻取安庆、马当、湖口及九江，作为进攻武汉的前进基地。6 月 1 日，华中派遣军司令畑俊六大将下达作战命令，以波田支队为主力，在海军与航空队的协同下，由芜湖溯江西进，进攻安庆、马当、湖口、九江。另以第六师团为主力，在第三飞行团协同下，从合肥进攻舒城、桐城、潜山、太湖、黄梅等地，策应溯江进攻部队作战。6 月 8 日，日军第六师团占领舒城。

安庆作战拉开了武汉会战的序幕。

6 月 12 日，日本陆海军围攻安庆。18 日，张发奎的司令部迁到长江北岸的鄂东浠水。22 日，敌军进攻长江南岸的战略要塞——马当，它在江西境内，接近安徽边界。

26 日，马当迅速沦陷。马当失守为敌军军舰打开了长江的大门，也使中国军队守卫湖口与九江愈发艰难。得知马当要塞失陷的消息后，蒋介石在武汉大发雷霆，他深知，马当要塞实际是长江门户，由此往西，湖口、九江均无险可守，马当不守，等于长江门户大开，直接威胁武汉安全。因此，他下令中国守军全力反攻，一定要收复马当要塞。

武汉卫戍总司令陈诚更发布了一道死命令："香山、马当为皖、赣门户，其得失影响于今后作战之胜败甚巨。……务速恢复香山、马当要塞阵地而确保之。攻克香山及马当要塞区者，各赏洋五万元。如有作战不力者、畏缩不前者，即以军法从事。"第十六军、第四十九军等部遵照这道死命令向香山日军发起大反攻，虽一度收复香山，并予敌重创，但因敌援军大举而至，激战数日，终究未能收复马当要塞。

6 月 29 日，日军以爆破队打开马当封锁线，疏通了长江航道。

7 月 1 日起，以陆海空军协同作战，猛攻作为九江门户的湖口，国民党军第二十六师刘雨卿部奉命死守湖口，经过数日激战，被日军以施放大量毒气突破了中国守军阵地。

张发奎一直密切关注前方战况，他负责确保赣鄂门户，守九江以西至蕲春长江两岸各要点，他深知湖口失守，九江难保。他也知道，"国军"正在尽全力阻挡日军：海军敷设了雷区并使用鱼雷艇，但收效甚微，因为日军拥有扫雷舰；空军则完全依赖苏联人，苏军飞行员与日本人打得很艰辛。

一日，村民将一名跳伞的苏军飞行员带到了张发奎的司令部，在这名飞行员的夹克上印着中文：“我是俄国人，来此帮助你们抗日。”张发奎向他表示了敬意和感谢，令部下务必将他安全送回空军基地。

7 月 5 日，湖口在激战后失守，“国军”伤亡惨重，九江继而被日军围攻。

固守九江，放弃九江

九江是一座历史名城，坐落在长江南岸，位于从安庆到武汉这段长江的向南弯曲处，正是武汉以东外围防线上的一个要点，地理位置的重要性不言而喻。

10 日，张发奎迅速率部队直奔九江。

15 日，抵达九江后，马上在这里设立了作战指挥部，当即召开作战会议。张发奎分析道：“我们将要在长江纵贯两岸湖沼地带的特种地形上战斗。江河和湖沼原对防御有利，攻者则较为困难，但日军拥有海空优势，反而化不利为有利。水道成为敌人运输的大动脉，给其兵员输送和后方交通补给提供便利。长江两岸，可以任由敌人自由选择登陆地点。敌人在空中占绝对优势，确保了其在水上行动的自由安全。相反，我军被江湖的地障限制了兵力的伸缩使用，而沿江湖沼必须四处配备兵力，防不胜防。此外，在交通、通信方面，我方也大受拘束。”

张发奎环顾了一下四周，只见部下个个面色凝重，他继续道：“根据目前的情况分析，我认为敌人的进攻企图有两种可能：一是敌人可能避开九江的正面，以主力向星子附近登陆，进攻南昌指向长沙与岳阳、蒲圻、咸宁，切断粤汉铁路，以大迂回的战略行动来包围武汉；二是敌人可能于姑塘、九江同时登陆，溯江而上，进逼武汉。前者在战略上收效较大，但必须有五个师团以上的兵力，才能保持遥远的后方联络线，后者虽然犯了直接正面攻击的不利，但使用兵力较少，在后方水道交通联络的安全和补给方面也较为便利。因此，我军的部署，应以前后两案为基准，前者我们须置主力于右翼，以便随时策应第一兵团的作战；后者，我们必须采用直接而纵深的配备，而控制主力于九江南侧地区。”

张发奎对敌人进攻的判断是科学的，当时，制空权已被日军掌握，“国军”又没有海军，可以说，长江已经沦为敌人的交通干线，他们可以肆意选择登陆地点，来弥补兵力的不足。

与众参谋讨论之后，张发奎决定采取第二套作战方案，他将兵团部署为三个区，以王敬久的第二十五军做基干为右地区队，守备星子、姑塘沿鄱阳湖西岸的地带；以第二十九军团李汉魂指挥之第八军、第六十军和第十五师为中央地区队，守备姑塘以北至九江沿江湖西安的地带，这是部署的重点；另以第三集团军所部三个师和第二军及第五十四军做基干为左地区队，守备瑞昌及其迤西沿岸地区，做纵深配备。

部署之后，张发奎又命参谋要与九战区司令长官部与第一兵团保持密切联系，做好和友军的战术配合。

之后，张发奎将作战方案上报武汉卫戍总司令陈诚和作战总指挥蒋介石。

蒋介石见方案后，大怒：“张向华未战已有轻弃九江之念，此断然有悖全线防御计划！”当即否决了此作战方案，接着下令张发奎：“九江必须死守，绝不能让日军攻陷！”

作为一名战将，张发奎当然知道九江的重要性，此乃武汉门户，但马当、湖口已失，九江门户大开，日军上有飞机支援，下有军舰可以随意登陆。相比之下，他的部队素质低，装备劣，让他和日本人抗衡，说实话，心里还真是没有底儿。

在张发奎看来，守城有相当大的困难，应该在九江西南丘陵地带设立二线预备阵地，一旦九江失守，可以做节节有效抵抗，牵制、消耗日军，同时保存“国军”的有生力量。但是，蒋介石却命令必须固守九江，服从命令是军人的天职，张发奎没什么好说的，最高统帅的压力和自己使命的艰难，使他寝食难安，他知道，此时唯一能发挥的最大优势就是官兵们的士气、中国军人的勇气、中华民族绝不认输的骨气。他深深地吸了口气，预感到一场恶战即将来到。

进攻九江的是日第十一军，这支部队是九江战役发动前夕才正式组建的。为了协调各作战部队，6 月 21 日，日本在国内组建第十一军司令部，任命驻东北的第二师团长冈村宁次中将任军司令官。7 月上旬，第十一军司令部进驻南京，7 月 15 日起开始指挥所部。

得知九江的守军司令是张发奎，冈村宁次不由得吸了口气：“这个人不可小瞧!”原来 1926 年张发奎率部北伐，在九江、南昌一带与军阀孙传芳作战，当时冈村宁次正以军事顾问的身份待在孙的九江前线司令部里。那一次，孙传芳让张发奎的部队打得节节败退，冈村宁次见势不妙，赶紧化装成老百姓登上日本军舰才得以逃脱。逃跑时，他窃走了一份华中地区的军用地形图，这份地图后来成为武汉会战时期日军各级指挥官作战指挥时使用的主要军事地图。

这次会战，他决定要好好地同张较量一番，以报前仇。

19 日，冈村宁次正式下达了进攻九江的作战命令：令第一〇一师团推进至湖口附近，接替第一〇六师团的守备任务；令波田支队、第一〇六师团与海军协同，于 23 日开始向九江进攻，并做好向瑞昌、德安进攻的准备；令第六师团由潜山向太湖、宿松、黄梅进攻，以策应溯江部队作战。7 月 22 日，冈村将他的战斗指挥所推进到了湖口的石钟山下。

与此同时，按照蒋介石“固守九江”的命令，张发奎也紧锣密鼓地根据这一决策来进行军事部署，可留给他进行战斗准备的时间已是不多了。

就在冈村住进石钟山下的那天晚上，天空阴沉昏暗，雨前劲风阵阵。九江城里第二兵团指挥部里，张发奎预感到这样的天气，正是日军偷袭的时机，于是吩咐部下："今天晚上天气不好，马上通知九江各口岸，尤其是姑塘守军预十一师加强戒备，绝不能疏忽。"

果然，23 日零时，波田支队由湖口乘船，在海军十一战队的掩护下，在汉奸的协助下，潜入到鄱阳湖中鞋山附近，企图从姑塘登陆。待我守军预备第十一师官兵发现时，日军已掩袭至滩头，虽竭力抵抗，击沉敌艇十余艘，但在日海军舰炮齐射火力压制下，守军伤亡重大，波田支队强行登陆。

天亮后，日军几十架战机在天空轰炸扫射。鞋山日军炮阵地及鄱阳湖上日军舰炮，把成千上万发炮弹射向中国援军。据守滩头的张文美营全部牺牲。奉命增援的十五师和一一八师被压在通往姑塘坑坑洼洼的道路上，根本靠不了前，预备第十一师的预备队虽然靠近滩头，但兵少力孤，装备又差，几次反击都未能奏效。尽管张发奎在九江城内急得跳脚，但是增援部队就是上不去。

23 日双方又激战一天。

24 日，波田支队及第一〇六师团主力已全部登陆，并占领姑塘。当日，有一百余架次日机向九江城区轮番轰炸。25 日拂晓，日海军扫雷队强行扫雷作业，并以艇上炮火向锁江楼宝塔射击。当时塔身中了三炮，塔身向东北方倾斜。锁江楼附近炮兵阵地上中国军队官兵，即以猛烈炮火向敌艇还击，当即击伤一艘。7 时许，日舰二十艘、飞机五六十架进入九江城区，对九江守军阵地和市区进行狂轰滥炸，掩护其陆战队登陆。10 时，日军一部在洋油厂登陆，向沙子滩方向展开进攻。14 时，日军又在九江西北的小池口登陆，守军预备第九师及第一一九师虽竭力抗击，终以火力、兵力处于劣势，难以支持。从姑塘登陆的日军波田支队和第一〇六师也推进至太阳观，并向妙智铺方向展开进攻，迫近九江城区。

武汉军委会，蒋介石急得在屋里团团转。眼下闻之九江方向姑塘吃紧，他不由为九江而担心，生怕张发奎自作主张，放弃第一线阵地。当下，他给九战区司令长官陈诚和二兵团张发奎各去一电，再次明示："九江一线阵地必须固守！"

张发奎这时只有两条路可走：要么拼着全部兵力孤注一掷与淞浦中将决战，要么退守第二阵地逐次抵抗。以他的想法，明智些就早撤第二阵地，以免重蹈淞沪会战覆辙。那一仗，留给他的教训太深了。可蒋介石显然是要他取前策，不惜全员玉碎。

在这种不利战况下，第九战区认为，九江实际已很难固守，为保守赣北、鄂东主要阵地，不宜再向九江投入兵力而徒增损失，决定令第二兵团调整部署，并放弃九江。

25 日晚 10 时 10 分，第二兵团司令张发奎以电话下达了从九江撤退的命令，当晚，第二兵团即全线后撤，向牛头山、金官桥、十里山等阵地转移，放弃九江。

淞浦师团前卫及波田支队得势不让人，追着屁股打来。第四军占据阵地后，返身与追击之敌战成一团。

在九江攻防战激烈进行的同时，日军第六师团也按既定部署向太湖、宿松、黄梅一带展开进攻。中国军队虽进行了顽强抵抗，终究未能挡住日军的推进，7 月 26 日太湖失守，27 日晨，日军占领九江城区。8 月 2 日宿松失守，8 月 4 日黄梅失守。

日军占领九江后，并未停止进攻，继续向九江外围展开进攻，与中国守军展开了反复的争夺。8 月 21 日，日军占领星子。24 日占领瑞昌。

姑塘失守，九江失守，武汉门户被日军撞开。初战受挫，蒋介石在军委会痛骂张发奎：“娘希匹，张向华紧要关头又存私心。他把第四军藏起来，为什么不用？为什么不用?!”

蒋介石桌子敲得嘭嘭响，火气更大了：“什么‘铁军英雄’，什么‘抗战先锋’，统统是假的。他这是公然抗命，目无军法！目无军法!”

一旁的陈诚等蒋介石火气消了一些，上前劝道：“委员长，二兵团放置四军不用，也许是见大局难挽，怕被日军缠住脱不开身。如今全军安然撤至第二阵地，结局也还说得过去。不如给他个机会，让他在金官桥一线阻滞敌人，挽回影响。”

蒋介石噌地从椅子上站起来，在屋里急走两步，立住身，余怒未消地喊着："失去九江，不啻给强敌一个立足点。南浔之战，艰难十倍有之。如此目无军法之将领，绝不能再放在前线。"

蒋介石对两广将领本无好感，对手下有私心之嫌的人更不能容忍："让他回来，回来。我要让他说个明白。"

出师不利，蒋介石盛怒难平，谁的话也听不进去。

7月31日，张发奎接到最高统帅部电令："南浔方面的军事即日起由薛岳、吴奇伟两总司令负责主持，张总司令发奎即行调回可也。"

接到电报，张发奎呆愣了足有几分钟。放弃兵权，他并不在意，薛岳、吴奇伟都是自己多年的老部下。只是南浔线大战刚刚开始，就这么不明不白地被削了兵权，他将何以对国人、对部下交代？几年来他一直是力主抗战的，今日他的脸面往哪儿放？张发奎一腔怨怒，交接了指挥权，并把所属部队及后方军务交代后，径直回返武汉自请军法裁断。

若干年后，张发奎每每忆及这段往事都觉得不公平，一直耿耿于怀。他在回忆录中写道：

> 变相撤职对我来说是一件可耻的事，也是抗战中一件最悲痛而遗憾的事。……九江附近之撤退，我当时乃根据当面敌情，我军状况所下达之决心，不幸为蒋先生误认为我有保存第四军实力之嫌。实则我不仅对九江之战役毫无私见，即全抗日期间所有大小战役之过程中，莫不兢兢业业地为国家全民利益着想，从未将私人利益的意念夹杂其间。固然，第四军与我有悠久的历史关系，远在北伐时，我首任该军军长，在指导作战时，任何配属我指挥之部队只寻求如何去部署达成任务，绝无衡量自己与其他部队之深浅关系，以保存自己实力之行为。假如有这种自私行为，第四军番号早就淘汰，哪有"铁军"之辉煌绰号见称于国人

呢？九江战役后，未详细调查，即以“张总司令发奎即行调回”的命令变相撤职。我对职位视同敝屣，毫不足惜，但我是高级指挥官，有辱我的尊严，至为难堪。因我自问良心，毫无内疚，所以我回到武汉后即自请军法审判。……退一步说，蒋先生当时超级处分，实欠考虑。如我有错，应由我的上级陈辞修（诚）将军处理，但蒋先生并未查明，亦未接到我的上级呈报，就径自越级干涉，这是他常犯的毛病……

同年 8 月 7 日，他在总结九江失利的原因时写道：

一是交通线破坏太早，阵地未能预先完成；二是运输不良，兵力设施欠缺；三是军纪不良，民众逃亡；四是联络不确，未能协同；五是警戒疏忽；六是将领间缺乏自信心，中下级干部多无掌握部下之能力。

事后，陈诚替张发奎主动承担起责任，称九江撤退是他下的令，因此，蒋介石不能率性扣押张，蒋无可奈何，只能骂了陈诚几句了事。张发奎免除了军法查办之苦。11 日，他离开武汉，去湖北阳新回任第二兵团总司令。

日军占领九江后，即以其作为进攻武汉的前进基地，并在九江、合肥大规模集结作战部队，积极做进攻武汉的准备。8 月 22 日，日本大本营正式下达了进攻武汉的第 188 号“大陆命”、135 号“大海令”。

毒气、瘟疫、死战和放弃

24 日，瑞昌失守，张发奎必须对付沿着瑞昌—阳新公路以及沿江进犯的敌军。在仔细研究了此地的地形图后，他召开作战会议，进行军事部署：“眼前，瑞昌以西多山的地形对我军非常有利，山地缺少公路，敌人的重型武器派不上用场。在敌我双方实力如此悬殊的情况下，我们必须依托多山地形打仗，我命令将部队分成多股去分守不同据点，由汤恩伯负责指挥。”

尽管张发奎进行了严密的部署，但是，山地并不能阻止日军进犯的铁蹄，敌军装备精良且受过山地战训练，经过三周的争夺，在一系列夜间突袭后，他们从张部手中夺占了一个又一个山头，尽管他们伤亡不少。最后，在敌人的水陆两路夹击之下，马头镇和富池口先后失陷，右翼的汤恩伯不得不向阳新附近地区转移。

9 月，英国和其他国家的武官访问阳新，调查侵华日军使用毒气一案，其中有些武官坚称，敌军仅仅使用了催泪弹，张发奎令部下带他们去医院参观：负伤的官兵是敌军使用毒气弹的直接证据，日军的谎言不攻自破。

夏日的武汉，像一座喷吐着烈焰的火炉；夏日的南京，也在蒸人的暑气中挣扎。这两座火炉之间的长江流域，就像这两座城市一样热浪翻滚，暑气灼人。

按理，白天是无法行军和作战的。但冈村宁次开始没顾这些，仍然限令各师团火速开往前线。一时间，沿江道路、码头、车站及至乡间小路，到处都涌动着向西调动的日军黄潮。枪械弹药、军需物资夹杂其间，更使这些潮水显得拥挤。船只、车辆不足，日军成了真正的步兵。粗壮的双腿虽然有力，但面对酷暑，面对遭到严重破坏的道路和一道道江河湖沼及暴起的瘟疫、疟疾，疲惫不堪的日军顶不住了。

战争，使长江沿岸城市、乡村十室九空，只有暴尸荒野的人、畜尸体，在炎热的空气中散发着令人作呕的臭气，没有人顾得上这些，战争还在进行，逃难还在进行，然而，他们不知道，此时，一个黑色的幽灵正在慢慢地靠近湖北大地。

瘟疫、疟疾终于大规模地暴发了。这股黑色的幽灵飘到哪里，哪里便成了它的蔓延之地。流动的战争，流动的官兵，使这幽灵以比平日快出数倍的速度到处传播。孳生在草丛、水洼中的一群群黑色疟蚊，给中日两军带来的恐惧甚至更甚于战场的恐怖。

冈村宁次可以小瞧中国军队，但却无法忽视这些无孔不入的飞虫。最初，他坚决地回绝了参谋长请求休整的建议，限令各部队按时赶到前线，但疟疾却拖住了他的后腿。一〇六、一〇一师团经过苦战而不得通过金官桥、庐山，但后续兵团虽拼尽全力，也无法按时赶到九江。

第九师团、第二十七师团还未进入战场，临时医院里就躺满了昏迷的疟疾病员。部队中，还有大批的官兵在打着摆子。只要还没昏迷，医院的病床就没有他们的份儿。每天，都有不少日军官兵病死在病床上。尸体刚挪开，马上又躺上新的病员。第九师团的疟疾病减员达到了四分之一，这甚至超过了一场血战的伤亡代价。第九师团、第二十七师团还是没有上前线的二线部队。面对这个意料不到的“对手”，冈村宁次终于无奈地下令暂时停止攻击。

战场的另一边，中国军队的日子也不好过。

长江流域一会儿酷暑难耐，一会儿又阴雨连绵，衣服很少有干的时候。山坡、沟坎、草丛中的疟蚊自然发现了这最好的目标，它们可不管你是中国人还是日本人，前线官兵不但承受着枪林弹雨，还要与这股黑色的幽灵抗争。成中队、成小队的士兵染上了疟疾，但他们没法儿躺下。只要神志还清醒，就还得在阵地上战斗。部队大量减员，有的部队因病减员竟达一半。由于药品匮乏，每日都有数十名官兵死亡。

张发奎焦急万分，连忙向武汉军委会紧急求助。统帅部这才发现，原来我们储存的药品少得可怜，经过民间征购和向国际社会求援，成车的药品运到武汉，送上前线，疫情总算得到了缓解。

9 月 18 日，敌军进攻长江南岸的战略据点湖北富池口，那里已经修筑了在马当要塞后最重要的要塞——田（家镇）南要塞。张发奎将蒋介石与陈诚的命令转达给五十四军十八师师长李芳彬：要不惜一切代价坚守富池口。

19日，李芳彬写信给张发奎，向他保证：十八师官兵决心遵命坚守田南要塞。

24日，蒋介石命令李芳彬死守富池口七日等待援军，此举是为了确保张发奎部其他部队有时间撤退。但是，李甚至连三个小时都没守住，先一步撤离了富池口。

28日，和富池口隔江相对的北岸田家镇也失守了。现在日军的军舰可以直闯武汉，他们炮轰我们的阵地，在不同的地点登陆。

张发奎不顾严峻的局面下令部队分散在邻近地区采取独立行动，因为敌军必须一个接一个攻占山头，这样可以牵制敌军的进攻。他将这一方案向最高当局报告，保证部队能够坚持三周，以便让最高统帅部有时间做出下一步准备。

张发奎治军严谨是有名的，对命令的执行也从不含糊。九江之战，因为撤退被最高统帅撤职，是他的耻辱，此刻，他严令各军全力以赴，遏制敌人行动，确保坚守三周。“铁军”的荣誉不容置疑。当时，守卫阳新中央阵地的某军长有些犹豫，张发奎以最坚决的话语命令该军长：“坚守到底！没有部队增援，你也得死守到底！不许后退半步！”后来，阳新守军一直坚守到石灰窑战事以后才撤退。

10月20日，敌军攻占长江以南的黄石，如此一来，在阳新地区的部队便有了被合围的危险，张发奎知道，撤退的时机到了。

21日，他保证的三周时间已到，张发奎当即报告最高统帅部，定于22日，命令部队全线向金牛以东转移。

至24日，日军已对武汉形成了东、北、南三面包围的态势。在这种情况下，武汉已经很难坚守，蒋介石在日记中这样写道：“此时武汉地位已失重要性，如勉强保持，则最后必失，不如决心自动放弃，保全若干力量，以为持久抗战与最后胜利之根基。”

24日，蒋介石正式下令放弃武汉的命令。国民党政府军事委员会在武汉举行中外记者招待会，郑重宣布“我军自动退出武汉”。汉口市长吴国桢宣称：“保卫大武汉之战，我们是尽了消耗战与持久战之能事，我们的最高战略是以空间换取时间。……我们于人口的疏散、产业的转移，已经走得相当彻底，而且我们还掩护了后方建设……”同日，中国共产党的中央机关报《新华日报》和国民党政府军事委员会机关报《扫荡报》分别发表了告别武汉的社论。

24 日晚，作为战时最高统帅的蒋介石和航空委员会秘书长的宋美龄乘飞机离开武昌飞往湖南衡阳。临行前，他下令：“将凡有可能被敌军利用之虞的设施均予以破坏!”这道“焦土抗战”的命令，使武汉整整燃烧了两天。中共中央驻武汉代表、国民党政府军事委员会政治部副部长周恩来和新华日报也在这一天乘机飞离武汉。同时，武汉城内中国守军按计划开始撤离，至 25 日夜全部撤离市区。

25 日晚 10 时许，日军先头部队第十一军第六师第二十三联队率先进入汉口城区。26 日凌晨 5 时，日军第十一军波田支队从宾阳门突入武昌。27 日午后，配属于波田支队的日军第十五师团的第六十联队占领汉阳。

至此，中国军队保卫武汉的作战宣告结束，武汉三镇沦陷。

与此同时，日军第九师团攻占了贺胜桥，第二十七师团占领了桃林镇，并切断了粤汉铁路。但是，此时中国守军已经撤到了湘北及鄂西地区，日军企图在武汉消灭中国军队主力的目的未能得逞。

武汉会战历时四个半月，以中国军队主动撤出武汉而告结束。

虽然就战役而言，日军占领了武汉三镇，中国军队英勇卓绝的武汉保卫战是失败了。但是，从战略意义上来说，日本并没有能实现其战略企图，取得预期的胜利。日本大本营原以为迅速攻占武汉，就能迫使中国政府投降，“结束对中国的战争”。但是，中国政府并未像日本所期望的那样因武汉、广州的失守而投降。

中国军队主动退出武汉后，10 月 31 日，蒋介石发表《为国军退出武汉告全国国民书》：

保卫武汉之军事，其主要意义源于阻滞敌军西进，消耗敌军实力，准备后方交通，运输必要武器，迁移我东南与中部之工业，以进行西南之建设。今者我中部及东南之人力物力多已移植于西部诸省，西部之开发与交通建设，已达初步基础。故我守卫武汉之任务已毕，目的已达。且抗战军事胜负之关键，不在武汉一地得失，而在保持我继续抗战持久之力量。自今伊始，必须更哀戚，更紧忍，更踏实，更刻苦，更勇猛奋进以致力于全面之战争与抗战根据地之充实，而造成最后之胜利。

武汉会战对整个战局产生了重大的影响，日军在这次战争中死、伤、病近十万人，更重要的是其全面进攻的锐气大大受挫，经此一战，日军速战速决，迅速解决“中国事变”的国策实际已经宣告破产，迫使其不得不重新调整对华战略。中国军民以巨大的牺牲（中国军队伤亡四十万人），换来了战略相持阶段的到来。

武汉会战不仅是中国抗日战争由战略防御阶段到战略相持阶段的转折点，同时，在整个世界反法西斯战争史上也具有重要的历史地位：1938 年的武汉会战，有力地牵制了日本陆军的主力，使其无法抽调兵力和战略资源支援当时日本关东军和苏联红军在张鼓峰的战役，最终使日本不得不放弃武力进攻苏联的所谓“北进”计划，这对于整个世界反法西斯战争的进程产生了重要的影响。

对于武汉会战，张发奎在自传中有这样的描述：“总的说来，在整个抗日战争中，我参加了所有的重要战役，而武汉会战是我最得意的。因为在会战中，我的部队打得最顽强。当然，从总体看，‘国军’在淞沪会战打得最顽强，但并不在我指挥的地区。”

武汉沦陷后，情况发生变化，张发奎奉命将第十一军团和第三十二军团交罗卓英指挥，使其在粤汉铁路之北正面拒止敌人，他自己则率余部退驻湖南。

一个新的任务正在等着他。

第七章　第四战区与越南

出任第四战区司令长官

广州、武汉失守之后，抗日战争进入相持阶段。1938 年 11 月 25 日，蒋介石在南岳召开军事会议，由蒋介石亲自主持，第三、第九两个战区师长以上百余人参加，中共方面周恩来、叶剑英也应邀参加。这个军事会议一连开了四天，制定出第二期抗战方针。

会议根据敌我战线情况，重新划分了战区，设八个正面战场战区和两个敌后战区。张发奎被任命为第四战区司令长官，负责广东、广西两地作战。兵力包括吴奇伟第九集团军、余汉谋第十二集团军、夏威第十六集团军，共十八个步兵师、两个步兵旅及其他特种部队。为了简化部队指挥层次，又将原来的七级变为四级，即从“军委会—战区—兵团—集团军—军团—军—师”，变为“军委会—战区—集团军—军”，取消广州、西安、重庆三个行营，改设天水和桂林两个行营，统一指挥北方和南方战场的作战。

南岳会议后，张发奎就带着直属部队乘火车南行，于 12 月 21 日来到韶关赴任。

当时两广地区尚是一片净土，适逢惠广战役新败之余，日军在占领广州和珠江三角洲部分城镇后，攻势告一段落，以第二十一军第十八师团、第一〇四师团及海军陆战队一部约四万人在上述区域巩固既占据点，并加强外围守备，从事公路铁路交通的修筑。原负责广东守备的余汉谋第十二集团军退守粤北。

第四战区序列部队虽号称十八个师，近二十万人，但实力有限。广西部队主力已由李宗仁率领到第五战区，留守的夏威第十六集团军是由地方保安团队扩编而成，兵员较足，战斗力却不强。广东部队减员较多，六十四、六十六军是刚从武汉前线调回整补的，第四军在淞沪会战后又参加了南浔会战（1939 年初调回广东甫及半年又归入第九战区编制），余汉谋刚经过惠广战役，“故实际上的兵力，不足三分之一”。

根据上述情况，张发奎确定了调整军事部署，稳定第一线，加强阵地工事，确保粤北的守势作战方针。

首先，是整顿内部，激励士气，加强部队的政治宣传工作。来韶关的第二天，张发奎就在余汉谋、李汉魂的陪同下，出席了由各军师旅长以上军官参加的简单的欢迎会。军官们以一种敬重的心情望着这位有“铁将军”之称的长官。

只见他，身材不高但很结实，目光坚毅，眼神犀利，不断扫射着会场的每一个角落，注意着每个人。当余汉谋代表全体官兵致欢迎词后，张发奎徐徐站起，扫视了大家一眼，缓声道：“今天来，主要想和大家说四句话。第一，我张向华是由粤军第一师出身的军官，你们十二集团军的部队也是由粤军第一师发展起来的，有此历史渊源，所以派我来四战区任司令长官，指挥你们，相信你们也一定会服从我的命令。第二，我们粤军第一师从邓仲元师长建立以来日益发展，经过无数次的战役，从没有打过败仗，是国民革命最坚强的部队，不意这次你们十二集团军在惠广战役中，只和敌人做过几次小小的接触就溃败下来，放弃了广州，造成很大的损失。这不仅是粤军第一师同人的奇耻大辱，也是广东人民的奇耻大辱。这次来粤前，我赴湖南、广西和四川等地考察，到处都是对你们的批评、指责，我听了以后，都替你们脸红啊。第三，我这次来当四战区司令官，先要整顿部队恢复作战能力，收复广州和其他失地，其次是整理政治，增加行政效率，支持军事，消灭敌人。第四，我回广东工作并不是来争官做、争地盘，而是来协助余总司令振军经武，恢复名誉。待广州收复后，决将广东军政大权交还余总司令负责，决不贪恋。”

张发奎这番开诚布公的训话，赢得了军官们雷鸣般的掌声。事后，根据张的讲话整理发表《告军人书》，号召官兵坚决抗日，洗刷丢失广州的耻辱，鼓舞士气。

1939 年元旦，张发奎在当时华南的抗日中心曲江宣誓就职。

这次能够回到两广任职，张发奎喜忧参半，广东是他的故乡，在他心中的位置自不待言；广西是他度过军旅生涯多年的地方，不啻为第二故乡；他对两广了如指掌，这对于指挥作战有很多便利，但同时，他也深知两广复杂的人事关系，盘根错节，一旦处理不好，不但于军事管理无益，还会影响部队的安定团结。因此，必须妥善处之。

经过一番思量，张发奎首先向最高统帅部建议，调整本地区军事的意见：

本着减少指挥层次，明确各部职责的原则。

甲、作战区域就原有区域划分为东南西北四区，每区以一个集团军担任。

一、东区——第九集团军吴奇伟指挥第六十五军、预备第六师及独立第九旅。

二、南区——第十六集团军夏威指挥原第三十一、四十六两军。

三、西区——将粤省保安团抽出八个团编为一军，加上邓龙光第六十四军，编为第三十五集团军，由广东省主席李汉魂兼任总司令，邓龙光为副总司令。

四、北区——由余汉谋指挥第十二集团军之第六十二、六十三、六十六军及独立第二十旅。

乙、由中央增援一个军布控韶关附近为总预备队。

丙、粤省保安队，除拨出八个团，编成一军，以保安处长邹洪任军长外，所余五个保安团，以吴遒宪任保安处处长。

丁、粤省税警总团，除留四个营仍任缉私工作外，其余三个团及一个营编为一个师，归西江方面之集团军总司令指挥。

最高统帅部基本同意了张发奎的意见，并颁布人事和分区的命令。

随后他开始了对部队官兵的整顿，这是让他最为头疼的一件事。

首先将守卫惠广前线失职的第一五一师师长莫希德送交重庆军法执行总监查办，对部分师、旅长给予革职、记过处分；解除李煦寰第四战区政治部主任、李洁之第四战区兵站总监主任职务，分以丘誉、冯次淇接替。

除此人事上的调整变更之外，张发奎还在南雄修仁成立第四战区干部训练团，并亲自主持。一方面将党政军各级干部轮流调训，另一方面挑选各部队优秀士兵进行军事训练，培养和储备初级军官。此外还成立了一个政治干部训练班，从各地招收青年学生，培训战地组训民众及协助部队作战的政工人员。干训团先后培训毕业生约四千余人，并组训了粤北十县壮丁。

经过整训、调整充实了领导指挥机构，广大官兵的民族意识得到加强，士气和军事技术、战斗力都有所提高，为进入相持阶段之后坚持两广抗战打下了一定基础。

当然，在调整、整训的过程中，由于两广军队各系统之间的不同历史渊源和隶属关系，也产生了一些矛盾和分歧，像上述吴奇伟、李汉魂、邓龙光等原都是第四军将领，他们分别担负了广东东、西两区的防务，部分军人在背后批评张发奎，说他有意分割广东部队的统一，树立原第四军系统的势力。由于这样一种偏见和传闻失实的扩大，结果造成以后广东军人派别上的分歧与摩擦。

1940 年 1 月张发奎去广西后，分掌广东军、政的余汉谋、李汉魂之间果然因权力分配问题互生嫌隙，进而产生摩擦。至于属于广西部队的夏威集团，实际上主要听命于坐镇桂林行营的白崇禧，张发奎很少过问。内战时期国民党军队内部的派系纠葛被有形无形地沿袭下来。加上蒋介石对两广军事有他的一套安排，第四战区长官部在 1940 年 1 月之前实际只负责广东方面，而在 1940 年 1 月之后，又只能负责广西方面，广东方面则转交余汉谋，并于不久另设第七战区。故抗战期间张发奎并不能尽施其杀敌报国之志，反而时时要为弥合内部纠纷而苦恼。加上张本人也并不能完全超脱于派别和个人恩怨之上，难免有偏颇和意气用事之时，这对两广战事或多或少造成不利影响。

粤北、桂南协调指挥

1939 年 11 月 15 日，日军集结陆海空军三万余人，在广西钦州湾强行登陆，24 日攻陷南宁，中国军队十五万多人在桂林行营主任白崇禧等指挥下，与日军进行桂南会战，于 12 月 18 日对敌军发起反攻，31 日攻克东北部要隘昆仑关，取得昆仑关大捷。1940 年 1 月 28 日，日军发动新的攻势，于 2 月 2 日攻陷南宁北部重镇宾阳，3 日再度攻陷昆仑关，中国军队损失惨重。之后，双方处于胶着状态，桂南会战结束。

会战期间，驻粤日军为牵制中国兵力，从 1939 年 12 月 17 日起，又兵分三路向粤北中国守军发动进攻，第一次粤北会战开始，余汉谋第十二集团军进行了较为顽强的抵抗。如前所述，日军进攻粤北次日，桂南方面中国军队开始猛烈反攻，粤北日军遂不敢恋战，在 29 日、30 日占领翁源、英德后奉命后撤，调主力增援桂南。第十二集团军乘机从 26 日起全线反攻，经五日鏖战，相继克复原阵地各要点。

桂南会战和粤北会战作战区域都在两广，正属张发奎第四战区负责的区域，张发奎参与了这两次会战的指挥，为粤北会战的胜利和桂南会战前期的胜利做出了贡献。但是由于中国军队指挥机构的重叠和内部派系隔阂未能消除，他在这两次会战中的处境也较为微妙。

桂南会战前期，张发奎在粤北了解到广州日军为配合桂南的行动北进牵制我军的企图，决定争取主动，制敌机先，“即以一部在铁路正面，另以一部进出广、花、增、从间地区，先行向敌方袭击，以摧破他的攻击准备”。

这期间，由于桂林行营主任白崇禧来电催促，张发奎遂于12月6日启程，经衡阳于8日抵达桂东南之迁江指挥所，参加党政军高级会议，共同研究桂南反击作战计划。张发奎到达当日，白崇禧在给蒋介石的密电中报告，“攻击计划及部署正与张长官及各集团军总司令等会商，一俟详细策定后，立即呈报”，并就指挥问题向蒋提出“桂南地区属于第四战区范围，似宜以张长官担任为宜。职于日前曾经电请钧座，希电其前来指挥。现张长官已到此，拟由其负责”。

但此前的6日，蒋在致白崇禧电报中就已定“仍由兄亲自统一指挥”，10日的复电未再提此事，估计暂无意改变原定人事安排，这样在12月13日白崇禧向蒋报告参战部队序列时，确定西路军、北路军、东路军总指挥分别为夏威、徐庭瑶、蔡廷锴，张发奎未担任具体指挥任务。

在张发奎看来，将桂南地区从第四战区拨交桂林行营指挥，是最高统帅部的一次严重错误。因为这样一来，不仅第四战区的指挥系统被破坏，辖境被割裂，而且第四战区的辖境也起了实质的变更，名义上虽然他仍是统辖两广的第四战区司令长官，实际指挥的则不过只有广东一省，剩下的另一半广西却归白崇禧的行营指挥。这种权责不一、名不副实的不正常情形，不消说，在人事职权上发生尴尬尚在其次，更重要的还是对第四战区的作战影响。假如第四战区建制完整，他自可随时根据实际拟定作战方针，做适时适切之配合。但桂南地区一被分割，所有协同配合均不易为之了。

因此会战结束后，张发奎即离开迁江指挥所，但未立即返粤北，而是经柳州、平乐、梧州往西江视察。他在封川、都城（今郁南）、德庆等地，均曾召集各界举行座谈会，随后并拟再赴南路视察。后来因为粤北吃紧，张发奎只好中断西江之巡，而于 12 月 27 日快马加鞭赶回曲江。

张发奎回到曲江后，对如何击退敌人进攻做了较为适切的处置。他认为不能令部队以守势施行逐次抵抗，因曲江是战区的基地，距第一线不及一百公里，再没有深广的地区可以与敌周旋，必须以主动的攻击手段，把握时机，乘敌人突进分离的时候，予以各个击破。他命令第十二集团军各部、第三十五集团军之暂二军、第二游击纵队及增援之第五十四军等部队从不同方向相互协同，主动向敌进攻。

下达命令后，张发奎对胜利怀着莫大的期望，他认为，如果我军能从正面拒止敌人，从中间突破，则敌人必将陷于分离状态，广韶公路方面之敌，必将受多方面之优势兵力压迫而崩溃。

最能领悟张发奎“化攻为守”战略意图的是第六十二军军长黄涛。

本来，六十二军先是接到十二集团军总部一个电报，命令六十二军从佛冈阵地北撤回上吹、下吹东西线一带山地，再行抵抗敌人。黄涛认为退守阵地，不能解决问题，因此马上用有线电话接到十二集团军总部找到余汉谋，向余汉谋提出两个主张：第一个主张，既是敌军倾巢来攻，广州必定空虚，我率六十二军直攻广州，这是上策；第二个主张，我率本军由佛冈水头墟附近向牛背脊、良口敌之据点攻击，截断敌之后路，俟攻击奏效后，再向吕田方面席卷而上，对沿翁源从化公路突入梅坑以上敌军后尾部队而攻击之，使敌之后方联络线完全陷于断绝，这是中策。

当时余汉谋听了这些主张，一时无法答复，只嘱咐黄涛暂时保持电话五分钟，待其与王俊副总司令、张达参谋长商量之后，再做决定。五分钟后，余汉谋做出决定：“进攻广州是攻据点，不容易的事。纵然攻入，亦不易守。不如就近攻击牛背脊、良口敌之后方联络据点较为稳当，就照你第二个主张行动可也。”

黄涛得令后，开始行动，从中线主动出击，经过两昼夜激战，歼灭日军一千九百多人，收复了牛背脊，并把敌联络线拦腰截断，敌一部慌忙向南退窜，另一部则往北靠拢。29 日进抵翁源、新丰之敌，又遇第五十四军合击，这样，敌人的中路和右路陷入了始料不及的被南北夹击的困境。

1940 年元旦，一个个胜利的捷报与庆祝新年的喜讯同时来临，新丰、翁源公路方面的敌人，在我第五十四军的攻击下开始退却。英德附近铁路正面的敌人，也从县城撤退至连江口。听到敌人退却的消息，张发奎甚感欣慰，这次主动攻击的处置无疑是正确的。他不禁打开一瓶香槟酒，和幕僚们举杯相庆。

李汉魂笑着说："在韶城最紧急之时，南华寺虚云方丈送来六祖代求之一签云：大地忽回春，无限真消息；目前生意多，管甚开荆棘！昔年会种善根来，今日仍然得其力……"

张发奎笑曰："感谢六祖保佑，胜利后，代我敬一高香。"

此次战役于1940 年 1 月 26 日结束，会战终于以恢复至战前态势而结束，史称"第一次粤北战役"。关于这次会战歼敌的人数，当时国民党政府公布俘虏、打死、打伤日军官兵共三千九百六十六人，日方战史则称："根据第二十一军司令部的记录"，日军战死二百九十三名（三十九名军官），负伤一千二百八十一名（五十七名军官），死伤共一千五百七十四名。

估计中方数字出于宣传需要而有所夸大，战后张发奎本人对这次会战结果的描述是："一千余敌人之骸骨埋葬在北江的草莽中，数十辆汽车之战利品进入我们的仓库，以及敌之倭奴军官数人和士兵五十八人，以颓丧之面色，屈膝在我们的前面……粤北的形势亦趋于安定了。"

进攻粤北的日军主力西调后，桂南再度吃紧。1940 年 1 月 7 日，蒋介石令张发奎将广东西江、东江、北江地区的指挥权移交余汉谋，转而指挥桂南。张发奎对取消其广东地区指挥实权的这一安排颇感失意，在 10 日交卸之后，11 日回到始兴老家。其间，陈诚、白崇禧、张治中不断以电报、电话劝其尽快到任，张遂在 1 月 20 日启程，经衡阳、桂林、柳州于27 日到达迁江桂林行营指挥所。

如前所述，桂南会战一直是白崇禧坐镇指挥，中间蒋介石又派陈诚、李济深前往协助，张发奎战后在回忆录中说是在战况不利的情况下将他调来的，“桂南之战，实际非我指挥”，“在我一切情况未明了之前，我做的第一件事，就签署下达一个正面部队退却的命令。这个命令已经由行营指挥所的人员预先拟定，好像是专待我来签署下达。白崇禧将军和林参谋长告诉我，当晚的情况已到了不容丝毫考虑片刻，否则昆仑关附近的部队有被敌包围歼灭的可能。我无可奈何，只好忍痛负起这个失败的责任”。

2 月 1 日，四战区司令长官部开始迁移柳州。

3 日，昆仑关失守。中国守军受到沉重打击。

张发奎和陈诚、白崇禧等马上变更兵力部署，加强两翼，侧击敌后，以一部兵力占领左侧要点，企图阻敌北进；以主力由贵宾路方向迂回出击，企图切断北进之敌的后方交通线。但是，日军此次行动，旨在奇袭反攻，誓报前仇。他们在发动闪击战袭击，达到重创昆仑关中国军队之目的后，突然掉头南下，除第五师团等部仍留守南宁和附近主要据点外，主力则在钦州湾安全登船远去。不得不说，日军打了个漂亮的奇袭作战。

中国军队重新占领了五塘和昆仑关在内的战略要地。

2 月 23 日，由重庆赶来的蒋介石在柳州主持召开军事会议，检讨桂南会战的得失和功过，参加会议的有白崇禧、李济深、陈诚、张治中、商震、张发奎、薛岳、余汉谋以及各集团军总司令及参加桂南会战的各军军长。蒋介石对当前局势发表了长篇讲话，指出如何克敌制胜的对策。大家一致认为桂南会战失败的原因，在于上级指挥官的判断错误和处置失当，而第六十六军更犯了行动迟缓与不听命令之罪。

25 日，蒋介石在会议闭幕前宣布了处分意见，陈诚和白崇禧两人均受了降级的处分，张发奎也被记了一次大过。

张发奎一直对自己无故受过甚感不满。回忆在淞沪会战初期，他原任右翼军总司令，但濒临该会战之末期，最高统帅部决定撤退时，他被调为淞沪会战之中央地区队之总司令，负担了淞沪会战的战败和撤退责任。这一次桂南会战，历史重演，他又被安排担任了签署撤退命令的角色，使他蒙受桂南失败的处分。

他主动向最高统帅部提出特别建议，将两广划分为两个战区，其中，广东战区由余汉谋负责，他自己则专门负责广西战区。经过他的反复申诉，1940 年 8 月，蒋介石终于接受了他的建议。第四战区划为两个战区，广东为第七战区，任余汉谋为司令长官，张发奎留在广西仍任第四战区司令长官。

坚持团结，反对投降

张发奎作为一名国民党高级将领，在抗战期间不仅始终坚持抗战，而且在实行国共合作、共同抗日方面做得也是比较好的，与坚决反共的顽固派将领有很大区别。“八一三”淞沪会战开始后，张发奎即请郭沫若帮助，率先成立了第八集团军总司令部战地服务团，随军进行政治工作和民众工作，这是抗战以来国民党军队中的第一个政工队。服务团由郭沫若引荐，共产党员钱亦石出任少将队长，招收了大批共产党员和热血青年，其中不少共产党员一直随张发奎到韶关，如左洪涛、何家槐、孙慎、刘田夫、王河天、杨应彬等，组成第四战区中共特别支部。左、何、孙等人还担任张的机要秘书等职，颇受信赖。

1939 年秋，左洪涛应邀到倾向进步的韶关基督教青年会进行“民主与宪政”时事讲演，事前征得张发奎同意并请张审阅了讲话提纲。在讲演中，左洪涛从爱护国民党的角度出发，批评了国民党顽固派破坏团结抗战、违背总理遗教的种种劣迹，吁请坚持抗战、开放民主、实施宪政、改善民生。但时任第四战区政治部主任的丘誉派《阵中日报》主笔谢某混入场内监听，随后在报上指名道姓攻击左的讲演言论荒谬，有危害“党国”之嫌。张发奎得知此事后，在随之召开的战区党政军负责人会议上对丘誉严词训斥：“左洪涛秘书应邀到青年会讲演，是我同意的，他的讲演提纲也经我审阅过。他是我的秘书，你们攻击他就是攻击我。你们对团结抗战宣传动员工作横加诽谤，是何居心?”丘只得将谢某撤职，并向左洪涛当面道歉。不久，丘本人也被调离了战区政治部。

在第四战区工作的进步文艺工作者排演了一出由延安剧作家创作，反映八路军开辟敌后战场，改造自发抗日武装的新剧，一些人看了之后横加非议，说是变相贬低国民党军队。而张发奎看过之后，大为称赞，并指示以后不管下到哪个部队都要演出该剧，给了他们较为有力的支持。

第四战区西迁柳州后，张发奎对在他部队工作的共产党员和进步人士继续予以重用，何家槐、左洪涛任上校秘书，柳倩、孙慎、沈振黄任少校秘书，杨应彬、杨野明、郑黎亚、吕壁如、沈丹枫、方兮任中尉。杨应彬还被保送到军校深造，后成为张的作战参谋。他假装不知道这些人的真实身份，按他自己的话来说：“为了利用他们的才能，我不怕使用共产党。”

张发奎对在两广地区活动的其他爱国进步团体也给予了力所能及的帮助。如台湾著名抗日志士丘逢甲之子丘念台领导的广东民众抗日自卫团东区服务队，其成员有不少是中共地下党员，受到国民党顽固派的大肆攻击，一段时间内不仅经费无着，甚至能否合法存在也成了问题。丘通过关系向张发奎求助，张很快同意将服务队编入第四战区，拨给经费，张还建议为避免怀疑，服务队可全体加入国民党，但因顽固派把持的国民党地方党部作梗，这一建议未行得通。

1940 年 4 月 23 日，中共广东省委在给中央的报告中对张发奎做了较高的评价：

> 我们做统一战线工作的第二个主要对象是张发奎。张发奎为人直爽，受过中国大革命的洗礼……他今天一般表

现还很好，曾经在几次逆流来时，表示应该抗战、进步、团结，大胆地用青年，对共产党不用怀疑，内部不应摩擦。在曲江，他们公开的讲话和政治意见，都可以把我们的意见反映出来，比如，反汪运动的问题、对“抗先”的问题、对我们的干部被捕问题，都公开表示应该团结，反对内部摩擦。曾公开地在长官司令部干训团，指出反苏的舆论不合时宜，不合抗战建国纲领。

对平江惨案、皖南事变，张发奎都持反对态度，表示“在广东不容有如平江之事”。1941 年 1 月，皖南事变发生时，他心情苦闷，长叹不已，告其部下：“如果内战，必定亡国，本人决不参加内战。”皖南事变后，在国民党十二个战区司令长官中，唯有张发奎没有发表反共通电。从在国民党军队中第一个设立由进步人士组成的政工队，到皖南事变后唯一一个未发表反共通电的战区司令，能成为这“第一个”和“唯一一个”，张发奎还是很不容易的，这或许就是他自己常说的：“我只是个军人，不懂政治。”但正是这一份“不懂政治”的单纯，恰恰使他没有丧失对事情的基本判断，对真理的坚持，这份真诚应当给予肯定。

当然，在对待中共及进步人士的问题上，张发奎有些做法也不尽妥当，在叶挺被拘禁桂林时，他做了一些可能的照顾，却也仅限于此，这说明，张发奎既与那些反共顽固派有很大不同，又与那些始终与中共亲密合作的国党左派人士还有区别。

1938 年 12 月，汪精卫叛国投敌，发表了臭名昭著的乞和“艳电”，张发奎立即通电予以驳斥。

张发奎与汪精卫的渊源颇深，可以说，他一直是汪的支持者和追随者，早年的汪精卫曾是一名坚定的革命者和爱国者，张发奎对他非常尊敬。直到 1931 年，汪蒋合作后，时任行政院长的汪精卫，认为张发奎已无多大利用价值，对张多有嫌弃，张始知汪的为人，二人因生嫌隙，渐渐拉开距离。

汪精卫在抗战初期，先是一个焦土抗战论者，后来又是一个对抗战持悲观态度者，认为“抗战必败，抗战必亡”。但张发奎万万想不到，汪精卫最终竟然做了一个天字第一号的“大汉奸”，为国人不齿。

1939 年 7 月，汪到广州发表广播讲话，对国民党广东将领进行劝降，张发奎以第四战区长官部的名义，会同余汉谋、李汉魂、香翰屏、蔡廷锴、蒋光鼐等当即通电声讨，表明了与敌伪势不两立的爱国立场。由于张发奎等能以民族大义为重，汪的阴谋被挫败。

纵观张发奎抗战期间在两广地区所作所为，他的抗日是坚决、努力的，对加强内部团结、维护国共合作的抗日民族统一战线也做了一些有益的工作，为争取两广抗战的胜利贡献了他的一份力量。作为一个有着复杂经历的国民党高级将领，受当时历史条件的限制，虽存在着某些局限性，但总的来说，是值得肯定的。

支持越南革命

桂南会战后，日军趁法国在本土被德国纳粹打败之际，于 1940 年冬大举侵略法属越南。他们主动放弃南宁，将龙州、南宁的部队全部由钦州湾登舰运往越南，法军不战而降，日军很快占领了越南。

日军全部撤走后，张发奎指挥部队迅速收复了南宁、龙州等要地，使广西南部重回祖国怀抱。此时，放眼望去，第四战区辖境已没有敌人的踪迹。这是战时一个难得的平静时期，但张发奎心里明白，这只是台风前的平静，更艰苦的战斗还在后面，必须利用这难得的机会，做好一切准备，随时防范日军的再次入侵。

南宁光复后，最高统帅部把第四战区主力部队相继调离他处，四战区仅辖有一个第十六集团军司令部和该集团军所辖的第三十军。换句话说，张发奎手里仅有一个军，兵力有限，他只能把主力配置在中越国境线上，防备日军的随时进攻。

1941 年底太平洋战争爆发之后，英美部队对日宣战，这使中国军队看到了胜利的希望。1943 年冬，张发奎接到最高统帅部的一个命令，令他拟订一个中国军队入越的作战计划。

中国国民党与越南独立运动的渊源可以追溯到同盟会时期。1905 年，正在日本筹组同盟会的孙中山，曾两度与越南革命先驱潘佩珠会晤，揭开了中越两国革命党人友好合作的历史篇章。其后，越南维新会改组为光复会，继而改组为越南国民党。越南革命党人的独立运动一直受到中国国民党的影响。

1930 年，安沛起义失败后，越南国民党派干员来到中国广东、广西、云南各省设立海外支部，并派高干赴南京，请求设立越南国民党海外办事处。中国国民党中央党部对越南民族独立运动表示同情，特准其在华设立办事处，每月资助活动经费二百元。1936 年，一批流亡中国的越南爱国者，由中校参谋胡学览出面，向中国国民党中央党部申请成立“越南独立同盟会”。

越南历史上也是个多灾多难的国家，从 19 世纪中叶法国入侵后，便沦陷为法国的殖民地。1940 年 6 月，法国本土落入纳粹德国手中，德、日法西斯曾一度猖獗。9 月 22 日，日本向法越当局施压，签订了《日法河内协议》，其内容为：一、允许六千名日军在海防港登陆。二、允许日方使用越南三个机场。三、允许一师日军从广西进入越南由海防撤走。法越当局还下令禁止中国货物经过越南由滇越铁路运输，并同意将中越边界的控制权交给日方。此举不仅截断了从越南海防到广西龙州输入军需物资的通道，而且截断了中国输出桐油、锡、钨、锑等重要物资用以抵偿外债的通道，旨在迫使国民党政府停止抗战、接受和谈。同时，日军开始利用河内机场轰炸昆明。日军不仅封锁中越边界，而且大肆掠夺物资，焚毁房屋，企图摧毁中国抗战的经济基础。在此危局下，为了获取侵越日军情报、进出越南打击日军，国民党政府开始积极策动对越工作。

为防止日军假道越南进攻中国抗战的大后方，国民党政府军委会责成第四战区对中越边境采取相应的军事防范措施。四战区司令长官张发奎调派保定军校毕业生、在南宁军校任职的越南人张佩公到柳州组织专门对越的情报机关。国民党中央党部则派遣邢森洲到河内设立办事处，负责策动越泰侨胞，联络越泰军民，为中国抗日力量的反攻做准备。

为了加强对越工作、收容越南难民，四战区先后设立了五个不同类别的训练班，总计一千多人，其中西南战地工作人员训练班一百多人，特训班三百多人，靖西第二边区政工队一百多人，第一边区政工队一百多人，电报通信班二十多人。这批青年成为后来中国公开扶助的越南革命团体——越南革命同盟会的骨干力量，在20世纪五六十年代越南两个政权中都担任了要职。

1940年，四战区在边境地区父老协助下，征募了一百多名越南边民，每月由中央拨款一万五千三百多元，组成越南特种部队，翌年扩充为特种营，在张佩公等越籍“国军”军官带领下于靖西集中训练几个月后，他们跨过边界进入高平执行越南境内的情报工作与抗法、抗日活动。他们经常有进出边境的行动，故日军不得不配备一部分兵力去对付他们，因此就减少了日军对中国抗日战场的正面压力。

1940年7月，日军侵占龙州后，张发奎拟订了夺回龙州的计划，打算率三个军挺进谅山，右翼以一个军从靖西向高平进军作为牵制，还知会滇军派一支小部队牵制滇越铁路沿线的敌人。7月18日，英日签订协议关闭滇缅公路三个月，国民党政府最高统帅部曾计划派遣陈烈的五十四军与关麟征的第九集团军从云南进入越南，以恢复国际运输线。当时中国国民党政府外长宋子文曾警告法国驻美大使亨利·海耶：“如果法国认为让日军过境越南是一件必然的事，那么中国对由此引起的后果而被迫采取行动保护自己时，法国不能对此举的必然性持反对态度。”张发奎在日记中也写道：“如果日军深入越南，中国人抗日战争一定会跨出中国边界，表明此战已具有世界大战性质，中国将战斗到日本停止南进。”

张发奎对侵越法国殖民者的切齿痛恨始自1930年冬，第四军驻防中越边境的龙州，一位法军营长邀请他去谅山做客。越过边境后，他见到法国殖民者的行径，感到震惊与痛苦——当此人跨上马背时，脚踩在一个越南人的膝盖上；行经一个小镇时，他鞭打街上的行人喝令让路，见到一个小摊伸到街上太远，就一脚踢翻，把货物撒得满地，摊主敢怒而不敢言。目睹法国军官虐待、作践越南人民，张发奎当时就下定决心：如果有机会，我一定要帮助越南人民！十年后张发奎在广西边境设立越南干部训练班时，主要动机就是帮助他们取得民族独立，而且一再训示手下官兵："我们只想帮助他们，而绝不想取法国人而代之。"1940 年冬，法、日军联合清剿游击基地时，陈中立领导的三千名越南民族复国军官兵（包括法军的越籍逃兵）遭到法军进攻，陈于 12 月被法军俘获处死。此后其副手黄良率领一千多个越南人进入广西，省主席黄旭初请示张发奎如何处置，"国军"第十六集团军总司令夏威也报告越南人入境。张发奎命令他们不要伤害越南人。虽然根据国际法，越南人必须解除武装被遣返交还法国当局。从高平、谅山逃入中国境内的越南军民集结于凭祥，张发奎命令将他们迁移到右江流域的绥罗与扶南，同时向国民党中央报告。

从 1940 年 1 月开赴柳州到 1940 年底准备反攻，张发奎的日记内有一半日程涉及向蒋介石请示，同何应钦、白崇禧讨论"国军"入越计划，同参谋人员讨论进军方案，考察入越准备工作，听取边境情势报告与对越宣传方案，处理越南人团体内部纠纷，审核越南革命同盟会会章、政纲、工作大纲，出席干训班开学、结业典礼，发表精神讲话，招待旅越华侨回国参观团，鼓舞团员协助"国军"入越等问题，"认为扶持一个同文同种的越南民族独立，是中国责无旁贷的事"。

太平洋战争爆发后，蒋介石接受同盟国要求，出任中国战区（包括越南、泰国）盟军最高统帅，指挥本战区各国盟军共同对敌作战。1942 年 3 月 5 日，四战区制定了《对越策动计划大纲》，其方针为"为求进出越南作战便利之目的，战区应利用政治、外交等手段之掩护，积极策动组织越南民众武力，并各地华侨，争取法越政府暨其部队之向心，及扶植指导越南诸党派，以期控制全部越南之潜力，使能与‘国军’立于同一战线，共同打击倭寇。最低限度不使供敌使用，以期我入越作战收最大之成效”。与此同时，立法院院长孙科在《中央日报》主张“恢复世界各弱小民族之自由独立”。1943 年 11 月，蒋介石在开罗会议上明确表示，中国对越南并无领土野心，并提议发表宣言，战后让越南独立。于是，越南革命党人在华活动更趋活跃。经第四战区政治部刻意组织与培训，越南各党派代表终于抛弃成见，成立了统一的组织，将旧时的“越盟”改组为张发奎定名的“越南革命同盟会”，其筹委会成员二十八人，包含了越南民族解放同盟会、复国军、越南国民党及土生华侨组织。然而，其中没有一人具有领袖能力与高尚品格，甚至有少数人以权谋私，在边境作奸犯科。四战区政治部人员尽心竭力居间调停，但收效甚微。张发奎对这批越南人头疼不已、束手无策，便把注意力转向吃苦耐劳、谦恭诚恳而且从来不为小事争吵的胡志明身上。

胡志明系越共著名领袖，原名阮必成，又名阮爱国。1942 年 8 月，他以越南独立同盟会与国际反侵略同盟会越南分会代表的身份离开越南，进入中国国境。他手持“胡志明，记者，越南华侨”的名片，声称要去重庆见蒋介石。胡志明这个名字，便是这时候开始使用的。由于他所持的三种文件——中国青年新闻记者会会员、国际新闻社特约通讯员证明书、本部军用证明书等尽皆 1940 年签发，已告失效，所以被天保县境内街长乡保安队以日谍嫌疑拘捕。案卷由乡公所呈县政府转专员公署再经军委会桂林办公厅，最后交付四战区政治部调查。后来胡志明在《狱中日记》一书中说，他辗转广西十三个县十八所监狱，在被捕后四个月才押解到四战区长官部，然后押送桂林囚禁四十日，再解回四战区政治部。据当时战区政治部主任梁华盛回忆，每日由特务排长监视与送饭，梁同胡志明谈话十多次，认为从言语文字推断此人“才思老练，气度平和”，确认胡是共产国际的积极分子，故呈文建议处决他。可是国民党中央复文说，最好是“转化”他。在囚禁期间，胡志明在战区政治部出版物《阵中日报》上撰稿，借此向越南传递消息。接着，化名李光华潜入战地政工队任中校译员的越共党员黄文欢（后官至越南国会主席，20 世纪 80 年代初受越共亲苏派黎笋等人排挤，投奔中国共产党，后来逝于北京）写密函给在云南的越共党员，要他们动员越南人士写信向张发奎抗议，要求他立即开释胡志明。越共还以“国际反侵略同盟会越南分会”的名义致电重庆，向国民党中央党部施压。

胡志明在狱中致函张发奎，声称在越南拥有二十万地下武装，他承诺重组“越盟”在河内的情报网为中国抗日大业效力，以此换取他的人身自由。张发奎常去胡志明被软禁的侨乐村越南人营区看望他，见他虽年事已高，但精力旺盛，头脑冷静，工作勤奋，能讲流利的汉语，痛恨法国帝国主义，并知悉他已为了越南革命而多次入狱。张发奎钦佩胡志明的革命精神，因而对他很友善。

张发奎呈国民党政府的报告说：“倘若胡志明长期滞留中国，对中国不利；而把他遣回越南，则对中国无害。”张发奎问胡志明怎样开展革命工作，胡志明呈交了一份在中越边境建立游击基地与开展武装宣传的《回越工作计划大纲》。

1943 年 9 月 10 日，张发奎释放了胡志明，再向中央报告，中央也同意了。

为了整顿越南革命同盟会筹委会，张发奎兼任了越南革命同盟会的指导代表，让胡志明进入了筹委会。1944 年 3 月下旬，胡志明当选越南革命同盟会候补执行委员，很快就补缺成为执行委员。同年 8 月，越南革命同盟会云南分会改组时，五名执委有三名是越共党员，胡志明顺利地在争夺领导权斗争中取得优势。在两次改组过程中，四战区政治部刻意压制腐败无能的越南国民党，全力扶持胡志明上台。同年 10 月 1 日，中国国民党中央才得悉胡志明即是越共与越盟的首领阮爱国。

胡志明离开柳州时对张发奎说："我是一个共产主义者，也是一个共产党员，但我目前努力工作是为越南民族的自由独立，这并不是共产党的工作。我可以特别保证，越南在五十年内不会实现共产主义的。"这些话取得了张发奎、吴铁城、蒋介石的信任，以至于中国抗战最艰苦的岁月中，中国还供养了数千名流亡中国的越南志士，每月给他们十万法币的活动经费，1945 年 3 月又拨付五百万元，还由第二方面军发放两个团之武器用以装备越南革命武装；同年 5 月，军统中校杨清文率二百多名特训班成员渗入越南，马维岳带三十六个越南人经高平进入苗族领地。这些人迅速组织了八千人的革命军，发展了二十五万反法革命成员。

其实，胡志明早在 1925 年就担任苏俄驻广州领事馆翻译，还在叶剑英主持的武汉游击训练班当过教官，并曾多次出入延安。胡志明在越南人中宣传："蒋介石是反革命，真正的革命者在延安。"

对此，张发奎是怎么看的呢？1967 年，张发奎在香港对人说："有人批评我支持共产党，接近像胡志明那样的共产党人；还有人说胡志明能攀上北越共产党政权的元首宝座是由于我的扶植。但我坚信，我奉行的对越政策自始至终是正确的。"他始终认为，美国人支持过与正在支持的南越领导人，没有一个是确实值得支持的，没有一位具备革命精神。这些观点，被历史进程证明是正确的。

越南人对张发奎是感恩知报的。1942 年夏，一批特训班学员结业时，主动要求四战区提供建筑材料，在长官部附近修建了一座越式房屋留作纪念，使张发奎从河边的一艘帆船迁到了那座具有异国风情的房屋定居。直至张发奎去世，从 20 世纪 40 年代到 70 年代，一直有越南人写信给张发奎，赠送他香槟酒，邀请他访越。河内商会会长的函件指出：中国是唯一帮助越南人民争取自由独立的国家。

俗话说：种瓜得瓜，种豆得豆。中国人民对越南人民的鼎力相助是结出丰硕果实的。1944 年 8 月，英法盟军解放巴黎推翻贝当政府后，法越当局在日本与越盟的双重压力下，对中国的态度由挟敌自重、傲慢无礼转变为请求援助——越督德古曾多次向中国外交部与第四战区长官部提出相当具体且对中国有利的建议，如：华侨在越南有特殊地位；法国愿以其人力技术修复滇越、桂越两铁路供中国自由使用；中国人民与货物可以自由出入；由中国在海防设立海关自行征税等。这是中国近代屈辱外交史上少有的扬眉吐气的例子。

第八章　桂柳会战

日军“一号作战”计划和全州的失守

庞大而沉重无比的战争之轮吱吱嘎嘎地缓慢前行，终于一路血泊地碾进1944年的春天，这一年，中国的抗日战争已经进入至第十三个年头。

日军自1939年到1942年在湖南中部发动了三次大规模会战，都因为后续力量不能支持而撤回。自1942年下半年起，随着中途岛、瓜岛战役和所罗门海战的失利，日本在整个太平洋地区所拥有的海空军优势便告消失，不得不转为防御。同时，美驻华空军已在中国各战区普遍建立了空军基地，这给日军在海上交通与本土的安全，均造成莫大的威胁。为此，日本大本营决定以主力部队进行一场贯通中国南北以至印度支那的交通线及摧毁美在华空军基地为目的的大规模战争。这个旨在打通大陆交通线被称为“一号作战”的计划在1944年1月底得到了天皇的正式批准。日本还从未这样命名过任何作战计划，奇袭珍珠港也不过是“攀登新高峰”。以一号命名就是压倒一切，超过一切，不容怀疑，不容阻挡，一切都要为它让路、铺路。这一个攻势，在日军侵华的整个战略上说是被动的，但它的行动计划，使用兵力的强大和攻势之彻底，可说是它侵华以来规模最大的。

日本大本营对于“一号作战”计划的支持可谓前所未有。所有的兵力支持和要求都予以优先配合。从明治维新以来，日本本土从未如此这般彻底地动员其陆军。日军此次作战所调动的人力，超过明治时期日俄战争的两倍以上。动员了五十一万部队补充中国派遣军的缺额之后，还将在中国的乙种师团和丙种师团提升为甲种师团（含特种作战单位和支持单位之后可达两万人以上）。后勤准备方面更是事无巨细。日方对于“一号作战”准备之详细程度，上至野战军医院，下至士兵军靴修理，都已经计划完备。日军首先改组了中国战场上的航空兵团，仅仅储备的飞机油料就达半年存量，另外弹药足以使用两年，并从本土调来从未在中国出现的战车师团。运输工具有马匹六万七千匹，运输汽车一万三千辆，补给船艇一万艘，并调动日本国内道路、桥梁工程支持人力与器材投入战线后方道路交通系统的恢复。以上种种单位后勤支持，都可达半年以上准备量。

对“一号作战”回光返照般的“最后一跳”，日军大本营可谓不计血本，孤注一掷。日本人称之为“旷古之大作战”“世纪之远征”，实不为过。

“一号作战”来势凶猛，在为期三十八天的豫中会战中，日军迅速击溃了中国第一战区的部队，攻陷了河南省的郑州、洛阳等三十八座城市。紧接着，日军开始了“一号作战”的第二阶段——湘桂会战。

5 月，日军在湘北发动攻击，第四军军长张德能奉命防守长沙，张发奎派部队去湖南协助防守。第九战区司令长官薛岳是他的老友故交，他们之间一直有着战术上的配合和情报的共享。早在 4 月中旬，当日军沿着黄河以南的平汉铁路发动攻击时，张发奎就判断日军会进犯广西，但其主力会用在廓清粤汉路。然而由于薛岳的轻敌和判断失误，6 月 18 日，坚守六年之久的长沙失守，薛岳率残部败退湘南。史迪威的参谋依此做出悲观预期，长沙陷落后不用七天桂林就会弃守。6 月底，敌军主力开始朝南移动，沿着湘江向衡阳进逼。

根据从前方截获的情报结合敌情进行分析，张发奎判断日军将要入侵广西，扫清湘桂铁路，利用他们的空军基地压迫桂林与柳州，再袭击南宁，以便打开进入印度支那的交通线。还没等张发奎将敌情分析上报中央，就收到了由白崇禧亲自送来的蒋介石密令——“国军必须坚守桂林待命”。白崇禧对桂林的形势比较乐观，他说：“向华，我认为依靠桂林有利的地形和坚固的防御工事，至少能守六个月！”张发奎却不这么看，因为“国军”装备和战斗力与日军相差甚远，桂林顶多能守一两个月。他向白崇禧表示了异议，但白颇不以为然。

跟着，蒋介石发放三个月的粮食与弹药给昆明，向桂林运送三个月的供应，这意味着蒋介石要四十六军坚守桂林三个月，直至下一步命令。

1944 年 6 月 25 日，当局下令疏散桂林。

十六集团军副总司令韦云淞奉命兼任桂林城防司令，指挥全城部队，维持城内秩序。他很乐观，表示完全有信心靠他的能力守住桂林。考虑到守城要挨过很长一段时间，韦部军官要求准许留下一些妇女充当军妓。张发奎听了这个要求，气得火冒三丈：“荒唐！这都什么时候了，还不忘这个？我的部队没有这个陋规！一旦桂林失守，你们让这些妇女怎么办？再被鬼子糟蹋吗？混账要求！”

战局突然趋紧的消息，很快传到了百姓耳中。顿时，担心、恐惧、痛恨等百感交集的心情笼罩着人们。街上，人们在惊恐地议论着。“日本鬼子已经打过了长沙，正在向衡阳方向推进，沿铁路很快就会到达桂林。日本鬼子所到之处，奸、淫、烧、杀、抢、掠，无恶不作。”“这兵荒马乱的，我们能往哪里逃啊？这可怎么办呀？”

这段时间，桂林已经涌入了大量的难民，整个湖北、湖南、广东、江西、浙江，只要有能力逃亡的人，通过浙赣线、赣湘线、平汉线、汉粤线、湘桂线，沿着小路，沿着公路，沿着铁路，人流滚滚，逐渐都会集到了湘桂线上。岭南福建、粤北一带的人们也通过粤湘线逃到湖南，再从湘桂线进入广西。浙赣日军一路自杭州出发直打到了浙南的衢州，于是浙赣皖三省难民也沿赣湘铁路，横穿湖南，来到广西。

6月的桂林，风和日丽，湖水似镜，挺拔峻峭的奇峰异岭，格外葱郁迷人，一点儿也没有大难临头的迹象。虽然敌机也常常来袭，但桂林特有的奇岩隧洞，可以作为天然的屏障使他们获得了在别处未易获得的安全。他们不知道一场历史性的劫难即将来临，还在把桂林当作避难的港湾。

6月27日，长沙失守，桂林开始了第一次大疏散。当局号召民众组织了自卫团，协助军队打击敌人、破坏敌人的交通与供应线等。

8月8日，坚守了四十七天之久的衡阳也失守了。最高统帅部命令第四战区一定要确保桂林、柳州的安全。

张发奎原来一直把第四战区的重点放在南线的中越边境，没想到湘北第九战区不到半年就崩溃，使广西失去了屏障。他不得不把驻防中越边境的主力第三十一、四十六军迅速调往广西西北面，夜以继日赶筑桂柳的城防工事和黄沙河、全县的前进阵地。同时，他向最高统帅部申诉，要确保桂柳，至少要七个师的兵力，如果没有兵力增加，则他的一切防守计划均将难以实施。

蒋介石的调兵计划终于下来了，这时归张发奎指挥的军队有：第十六集团军（总司令是第四战区副长官夏威兼）辖第三十一军（军长贺维珍）和第四十六军（军长黎行恕），第三十五集团军（总司令邓龙光）辖第六十二军（军长黄涛）和第六十四军（军长张弛）及广西两个绥署纵队（每个纵队两个团）。

张发奎快速思量了一下，这些部队中，除自己的军战力保持较为完整外，其余均为第九战区之败残部队，士气沮丧，兵员奇缺，尤其罗奇军虽然名义上是一个军，实际只有一个不足五千人的第九十五师。他心知肚明，黔桂线上蒋介石的生力军是不可能动的，自己也就这么多兵可用了。靠这样一支东拼西凑的部队，要阻挡日军的进攻，这根本就是一个不可能完成的任务。而问题的关键是，日军十几万大军已逼近广西大门口，自己手里这些残兵败将能抵挡到何时呢？尤其让张发奎不满的是，他的战区是全国十二个战区中唯一一个由中央派人来负责指挥的战区，这种情形，在之前的淞沪、武汉会战时，李济深和陈诚也曾莅临指导过。张发奎心中暗暗思量："老蒋还是不信任我啊，这次又派白崇禧来督战，似乎是嫌我能力不足；既如此，为什么又让我继续充任四战区司令长官呢？我这个长官不好当啊！"

8 月 26 日，张发奎拟订了一个全面反攻计划，这是他一贯信奉的攻势防卫，他不赞成困守孤城，因为长期困守孤城是办不到的。他不愿意像衡阳之战那样，坐等敌军来攻打，不能让桂林重犯这一错误。然而，在他向白崇禧表达这一观点后，没有得到同意。白崇禧坚持要守住桂柳。其实，就连口口声声要"保卫广西"的白崇禧，也在 6 月下旬，就将家眷转移离开桂林，到达最接近贵州边境的一站——六寨去了。所以比较熟知内幕和敏感的人，对于广西的军事前途就更加感到不安。

在我们的守军还在考虑战略部署，且意见未达成一致之时，那边敌人进犯的步伐却一步也没停歇。9 月上旬，敌军集合十万兵力，分五路进犯广西：第一路，沿湘桂铁路到全县；第二路，从道县与永明到龙虎关；第三路，从四会、广宁和怀集进攻梧州；第四路，从肇庆、德庆向梧州；第五路，从雷州半岛进攻儋州。

战争步步逼来，每一步都是现实而恐怖的。日军进攻速度之快，和国民党军队防守的软弱与不堪一击形成强烈反差。日军沿湘桂公路两侧向广西境内扑来，仅十多天便奔袭二百多公里到达第一个目标湘桂边界上的桂北重镇——全州城下，其间未遇到中国军队真正有力的抵抗。

全州，是中国军队在西南地区的一个重要补给点。武器弹药、被服粮食以及其他物资在这里囤积极多。此外，美军的汽油、杜聿明机械化部队——第五军的后方仓库物资也在全州堆积着。为了保住这个重要的交通要道和补给点，蒋介石在 9 月份两次电令张发奎等人"全州工事及其他作战诸准备应迅速完成"，"国军以乘敌突进予以打击之目的，决在黄沙河及全县附近夹击之”；并令第二十七集团军总司令杨森率第二十、第二十六、第四十四、第三十七军在全州西南七十五公里的道县集结，准备攻击来犯之敌的左侧背；该集团军副总司令李玉堂率第六十二、第七十九、新编第十九师等，转向新宁附近对敌之右侧攻击。同时，蒋介石急令陈牧农第九十三军退入广西全州，在黄沙河一线布防，阻止日军进入广西；并对陈军长反复叮嘱，一定要死守全州，以争取广西全境主动。

然而，全州城里是一个大盆地，受西北郊高地群瞰制，没有预设工事，不利于防守，故守全州必须先守黄沙河。黄沙河前面地形开阔，后面有纵深之高地群，左右两翼依托良好，为一优越之防御阵地，绝不可轻易放弃。

9 月 8 日，一场秋风后下起了小雨，早上起来已明显感到清凉。张发奎在参谋李汉冲的随同下再次从桂林驱车来到全州，与第九十三军军长陈牧农一起，视察了黄沙河防御阵地。

令张发奎震惊的是陈牧农竟然没有按照战区命令部署，改以主力置于全州城内，黄沙河方面只使用一个团的兵力作为全州的前进阵地。

张发奎质问，陈牧农小心地回答：“这是委座规定，但与战区命令有矛盾，始以一团推进于黄沙河，如果一定要贯彻战区之命令，请再补发一个命令，当遵照执行。”说完从口袋里掏出蒋介石的电令。

张发奎瞟了一眼电令，心中恼怒蒋介石的遥控指挥，表面却不动声色：“既然有委座电令，就按现在部署就是了，唯必须加紧构筑城防工事，并确实控制两侧高地，才能掩护城内和安全后方交通线。”

张发奎继续指着铺在地上的一张军事地图，对陈牧农交代最新战况：“据最新情报，日军方面，派遣军总司令官畑俊六新设了第六方面军司令部，任命冈村宁次为司令官。你军正面的敌情是这样的，日军第十一军主力已经到达距广西省界四十公里处，沿湘桂公路进犯的其他日军也进至零陵东北二十公里处。另外，从永丰向宝庆前进之日军右翼兵团，已到达宝庆以东三十公里处。以上各路日军估计将很快推进到全州。你的第九十三军新调来桂，是我们的生力军，主要担任全县及黄沙河的守备，这是我方的主阵地带，你要有充分准备。另外，我部署第三十一军守要，并以第十六集团军副总司令韦云淞为桂林守备司令，以第四十六军第一七五师集结于柳州附近为机动部队。”

说到这里，张发奎突然问：“蒋委员长给你的命令是什么？”

陈牧农高声作答：“死守全州！”

张发奎心想:第十一军是日军中的精锐主力，加上第五航空军助威，仅凭一个军能守住全州？老蒋这么重新调整布置的心思是明摆着的，就没打算让他的中央军死守到底。而且，张发奎对于“死守”这个词一向很反感，死守的目的是为了等待援军到来后内外夹击粉碎包围圈，换言之，是为了等候机会反攻。但现在，老蒋根本派不出援军，不管守多久，全州迟早会陷落，既然如此，牺牲那么多士兵又有什么意义呢？更何况蒋介石一边叫喊着“死守”，一边却将自己的中央军撤向后方，其他部队怎么不会效仿？

张发奎根本不相信陈牧农能实践对蒋介石的承诺，他判断陈守不了三天，但是他需要两周的时间利用湘桂线把所有军需物资运离全县，至少可以在短期内把重要军需物资后撤到桂林。

想到这里，张发奎说：“你既然已拨归本战区指挥，那么，我给你的命令是：有效地阻击迟滞日军。记住，要尽力阻击日军，时间愈长愈好。坚守三个月是不可能的，我期望你能守两星期。什么时间撤退和向什么地方撤退，必须等我的命令。”

陈牧农两脚跟一靠，响亮地回答：“是！”

由全州归途中，李汉冲对张发奎说：“全州地形不好，陈军又抵达伊始，目下情况紧迫，恐无时间来构筑坚固工事。委座远在重庆，不了解实际地形。陈军已归战区指挥，就应执行战区命令才对，否则恐难达成持久任务。”

张发奎心想，蒋介石遥控指挥的这一恶习已人尽皆知，但关于蒋介石保存中央军实力的心思也不好在属下面前搬弄。他缓了一下说道：

“全州战斗的性质，不过是争取时间，得失关系不大。委座指挥部队，向来掌握到师，有时甚至到团，他的命令是不容轻易改变的。为今之计，你可替我补发一个命令给他，规定该军应在全州做坚强之抵抗，不得已时，逐次向兴安大小溶江之预备阵地交互转进。唯自大小溶江以北地区，自黄沙河战斗开始日起，最少须滞敌半个月以上之时间。又各次撤退时机，应候命令。”

张发奎作为战区司令长官，为整个战局考虑，也只能这么说了。

9 月 10 日，日军第十一军和第二十三军同时发动进攻，各方战报不断传到桂林张发奎的前进指挥所：第十三师团开始向黄沙河阵地攻击；广西东面，日军第二十三军主力第一〇四、二十二两个师团和独立第十九、三十三两个旅团，正从广东向广西边境压来；独立第二十三旅团则从雷州半岛北上，已占领容县，并快速向桂平地区推进。

张发奎仍在桂林听候战报。10 日夜间，日第十一军第十三师团仅以步兵第一〇四联队的第一大队，即轻易突破第九十三军黄沙河防线。黄沙河经一日战斗即告失守，于 9 月 13 日晨将全州包围。但陈牧农在电话里报告，战况并不紧张，敌我主力均尚未展开战斗。

当夜 12 时许，张发奎突然接到全州专员陈恩元由兴安（距全州仅十余公里）打来的电话说，全州城内已经乱成一锅粥，火光冲天。爆炸声不断，电话已中断。兴安已发现少数溃兵，情况似有变化，又有大火，敌人未来，自己已经慌得没了主张，连紧缺的大批军需物资眼也不眨就焚毁不及、在所不惜！“恐日病”到了这种程度，怎能指望他们打个胜仗呢？能做正常的抵挡已是不易了。

张发奎愤怒而又无奈地摇摇头，立即派参谋处长李汉冲星夜驰车前往侦察，并手令由其临时处理一切事务。

拂晓李汉冲在兴安与陈牧农相遇，据陈说前夜 11 时西侧高地被敌袭击，左侧背与后方联络线均已受威胁，为便于撤退安全和尔后战斗起见，不得不放弃全州。又因情况紧迫，弹药粮秣已无法撤退，不能搬走的乃做了焚毁之处置等语。

李汉冲问陈牧农为何没有命令就撤退，陈说电话断了，来不及请示。问他何以不事先向长官报告，他说因电话中断不及请示。

而实际上进攻全州的日军第十三师团此时并未展开，尚在较远的地区向全州开进，而混入全州的仅是该师团先头联队派出的一个搜索步兵中队。横山勇指挥的日第十一军于13日晨才到达全州，向守军阵地发起攻击。中央阵地被突破后，公路两侧地区也告失守。第九十三军军长陈牧农自始至终没有把张发奎做坚决抵抗的命令放在心中，只做了些象征性的抵抗，而且不等战区长官部的命令，就于14日擅自将全州城防撤守，退到了郊外。日军从东北门冲入全州市内，很快完全占领了这一桂北重镇，从而使广西的门户洞开。

撤退前，陈牧农下令销毁了带不走的弹药近一百五十万发和大批用于防守的军事物资。全州城内外连天的大火，一直燃烧了十几日才告熄灭。

李汉冲作为战区长官张发奎的参谋长，也只有无奈地叹气。他令陈立即收拢残部，进入兴安预设阵地。但两天后，兴安亦告失守。

兴安仅两天就失守完全暴露出陈牧农无心作战，不顾大局。即使全州阵地是奉蒋命撤退，但在张发奎的严令下，蒋不会同意九十三军再撤退，再撤造成战局糜烂的后果他比谁都清楚。

全州转瞬即变的战况令张发奎大大吃惊，也令国内、国际大惑不解。谁也没有想到日军战势余锋波及黄沙河，略经交战，就一脚踹开了黄沙河防线。仅一夜之间，九十三军不战而退，全州失陷。这一下广西大门洞开，一路下去到桂林已无险可守，历史名城桂林直面战争威胁了。一位名士哀痛地叹吟：“恨杀黄沙天险在，不留一堑护南朝。”

事后日军战报：“全州黄沙河对岸和后背高地上的阵地，构筑得极为巩固，是以坑道、碉堡为中心组成的纵深达四公里的阵地。此外，在全州县城北部附近，还有尚未竣工纵深达三公里的阵地，重庆军放弃如此坚固的阵地竟然退却，其意图何在，实难理解。”

在全州的防御阵地是由重庆军委会直接定点的国防工程，该阵地在全州东北约二十五公里之黄沙河对岸山地，此时已具相当规模，另在全州以北附近之线式防御阵地亦在施工。难怪连日本人也觉得全州轻取得不可思议。

日本人的突破和全州的失守使广西桂林附近的美国空军基地几乎没了防御，因为东边的中国军队现在都成了无组织的队伍。史迪威的责任是下令对这些设施实行预防性的破坏，同时起草拼死防御的计划。

在李汉冲转报全州失守经过后，张发奎被陈牧农的行为气得七窍生烟。陈曾向他庄严承诺会坚守全州两周，但敌人刚一逼近他就夺路而逃，恐惧之下，竟放火点燃贮满弹药与粮食的仓库，损失了三个月的医药、弹药、粮食供应，所引起的后果是无可估量的。

张发奎异常震怒，即以电话向蒋报告，并言陈牧农未奉命令，擅自后撤，蒋命令张发奎立即枪毙陈牧农，这样才能整肃军纪，否则将影响今后战场纪律与部队之斗志。

作为战区司令长官，张发奎觉得陈牧农虽然有罪，但罪不当死，他向蒋介石求情，将陈移交军法署审理，但是，蒋拒绝了张的请求。

三日后即令就地枪决，并连催立即执行。陈牧农遂被枪毙于桂林城内。

蒋介石力毙陈牧农后，震慑住了惊慌失措的部队，新任九十三军军长甘丽初指挥该军在兴安和大溶江地区，拼死抵抗日军第十一军的进攻，使广西形势暂时趋于稳定。但是桂柳会战已失战机。

如果按照张发奎的想法，把兵力放在全州城外，守全州而不战于全州，利用黄沙河阵地有利的工事与地形积极滞敌，为桂林城防工事争取时间，桂柳会战可能不会败得那么惨。但是，历史无法假设。

全州失陷，仅仅是张发奎在桂林的噩梦的开始。

遗憾的桂平作战

日军专门为指导广西作战而新成立的第六方面军于9月10日开始行使指挥权。总司令官冈村宁次命令横山勇在9月14日下令停止追击，待部队集结后，再做下一步计划。

日军在轻取全州后，一方面进行休整，一方面等待广东方向一〇四师团、二十二师团从信都、梧州溯西江北进，雷州半岛日军独立二十三旅团直趋桂中，威胁柳州侧背。二路日军秣马厉兵，准备一并发动，大战将临的气氛甚嚣尘上，笼罩着八桂山水、三江内外。

当横山勇的第十一军，以六个师团又一个旅团，于8月30日向衡阳以西洪桥南北一线的国民党军发动进攻时，在广东的第二十三军，即按中国派遣军的作战计划，以两个师团又两个旅团及部分海军的江河舟艇部队和陆空军第二飞行团，从9月6日开始沿西江两岸攻向梧州、平南地区；另一路以一个独立混成旅团，从湛江地区的遂溪北上，攻向平南及丹竹机场，策应该军主力沿西江的进攻。

沿西江而上的日军来势迅猛，9月中旬其主力已窜至桂平、平南、丹竹一带，守丹竹机场的“国军”第一三五师四〇五团（团长曹震）没有经过多少抵抗就溃逃了，机场沦入敌手。一部窜至蒙山以南之太平、陈村镇附近，且有继续北进，背袭桂柳之趋势。张发奎的第四战区对西江方面，一向认为梧州以下有七战区部队驻守，又距桂柳遥远，不至于有何顾虑，现突然发现敌情，未有预料，手忙脚乱，可想而知。

八桂形势一时急如山火劫掠。从9月12日起，张发奎在桂林的一周间，感觉异常痛苦，仿佛是一场噩梦，丧失土地的责任压得他喘不过气来，度过了抗战以来最为紧张的一周，他回忆说自己那几天简直陷于胆寒战栗的心境。

日军拿下梧州后兵锋直逼桂平，这也把“小诸葛”白崇禧急得团团转。早在9月13日，史迪威飞抵桂林视察桂林机场时，白崇禧就对他保证说：“如果我们能得到更多新式的美国兵器，我保证桂林可固守三个月的时间，让日军折翼城下。”他反复强调如果敌人进犯桂林，桂林将在战史上成为东方的凡尔登要塞。手握美援分配大权的史迪威虽然对桂林防守力量不满意，但审阅了战区作战计划后，认为还不错，下令陈纳德的第十四航空队运来一批美国新式炮火，分配给桂林守城的部队。

白崇禧在美国人这边吹完牛，转过身又向蒋介石拍着胸脯保证，只要中央拨付两个师再加两个团的武器弹药，凭他多年苦心布置的广西民团体系，可动员五十万大军参战，甚至两个星期内就可编练五万新部队。蒋介石当时为形势所迫，答应了小诸葛的要求，命令军委会后方勤务司令部参谋长汤尧如数下拨所需。事实上到桂林城陷落，白崇禧承诺的部队还没组建完成一半的数额。

可能小诸葛在打自己的小算盘，事先就琢磨要趁桂柳会战，从美国人和蒋介石那里捞点儿武器弹药给桂系部队换装，结果军械粮饷一到手，他立即把下拨的武器弹药大部分藏在了平南县附近的陈村与太平镇。没想到日军进兵神速，说来就来，几下就逆江而上至平南、桂平，急得小诸葛亲自跑到蒙山指挥抢运，还是有不少军资落到了日军手里。

日军突然在郁江对岸出现，桂平城的百姓人心惶惶，乱成一片，有的居民甚至连夜携老带幼，挑着细软家财，倾城向西方山地逃去。守军和民团见日军来势凶猛，亦做了撤退的准备。

日军攻陷桂平和向丹竹急速集结主力的情况，使“国军”第四战区司令部大为震惊，日军之意分明是从桂平紫荆、经武宣东乡直捣柳州，形成对桂林、柳州的南北夹击之势。

战区以西江之敌，狼奔豕突，桂柳背后威胁至大；且柳州为战区中心，在兵力使用上，亦无法在桂柳两方面同时进行主力之战斗。于是白崇禧、张发奎共同决心，放弃平乐间决战之预定计划，改以桂林为北面支撑点，利用桂柳间铁路及柳江水道交通便利条件，转用张弛、黎行恕两军于西江方面，先求击破桂平之敌，排除背后顾虑。得手后，再将主力转用于桂林方面，支持桂林之作战。为确实掩护张发奎、黎行恕两军之集中，先令原在高雷方面之张发奎军第一五五师兼程向桂平前进，并令颜僧武第一三五师及唐纪独立纵队（人数总共不足五千），于武宣东面之金田高地阻止敌人前进。同时又令罗奇军由蒙山向平南、丹竹进击，策应桂平主力之攻击。

美国史迪威将军来到柳州，对这个主动出击的计划很有信心。他为了表示支持这个计划，还答应可以经常保持五十架以上的飞机，协助张发奎对桂平之敌的攻击。

史迪威将军把前进指挥所设在了前线，他准备在黎塘亲自指挥这一战役，由第三十五集团军总司令邓龙光负责火线指挥。张发奎制订了反击桂平日军的计划：罗奇率军由蒙山向平南、丹竹进击，第一三五师和广西绥署第二纵队由桂平大湟江口向平南进击，破坏日军第二十三军主力在平南、丹竹集结的计划，并牵制不让其援救桂平之敌，以策应对桂平之敌的攻击；第六十四军军长张弛率军由贵县沿郁江左岸向桂平进发，担任正面攻击的任务，第四十六军军长黎行恕率军由贵县渡江，沿郁江右岸与六十四军夹江并行，任务是从郁江右岸夹击桂平之敌，得手后即向平南丹竹进击，以切断桂平之敌的后路。计划五天内攻下桂平，将日军独立混成第二十三旅团全部歼灭。

张发奎对于指挥桂平攻击战斗十分兴奋，陆空配合作战对他来说，乃是抗战以来的头一次，他以全副精力来完成这个攻击的准备工作，对攻击时需要使用的弹药数量做了精密的计划，对通信、补给、卫生救护做了精心的安排。

有了美国空中的支持，张发奎就用不着担心日军在空中狂轰滥炸，也不用发愁后方供给被断，粮草被动，只是一味指挥地面部队发动进攻。张发奎很久没有这么痛快地打过仗了，真是越打越顺手，越打越精彩。

骄纵的日军对国民党第四战区的计划和意向一无所知，并且还认为“当前敌情，除从桂平败退的第一三五师的一部分外，并无特别可忧迹象”。

桂平的攻击战斗，于10月21日开始行动。在美军飞机的轰炸掩护下，中方第六十四军的三个师和第四十六军的两个师发起攻击，把在桂平敌人的第二十二师团约一个旅团的兵力团团包围，使桂平的日军与冈村宁次和第十一军的通信联络中断了。

按照新制订的计划:放弃在桂林外围平乐地区与敌决战，利用良好的交通线抽调原本配属守卫桂林的部队南下，5日之内把蒙山两个旅团的日军扫荡干净，再回兵保卫桂林。攻击正面之兵力，除了张发奎军三个师（第一五五、一五六、一五九师）全部展开攻击外，史迪威如约把柳州机场的空军配属作战，还拨付了一个榴炮团，实施地、空、步炮协同作战。

战斗开始部队士气还算旺盛，一举攻略了敌之蒙圩前进据点。但人算不如天算，攻击进行到第三天，本应万里无云的秋天却极其少见地下起了大雨，美国空军不能出动助战。等雨停了，榴炮团弹药又接济不上，攻击至第九天仍未能拿下敌的最后据点，攻势顿挫。

且在这时，桂林方面的战况陷于极度不利，敌主力突破了我桂林外围阵地，到达了桂林东郊及平乐、阳朔、永福附近；夏威集团所部已呈不支状态；同时桂平左翼守势方面的第一三五师因脆弱无能，使敌人神奇地越过了石狗岭天险，柳州已受到直接威胁，空军基地的活动距离缩短到不及一百五十公里。

为确保桂林、柳州，张发奎不得不放弃继续攻击桂平的计划，命令部队向桂柳增援，原打算在外围山岳地带以内线作战，达到各个击破敌人的作战计划被迫取消。第四战区军队开始脱离战线，由山里向外撤退，退到来宾县城以东至石龙镇沿红水河北岸之线防守，会战形势向柳州推移。

至此，桂柳会战之桂平战役宣告结束。

从技术上分析，桂平之战颇具战略眼光，这一内线出击从战略上讲是积极而有效的，主动出击，制造决胜先机，使日军十分被动，如能开展顺利，战局将起重大变化。对于这次作战，张发奎自己“也很激动和得意”，在他的回忆录中这样记载：“这是我第一次向日寇发动大规模的进攻，也是我第一次指挥空地联合作战。美国低级军官、士官、士兵加入了我们的前线部队，他们配备了无线电台，所以能引导第十四航空队的战机，这些美国人很勇敢。”当时张发奎有信心夺回桂平，尽管他知道，如果敌人反攻，他们仍会失败，但是，他希望赢得尽可能多的时间，也借此显示中国军人威武不屈的精神。

桂平攻击战斗顿挫之原因，虽在战略上由于桂林方面战局之影响，战斗上也犯了一些小的过失，但最主要的原因，是军事指挥的不一致导致战术部署上的错误。如前所言，因三十一军一三五师没按原计划渡邕江攻击日军右侧背要害部位，而使攻击陷于困顿。

当时日军华南派遣军第二十三军司令田中久一则是这样总结桂平之役的：“当时据守桂平之日军约六七千人，经华军九天猛烈攻击后，死伤过半，弹尽粮绝，夜间须用竹炮代替枪声，但由于华军没有邕江两岸之侧翼行动，日军左侧背不受威胁，得以缩小防御正面，集中力量来应付蒙圩正面之攻击，因而能支持较长时间之防御战力。如果华军在攻击开始时，能以相当有力之一部在邕江右岸攻其侧背，或能继续攻击两日，则桂平守军将遭全部歼灭之命运。”

尽管历史不可假设，但事后闻之还是不禁令人扼腕叹息。

柳州和桂林，双城的沦陷

日军方面，也出现了意想不到的变化。10 月 28 日，日第十一军推进到桂林外围，与中国守军展开激战。

日第十一军在向桂林攻击前进时，沿途只遭到国民党军的轻微抵抗。敌军根据监听到的情报分析，桂、柳地区的国民党军突然减少，可能是集中力量在阻止田中的第二十三军，因此应把握时机，以军属的两个机动师团快速向柳州攻击前进。这样，一是可以早日攻占柳州及其附近的机场，二是可以补救二十三军仅两个师团攻城兵力不足的困难。这样既占桂林又占柳州，一举两得，可抢一大功。

11 月 2 日，敌第十一军井本参谋将这个“以大兵团迅速同时攻占桂林、柳州及附近机场，控制柳州以东的黔桂铁路，击溃在该地区的国民党部队”的作战设想，报告给十一军司令官横山勇，横山勇大喜，当即批准此方案的实施，并且斩钉截铁地说：“如出现任何问题，全部责任由我负责!”

横山勇在日本军中属专横人物。他于 1909 年 5 月毕业于日本陆军士官学校第二十一期。因其资历深，为人十分傲慢和自负，他对其上级司令部在后方发过多的指示、提醒和干预前方事务非常不满，认为战场的情况变化太快，常有意料之外的事情发生，怎么能按远在万里之外大本营的命令行事呢？战场指挥官最高才能的表现，就是能够一切从大日本国民、天皇陛下的利益需要出发，灵活相宜地处置战场上发生的一切事情。

11 月 3 日，横山勇在已经命令第三、第十三两个精锐师团绕过桂林南下之后，才给冈村宁次发去电报。

冈村宁次在病中听完宫崎、天野汇报第十一军的问题之后气坏了，这简直是无视他司令官的存在嘛！他随即也给日军在中国派遣军总司令畑俊六发电，指责横山勇破坏了方面军的指挥体系，应整顿第十一军的作战纪律。于 11 月 3 日的夜间，第六方面军向横山、中山发去制止该军进攻柳州的电报。

横山勇接到电报后，并未改变他下达给第三、第十三师团进攻柳州的命令，并等到这两个师团已前进相当一段距离后，在 11 月 4 日的夜间，又向第六方面军发去电报，一再说明当时国民党军情况已有变化，应抓住战机。

这样第六方面军与十一军为了这次作战部署是否变更，连续折腾了两天。但横山勇、中山贞武，以及刚转任十一军高级参谋的井本熊男，始终抓住“敌情”有了新的变化应抓住战机、皇军为国家作战应浑然一体这两张“王牌”，一直没有改变进攻柳州的计划。而第六方面军也认识到如再硬性干涉十一军的行动，致使其失去有利战机的责任是背不起的。但冈村绝不容许下级冒犯他的统帅权威、打乱他的作战计划，再次以简练的电文明确告诉横山勇：

余重视宜山胜于柳州。冈村宁次大将。

该电报于11月5日夜以司令官亲启急电发出，这是桂、柳作战期间冈村发给横山勇的最后一次电令。电文中没有任何客套，仅此一句话，并特意注明自己的大将军衔来提醒横山勇。

横山勇过早打下柳州是个失招，由于没有预先占领宜山，截住第四战区主力西退道路，使日军失掉了一次围歼二十余师中国军队的机会。因为这时从广东方面打过来的第二十三军也已逼近柳州，若按冈村的部署，横山勇的第十一军主力占领桂林后直接扑向宜山，卡住中国军队退路，而由田中久一指挥第二十三军攻打柳州，两军合围，或许能将张发奎主力聚歼于柳州与宜山之间。可惜横山勇过于看重攻城略地，过于爱争头彩，使冈村的聚歼计划泡了汤。后来横山勇虽派几个师团向宜山方向追去，但张发奎主力再次西撤，日军仅缴获了对手来不及搬走的大量军用物资而已。

至此，中、日两军战略企图均告失败。日军第十一军急功冒进，既攻桂林又打柳州，使冈村宁次围歼中国军队主力的企图破产；也因日第十一军快速突进，攻打柳州，使张发奎企图在桂平围歼第二十三军一部的计划落空。

几个月以来，桂柳防卫计划几经变更。

最初的防卫计划是由张发奎制订的。张考虑第四战区兵力远不及日军，制定了持久坚守消耗敌军的战略。日军自发动“一号作战”已近半年，战略物资消耗极大，势如强弩之末，只要组织起坚固有力的防御，再度出现衡阳固守的功效，日军久攻不下，必定力疲而退。因而提出以确保桂柳为目的，集中兵力于桂柳两据点之城防守备，采取持久防御，以此等待后续兵团到达，再图尔后之计划。但为掩护桂柳防御准备争取充裕时间，并使后续兵团积蓄有力，应投入相当兵力于全州、灌阳、龙虎关之线，竭力阻滞敌之行动，其中以全州和龙虎关的防御最为关键，这个计划报告蒋介石后得到批准。

对桂林防守，白崇禧也反对固守设堡阵地的持久战术。他说："桂林的防守，应用依城野战之手段，把主力布控于城外实施决战防御。桂林城防守备部队，由第九十三军在黄沙河转进后担任之。""至于桂西方面，"他说，"不得已时可以放弃南宁，坚守柳州。"

这一次桂柳会战白崇禧放弃了防御持久战，而想到了外线运动合围敌军的战略方针。在抗日战争中，国民党军队由于火力装备、部队素质与日军相差很大，即使在数倍于敌的情况下也没有运动战战略的实际运用。因为这需要部队具备高度灵活机动的战术素质，需要部队各级长官协同配合的作风，这些应是贯穿在军队灵魂中的素质，现在敌强我弱的态势中部队具备这些素质吗？

白崇禧发言后，在座的都不发表意见，只有夏威强调一点，即桂林城内不能配备过多的兵力，似在表示同意白将三十一军、四十六军调出城防的安排。

张发奎闷着一肚子话，他深知以目前军力怎能对敌人采取攻势而放弃守势？这岂不是以卵击石，哪里有胜券把握？白的计划，表面上好像很妥当，实际上很危险，以战区现有之兵力对优势敌人之攻势作战，难期有操胜券之把握；况黎军刚由衡阳作战归来，士气、员额和装备，损失极大，怎能担任攻势决战之主力？又陈牧农九十三军将士经过黄沙河作战后，由敌前转进而担任桂林城防守备任务，既不熟悉地形，又无时间准备，也是不切实际的。且这样使用中央军，蒋介石又岂能答应？仍用战区原指导精神，即集中贺、黎两军于桂林，依坚固之设堡阵地和优势之制空权，进行持久防御，以待后援，再行转移攻势，比较稳当。

虽然张发奎对白崇禧的部署不满，但考虑到白毕竟是对最高统帅部负责，自有其智虑之处，张也不便再说什么了。

白崇禧的计划是以桂林城吸引一路由湘桂铁路而来的敌军，再用机动的主力兵团，将沿着湘桂公路前进的敌军在桂林北至平乐附近的山地间围歼。湘桂铁路和公路相并分开，中间距离五十公里，这正好是一个分割敌人的战机，然后，再回头与桂林守军共同消灭沿铁路行进的一路敌军。

方案制订后，白崇禧从桂林直飞重庆，向蒋介石汇报作战方案并搬救兵。白崇禧是副参谋总长，他知道部队家底，有八个完整的军正在日夜兼程地向贵州、四川集拢，他希望能让他们中途折来广西作战。然而蒋介石最后只同意陈素农的九十七军可以进入广西作战，但作战任务是阻挡日军进入贵州，而不是用作桂柳会战。

回到广西，白崇禧不再提会战之事。他与张发奎一道研究桂林城防，重新布置桂林防守。但桂平之战最终功亏一篑，白只得放弃了内线作战的全盘计划。

10 月中旬，日军即将兵临城下之时，桂林防守方案又经历了一次大的改变。原计划是按照两个军四个师（三万多人）配置工事构筑和火力配备的，把城防线划为东西两部分，作为三十一军和四十六军的作战地界线，东半部三十一军防守，西半部四十六军防守，两军由主阵地到核心阵地都各有一定的战术连接。

在作战会议上第十六集团军参谋长韩练成则提出，守城部队必须有城外机动部队策应，摆两个军在桂林防守是下策，把主力都调出去机动地攻击敌人的侧背是上策，我们可以采取中策，即把若干兵力调出去机动地策应桂林的防守，减弱或者破坏敌人的攻击。

张发奎听罢，说出了思虑已久的意见：“守城必须有城外支援，守城的人才有盼头，也才能守得住，本来的计划是以两个军守桂林，按城区地域划分兵力是适宜的。这样就会很大地吸引敌人兵力，敌人想拔都拔不走，这时候我们的主力军可以从外边反包围，城中的部队往外打。以桂林周围的地形看，打这样一个会战完全是可以取胜的，大家也都有信心。但现在既然中央军来不了了，我建议从守桂林的两个军中，要抽若干兵力到外面去。”张发奎的这一建议得到了白崇禧的认可。

会议就这样结束了，在这种关头，留谁不留谁，留强的还是留弱的，留亲的还是留疏的，留三十一军还是留四十六军，这是个非常敏感的问题，不适宜当面决断。

这一年，日军从河南打到了广西，从守军的命运看，有什么善果？哪个守军等到了援军而胜利解围？长沙、衡阳、冷水滩、全州，守到底的，与城共存亡；守得不好，守将就有杀头的危险。长沙守了三天，四军军长张德能被叫到重庆去宣判死刑。全州不战而退，九十三军军长陈牧农不出三天便被押解到桂林枪毙了。没有审判，不准申诉。两条路摆在将军们面前，或者兵败战死，血溅战袍；或者追究责任，绑赴刑场。现在，桂林守卫战又会摊上谁呢？

关于去留的决策会议是秘密召开的，宣布的结果是第四十六军军部和所属一七五师，还有三十一军的一八八师抽调出去做外围作战；被指定留在城内“死守”的是：桂林城防司令部、第三十一军军部和所属一三一师及属于四十六军的一七〇师。

抽调出去的一八八师师长海竞强是白崇禧的外甥，一七五师师长甘成诚是十六集团军总司令夏威的外甥，新十九师和三十一军副军长冯璜以及一三五师师长颜僧武是白的亲信，也调出桂林；留下守备桂林的一三一师（师长阚维雍）与一七〇师（师长许高阳），前者战斗力差，后者系全部新兵的后备师。计划改变后，守城官兵都认为这样做无异于把他们送葬于桂林，愤愤不平，因此军心涣散，士气低落，纪律废弛，逃亡日增。白崇禧又命柳庆师管区征集新兵补充桂林守城部队，将未经训练的补充兵送上阵地，而所谓囤积上来的三个月的粮草弹药，其实不足一个月用。这样被“留”下来的官兵，都有了一种被抛弃的感觉。他们开始盘算着仗打到什么时候向张发奎请示“突围”出去才是可取之策。桂林城防司令韦云淞就做着这样的打算，仗还未开打，他就命令下属设计了突围的路线和方案。

韦云淞被任命为城防司令是因为白崇禧认为他有防守经验。1913年滇军入桂围攻广西南宁，守城部队即由韦云淞指挥，他守南宁三个月，城中存粮吃光，就开始吃商人囤积的黑豆，后来是白崇禧指挥援军北下昆仑关，奇袭滇军侧腋，将滇军彻底打出广西。因此韦云淞曾被看作桂军中能征善战的“守将”，但此时他早已没有了当年和滇军拼命的那股韧劲和底气，也没有了那份沉着和冷静。那时候他坚信白崇禧一定会带兵来救援他；这一次他坚信的是守到一定程度，副参谋总长一定会批准他“突围”。

9月25日，白崇禧离开桂林到宜山，与省主席黄旭初主持召开党政军联席会议，贯彻他在桂林做出的桂柳会战部署。会后，他强“邀”黄与其从柳州飞去重庆述职。到重庆后又送黄到成都“就医”。就这样，桂系的三巨头，除了李宗仁已在外省任五战区司令官外，白、黄，在日寇铁蹄踏进广西之前，均实行“外围作战”去了。张发奎及其属下见白如此保存桂系实力而做出的“舍卒保帅”的战略部署，摇头叹息不已。

当中国战区统帅部参谋长史迪威将军飞抵桂林视察防备时，张发奎直言不讳地对他说：“蒋委员长虽已令三个师在桂林城内死守，但本人认为已无希望。”史迪威深有感触，写信给美国国务卿史汀生说：“今日由桂林回来，情势现已绝望。以剩余的中国部队投入保卫桂林，将与衡阳同样成为囊中之鼠。防御柳州的部队只剩下不可信赖的九十三军和两个民团。华南已引起恐慌，我等正由桂林撤退，倘日军出现于柳州，我等亦同样不得不由该市撤退。长江以南这场灾难的原因，主要是指挥不当以及远自重庆用一贯的做法进行指挥的结果。”

张发奎明知坚守桂柳无望，但仍督促柳州军民在很短时间内在城区修了几十个钢筋混凝土的碉堡，并在城外挖掘战壕，尽力抵抗日军的进攻。柳州的防御部署，是一个河川决战防御的计划。邓龙光集团占领迁江至象县、红水河北岸、柳江两岸之阵地。杨森集团以一部联系邓龙光集团于象县、鹿寨，沿河西岸占领阵地，并以主力固守柳州。夏威集团联系杨森集团沿永福河西岸，由黄冕至百寿间占领阵地掩护侧翼。第四十六军为总预备队控制于柳州西侧，乘敌攻击柳州据点时，协同守备军团转移攻势。

然而，这个计划根本没有实施，因为在各兵团尚未完成部署时，夏威集团就被敌军击破了。千余名日军如同一把尖刀，直取夏威第十六集团军司令部所在地永福，第十六军仅直属部队就有步、骑兵数团，但面对进攻却未做任何抵抗，慌乱中，总司令夏威及其部下纷纷跳河逃走。日军占领该司令部时，文件、地图散落得满地都是，未吃完的饭菜摆放在桌上。

张发奎对柳州的作战指导方针是：柳州按敌我现在情况是无法固守的，但倘使能多守上一些时日，也可以挽回战区一点儿面子，如因此能得到援军，在宜山附近站稳脚跟，保有桂西北一隅之喘息余地，更是喜出望外。

11 月 5 日，夏威和他的参谋长韩练成狼狈地来到张发奎柳州司令部，报告部队已脱离前线，敌人已由黄冕渡河向中渡柳城移动，有迂回柳州左侧背的模样。张发奎原也不指望柳州守军能给他带来什么意外惊喜了，但桂林至少在兵单力薄的情况下还坚守了十余天，柳州仅仅守了一天就全线撤退了，这使得张发奎乘敌渡河施行决战的计划又告失败。

柳州本是第四战区司令部所在地，当 11 月 5 日前后，日军逼近柳州外围时，张发奎便率长官部人员撤至宜山，行前指定杨森的第二十七集团军负责守城，但杨森缺乏必胜信念，部队士气低落。11 月 6 日，红水河、柳江及柳州、柳城各方面全线展开了激烈的战斗。所有部队的战力已到了最后的阶段，无法再做长久的支持，柳州的固守动摇了，如果不迅速命令脱离战斗，则杨、邓两集团难逃敌人包围歼灭的命运。

面对这种情况，张发奎果断命令开始破坏柳州的机场和柳州附近的铁道，准备撤离。

11 月 10 日 3 时，防守柳州城的二十六军丁治磐军长，接到第四战区司令长官张发奎的电话，大意是：桂林情况已经不明，着即适应情况，开放西侧道路，配属之野炮营撤至大塘（柳州西南约五十公里）；河北市区一个团可撤至南岸；对所有仓库应彻底破坏。张发奎的电文未提及一句让丁立即撤退之意。但随之集团军总司令杨森更为体贴的电示来了：军根据情况，转移至柳州以西山地，继续抵抗，阻敌西进。

丁治磐立即组织撤退。守城的第四十四师，只留一三一团第三营守城，其余渡至柳江以西、以南地区；在柳州以东地区的部队，则沿着江南，依次西撤。

美空军司令蕴索将军收到撤退命令后，对张发奎说："张将军，在你的柳州指挥所没有移动以前，我们的飞机仍将继续不断地翱翔在柳州的上空，战斗到最后一刻!"美军的这种责任感和战斗友情，令张发奎感动而又惭愧。

10日，从北门直接进攻柳州城的敌第一〇四联队、在城东（隔柳江）进攻蟠龙山的第三十四联队、在城南进攻飞机场的一六一联队第三大队等单位继续猛烈攻击。蟠龙山的守军四十四师第一三二团一面从所有的隐蔽火力点中同时进行射击，以密集火力支援冲锋的部队出击，掩护主力撤退，并将所有无法运走的军用物资弹药全部炸毁。

日军一部一面组织轻火器、步兵炮、山炮直接射击江中的船只，封锁柳江；另派其第一大队从渡口屯渡至柳江以西进行迂回；其第二、第三大队于10日8时40分攻入柳州城，10时该城全部被其占领。守军一三一团第三营，大部牺牲于城内的巷战之中，为柳州防守战中可歌可泣之战例。

而桂林方面，守军战况更为悲惨。

前面讲到，留在桂林城里防守的，只有第一三一师和几乎全都是由新兵组成的第一七〇师，另加第七十九军的一个团和榴弹炮一个连等。

日第十一军主力兵临城下时，谁料到防守桂林外围的七十九、

第九十三军等部却“为避免态势不利”而撤走了。守城的兵力过于单薄，官兵在士气上受到严重打击，军心涣散，纪律废弛，但仍有一部分军人誓死报国。桂林城防司令韦云淞苦于找不着参谋班子，他以前的老搭档陈济恒不顾身患足疾，主动请缨，以一个不在军委会备案“黑户”的名义当他的参谋长；还有一三一师师长阚维雍听到“留”的命令，即对人说：“作为一个军人，只有服从命令，与桂林共存亡……”他随即写出家书：“此次保卫桂林，大会战不日即可开幕，此战关系重大，我得率师参加，正感幸运！不成功便成仁，总要与日寇大厮杀一场也。”国难当头，正是这一批批热血男儿撑起了国家的脊梁。

10月28日，日军同时从北、东、南三面向桂林外围围击。自11月2日起，桂林四面被围。桂林城的核心战斗已达白热化。11月8日，敌十一军炮兵部队以轻型火炮四十八门、野战炮一百零九门、重炮四十二门向守军集中袭击。日空军出动大批飞机轰炸扫射。守军以远程大炮回击敌人。双方进行了长时间的猛烈炮战。

11月9日，仅存的一些守备部队眼看大势已去，决定冒死突围。第一三一师师长阚维雍不愿撤退，在绝望中自杀。城防司令韦云淞在电话中同张发奎说了一句“桂林已无法支持”后，一切电讯中断。11月11日，桂林失守。这样，广西境内的两座主要城市几乎同时宣告丢失。

“国军”溃退千里大逃亡

桂柳沦陷后，新桂系及其他部队沿黔桂铁路后撤，为阻敌之西进，第四战区司令长官张发奎命黎行恕的第四十六军在理苗、南乡、三岔之线占领阵地，阻击敌人，掩护战区第二线部队在怀远镇一带布防，并严申无命令不能撤退，违者军法从事。但敌寇向该军进攻，仅经一天的战斗，第一七五师即不支，黎则撇开张发奎直接向夏威报告，夏威同意撤退。张发奎知道后与夏威在电话中激烈地争吵起来，但已无力挽回。

鉴于梧州、柳州、桂平等要地已尽失守，张发奎被迫重新调整了部署，以便继续阻击敌军，确保宜山忻城一线黔桂铁路的安全。在张发奎的第 4 号作战令中，其指挥官分别为邓龙光、夏威和杨森。而日军则乘中国军队立足未稳之机，兵分数路猛攻而来。

日军第十三师团沿着黔桂铁路正面直趋宜山，在柳城的日军第四十师团，以一部向宜山北侧急进，与铁路正面进攻之敌协力攻击，而第一〇四、第二十三师团则攻击中国军队的右翼兵团。中国军队凭据工事进行阻击，在怀远等处的炮兵部队则发挥了相当威力，连续几日的炮击给日军造成数百人的伤亡，但终抵挡不住日军凌厉的攻势。

宜山由夏威四十六军的两个师防守，张发奎指望四十六军能一显身手，打出点儿样子来。但仗一打开，县城里的情况陷入混乱，日军在前面攻，许多穿便服的汉奸随难民潜在城内到处放火，打信号弹，守军误以为日军已抄后路占领了县城，急忙撤出阵地。十六集团军总司令夏威闻讯大惊，急忙要通师长海竞强的电话，大发雷霆："县城还在我们手中，敌人从何而来，你不报告就撤退，我要杀你的头！现命令你赶快将部队进驻叶茂，掩护前方部队撤退，一直要坚持到让你退你再退，否则即将你枪毙！"四十六军是夏威带出的部队，他再三督令，也仅多守了大半天。11 月 17 日，日军突破宜山防线。两军在怀远一线展开激烈炮战，夏威和乱军一同撤出，至此第四战区的所有作战计划全部落空。

日军十三师团一部轻而易举攻下宜山，掳获了中国军队囤积的大量军需物资。第三师团也在宜山集结。横山勇命令这两个师团突破省境线，向贵州独山、八寨方向追击。于是，激烈的战斗便在黔桂沿线进一步展开。

宜山之后，前方已无防可设，日军东突西窜，如入无人之境。这正是难民最多行走最慢之时，沿途大量难民落入敌手，前面奔跑的难民竞相践踏逃命，公路人流陷入又一轮的混乱之中。而宜山往下的金城江、德胜、河池还都有大批的难民滞留集结，疏散不及。这一带的军用仓库也未及破坏，进退两难的仓库留守人员得不到命令不敢销毁，敌军攻势难以预料，各方联络时时中断，敌人说到就到，没有准确消息，许多仓库就在这样的情况下沦于敌手。

身为第四战区司令官，张发奎手头的那么多集团军的番号到头来却落得两手空空，哪支部队也抓不住。他对前线部队的不满，对中国战场形势的担忧，全一吐在了11月17日给蒋介石的电文中：

查此次桂柳会战，以职指挥无方，是蹙百里，实属外渐清议，内疚神明。至各将领中忠勤尽职责，固不乏人，而昧于大势，规避战争者，亦不鲜其例。颓风所播，战意潜销。试一检讨各军战绩，除确因转战过久，实力耗损无法达成任务者，尚堪原谅外，如四十六军参战最晚，人员武器亦较他军优越数倍，最后宜山正面如再不使之坚强抵抗，不仅不以服苦战之袍泽，且无以对输械之盟友，及接触不及两日，损耗亦不严重，居然自相惊扰，避开正面，致宜山垂手陷贼。怀远、三江口未集，勉以二十八军及本部特务团分别布置警戒，迟滞敌人，现敌已迫怀远，正隔河对战中。二十六军虽已到，能否阻遏西犯，仍无把握。判断敌情，如我能在怀远坚强抵抗，桂柳会战或即至此而已。但一般战斗力耗损过巨，劲旅亦成疲师，倘敌因此扩张战果，迫近黔疆，亦非绝不可能。职戍桂五年，虽明知部队疆界太严，风气太坏，而仍委婉迁就，谓可终济时艰，不料诚信未孚，贻误滋大，深负钧座期许，亦职所不能已言者。现金城江重要物资山积，沿线难民死亡载途，目击疮痍，罪戾曷极，除遵谕竭尽智能，争取时间外，敬恳速定大计，指示机宜，无任迫切待命之至。

蒋介石顺着电报中愤懑不平之气一行行看下去，张发奎这位北伐战争中赫赫有名的铁军将领此时心中除了愤懑，怕还有如他一样的失望吧。只是，他又能奈何？别人还有对他的指望，指望他能遥制战场上那些无能又怕死的将领。他呢？指望谁呢？

越往下看，气也没了，只有深深地叹口气，缓缓地说道："四十六军黎行恕的头是铁的吧！"

侍从室主任林尉以为蒋介石又要杀将领示众，急忙说道："委座，桂柳前线部队都已在苦撑，眼下实为关键，杀了黎行恕定会影响全线士气，黎行恕是夏威的爱将，第十六集团军在桂柳战场举足轻重啊！"

"我蒋介石何曾想杀人啊？还不是这帮废物！"他并不作声，拿起毛笔，在电文后批示："以全权整饬军纪，凡不从命令擅自撤退之主管，长官应伏地正法为要，一切以中正名义行之可也。"

桂柳形势如此危急，蒋介石却不派一兵一卒来增援，只是调各路大军集结贵州，虽有"一切以中正名义行之可也"的手谕，怎能调动这些地方部队呢？张发奎忧心如焚，他在百色向蒋介石救援的同时，急忙调兵遣将，封堵广西、贵州边境的日军。

日军进攻速度极快，中国军队往往未及设防，日军就已攻到。当忻城方面窜出的三四千日军向北旺阵地攻击时，丁治磐的第二十六军还未完全到达。张发奎四处扑火，捉襟见肘。无奈之下，只得亲率原在怀远构筑阵地的某工兵团、一个炮兵团以及战炮部队的一个连，外加战车五辆，设防阻止敌之追击部队。身为一级上将的战区司令长官只能指挥团一级的部队来阻击日军攻势，实是狼狈之极。

在仅距宜山二十公里的怀远镇，日军的追击受到了顽强的抵抗，日军在怀远河南岸组织了强大的重炮轰击，这些重型炮火都是缴获国民党军的，现在掉转炮口就成了压制国民党军的利器了。

张发奎站在怀远桥头，用望远镜观察战况。敌人的炮弹呼啸而来，不时在近处爆炸。夜幕降临后，张发奎才坐上指挥车从怀远向设于广西边境六寨的指挥所赶去。

这是一场充满混乱与悲哀的大溃退，大山莽莽，烟尘滚滚。难民们拖男带女、扶老携幼地向西逃难，你靠着我，我挤着你，肩并着肩，日夜不停地向前蠕动，形成一个庞大而缓慢的“人流”。

弯曲的公路上填满了人，谁也走不快，谁也不知道到底要走到何方才是尽头，人人只是直着脖子呆呆地艰难地向前移动着，前面的人走不动了横在公路上，后面的就踏在他的身上走过去；有时先倒下的人将后来者绊倒，像倒骨牌似的一连倒下几个几十个。难民的脚肿得很大，用破棉花包着，像骆驼似的，胀得高高，左右摇摆地走着。大人小孩饿死在路上，死后肚子却涨得大大的像一面“鼓”，横在公路上。父不能照顾子，夫无法照顾妻，我走我的路，你死你的。

逃亡最可怕的就是没有唤醒，只有漫无边际的迷顿；没有振作，只有消沉传递着消沉；没有超越，只有麻木又麻木的忍耐。逃脱日本人的信念成为一种消极的精神状态、一种被动的逃生信念……

人们一步一步地走下去，一湾又一湾，一河又一河，走不完的盘山路，甩不掉的追兵，听不完的坏消息，打不完的败仗……难民中传出这样一首痛彻肝肠的歌谣：

行了三千里，人在棺材里，行到三千外，还在棺材背。

后撤的部队也跟着这个逃亡人流争路，有时竟被人流阻隔成几段而联系不起来。张发奎的长官部也乱纷纷地跟着往下撤，在难民的人流中乱打乱撞地找出路。这时，“官派”也顾不上，一律徒步，有的赤足，争先恐后地逃命，看谁跑得快，才算有本事。后面走不动、走得慢的难民就被追上来的日军成批成批地集体枪杀。

公路两旁，躺着大群大群饥寒交迫的难民，哭声、喊声不绝于耳。一个两三岁的小女孩在公路上茫然地对着寒冷、黑暗的夜空，发出一声声嘶心裂肺哭喊妈妈的声音。小女孩在强烈的车灯照射下摔倒了，张发奎急令刹车。他跳下车来，扶起那小女孩，问她妈妈在什么地方。她被冻得嘴唇发紫，浑身打抖，哭着说妈妈把她丢下自己走了。凛冽的寒风吹在小女孩的脸上，仿佛要把她那可怜的眼泪结成残酷的冰棱。张发奎大动恻隐之心，他跳下车，把小女孩抱上自己的指挥车，带回家中交给妻子，给她取名“怀远”。但是可怜的女孩没有享受几天的疼爱与温暖，不久就病死途中，更添伤悲。

11月20日，张发奎遇到了从重庆前来支援的第九十七军，为了迟滞敌寇的追击，张急令他们在金城江以北、南丹以南之间的主要山口——大山塘一线布防。

逃难的人流仍然向大山塘涌来，汉奸、间谍混杂其中，使人无法清查。张发奎的指挥车也被挤坏了，趁着夜色，他只好在警卫的保护下，弃车前行，狼狈地爬上山，气喘吁吁地来到九十七军的工事上。

这时，他看到本来应该在后面负责掩护的夏威的第四十六军也乱哄哄地撤下来，甚至跑得比难民还快。张发奎气得让九十七军缴掉他们的枪，可是九十七军哪敢呀，四十六军既是友军又是广西的地方军，“地头蛇”可惹不起，遂没有执行这个命令。

敌人的先头部队和便衣队混进人流中进入九十七军的警戒线，一线部队发现后，不分青红皂白地向人流开火，敌人的先头部队和便衣队被打下去了，然而在混战中，近千名难民也在乱枪中被误杀，呻吟声、嗷叫声、哀求声乱成一片。

11月23日晚上，日军已突破了四十六军三江口防线，向河池东南方向前进。四战区司令长官部在张发奎率领下撤出河池，难民潮堵塞了整个公路、铁路，凡是有路可走的地方都是人，逃难的人不知赶了多少路才到河池，但日寇也要赶到了，人流再向南丹赶。

九十七军从贵州赶到南丹，蒋介石指示就在南丹设防待敌，两个师一万六千人必须守够一星期。九十七军一七七师奉张发奎令据守在金城江以北、南丹以南之间的主要隘口大山塘。为切断日军的追击，大山塘山脚下的大桥按预定计划必须炸毁，这是一座三十多米高，长约二百五十米的钢筋水泥大桥，预定在23日午夜12时准时炸桥，但人流不绝，密密麻麻，不可阻遏。

炸药早已安设好了，张发奎派人在桥东西分头阻拦，用话筒喊话，用枪鸣警："不要过桥了，炸桥了，马上要炸桥了，从其他地方走。"但这些难民已经走得昏头目眩，衰弱至极，稍一动弹即委身瘫软，砰然倒地。张发奎用话筒大喊，告诉人们从其他地方分走，但没有用，最后跳脚大骂还是没有用，这条沉默蠕动着的人流没有任何反应，源源不断地漫过大桥。

时间在一分一秒地过去，炸桥的时间已经推迟了两小时，此刻已是24日凌晨2时。最新侦报，日军大队人马离此仅有两公里了，如果敌人的便衣队混着人流控制了桥西，局面将会不堪设想……大桥东面的人流依旧缓慢不停地涌过来，对鸣警还是不理不睬。最后的决心只有张发奎来下了，他咬咬牙，艰难地吐出两个字："炸吧……"说完扭身走了。

他的命令下达五分钟后，轰隆隆山崩地裂的一声巨响……大桥连同逃难群众一起灰飞烟灭，同归于尽。硝烟散尽，骸骨般的桥墩悲哀地戳立着，刚才麻麻密密的人群像幻影一样消失了。为了阻拦日军的攻击，为了给更多的难民争取一些逃亡的时间，这些难民和桥一同被炸飞了。

这一大桥的炸毁使九十七军一六六师在此地坚持作战了三天。三天，对即将面临死亡的难民大军而言是什么概念哪。身为战区司令长官，没有自己的部队，却始终把自己的司令部与前线紧连在一起。日本人进一步，他往后退一步。仗已经打到了这个份儿上，他只能哀叹自己无回天之力。然而就在他下达这个命令的两天之后，他的战区司令部迎来了一场他怎么也想不到的危险和灾难。

九十七军的赶到，使张发奎抓住了一支可以抵挡日寇的部队，南丹防线的部署使得形势稍稍松缓，张发奎将司令部暂时停驻在距防线七十公里的六寨，在这里打算收容集合溃军，做下一防线的部署。

11月25日九十七军军长陈素农向重庆报告：军侦察营获得特别

情报，位于河池附近的六甲有日军大批部队正在休整补充，驻地村落稀少，地势平廓，日军每日集中在村上，不易隐蔽，便于空军轰炸。据说此件蒋介石当即批示，这一战情及行动的递转安排达到了极高的效率。仅几个小时，一切都安排妥了。

六寨，美军误投的炸弹

11 月 27 日，日军进抵距贵州边境约二三十公里的广西南丹县。

这一天又是桂西山区难得的好天气，风和日丽。美军第十四航空队奉命出动 B－29 轰炸机前去轰炸南丹、六甲地区的日军。但由于机场指挥部错把“六甲”译为“六寨”，于是，那些挂满炸弹的 B－29飞机，带着错误的出击令，从成都机场腾空而起，向广西北端飞去。

六寨，是广西与贵州交界的一个小镇，只有一条不足三里长的街道。此时却密集着数万难民和很多后方机关人员，其中包括由戏剧家坦白音、汪巩、严恭、舒模、吕复等率领的桂林新中国剧社和抗敌演剧队的一批文艺工作者。张发奎的第四战区指挥所也设在此。当五十七架两翼标着五角星徽的美军飞机出现在六寨上空时，镇上军民纷纷拥到街头，欢呼雀跃。

飞机飞过撒下一些传单，传单内容是告示所有撤退的军队百姓，见到飞机应避开公路大道行走，因公路大道是飞机轰炸目标，避免伤亡等等。许多人拾到传单不以为然，有人还说这传单怎么写的，轰炸目标应是日本军队，怎么能是公路，军队和百姓怎么不能沿公路走，没有人在意这个传单。

下午 3 时左右，二十六架载满重磅炸弹的美国轰炸机飞临六寨上空，飞机对这座集镇的建筑和人群进行了毁灭性轰炸，顿时烟火弥天，血肉横飞，哀声遍野，未死伤的人像疯子似的向四郊狂奔。街上、广场上人员密集，炸弹发挥出最大威力，一颗炸弹下去，血肉横飞，硝烟散去，除断肢残骸外什么也没有了。在六寨火车站小广场上挤满人群，轰炸过后竟然无一幸存，美机轰炸扫射并举，顷刻之间六寨成为废墟。

美机三两下倾泻完毕，掉转飞回。四战区司令部受到重创，张发奎在卫士的及时救护下幸免于难，司令部内所有的作战资料、文件及其张发奎多年的日记均化为灰烬。这位倒霉但倔强的战区司令惊魂未定，尚不清楚怎么会发生这种事情，他命令马上向重庆发电质询，并调查死伤情况。他想赶紧留下第一手的资料，将来总会有人要对此事负责。

但调查却无法准确，当时在六寨的部队、机关、难民等混杂不堪，不但死者姓名无法核实，人数也无法确定，死者人数只能凭生者忆述，而许多全家罹难或整个人群无一生还的就无法查对了，在建筑中被压埋的无数死者根本来不及清理。但战区司令部的死亡情况很快报上来，军训部中将督察陈克球、战区干训团少将教育长王辉武、高射炮兵少将指挥官详铿和八名上校，还有中下级官佐以及士兵共八百多人均已遇难，受伤者更多。全部死亡人数估计在五千人以上。

张发奎听罢悲痛得泪流满面，他久经阵仗，但没有见过如此惨痛的死亡，在回忆录中他称这是“最荒唐愚昧的一幕”，“悲痛得泪流满面，伤感不已”，这是他“一生中最难忘的往事”。

随后的调查中显示，十七架奉命出动的美军第十四航空队 B－29 轰炸机前去轰炸南丹、六甲地区的日军。可是，机场指挥处译电员却把“六甲”错译“六寨”，一字之差，五千条生命就这样牺牲了。事后，译电员虽被军法署判处死刑，但四战区之元气已大伤。

美国飞机误炸，死了大量中国军民，张发奎称之为这是他毕生遭遇之最大惨祸，而桂柳会战亦是他一生戎马所遇到之最不幸的战役。

11 月 28 日，日军进抵距贵州边境仅二三十公里的南丹镇。守南丹地区的是国民党军第九十七军陈素农部，其任务是掩护其他部队后撤，但该部稍经抵抗，便弃城而逃，擅自后撤。损失各类大炮四十余门，甚至连密码本也丢失了。12 月 1 日，陈素农率残部撤至六寨时，被张发奎发现。张责骂陈不坚守芒场之过，并命陈立即返回芒场阻击敌人。陈却抗命说：“我奉蒋委员长命令，直接向蒋负责，不接受你指挥。”张发奎虽气急，却也无可奈何，只好听之任之了。

此次参加作战的十多万部队分属四个系统，即蒋介石的嫡系部队、新桂系部队、粤系部队和杂牌部队。这四系部队，名义上都归张发奎统一指挥调遣，但实际上，张根本指挥不动老蒋的嫡系部队，会战中军令不通，单打独斗，不服从战区司令长官指挥的实例处处可见，导致兵力分散，被敌逐个击破而败北。

日军占领南丹后，越过广西边境，以正面攻击和侧翼迂回的传统战法向前推进，速度极为迅速，很快便逼近贵州军事重镇——独山。敌军占领南丹，且越过黔桂边界进入贵州追击部队，是张发奎最不愿意见到的局面。

他打电话给蒋介石，要求免除他在黔桂线的指挥权，让他回到自己的战区。这位北伐名将后来转到独山、都匀，解除了指挥作战的任务，而由汤恩伯以黔桂湘总司令接替其指挥。汤对第四战区入黔境之部队，均予缴械监视，即使是张发奎卫士排的武器亦不能例外，致使张发奎狼狈不堪。

桂柳会战，经历了三个月的时间，是张发奎在军人生涯中最难忘的一战，他为之兴奋、忧虑、悲痛和愤恨。在自己的回忆录中，他如此评价这次战役：“桂柳会战是我在抗战中最值得回忆的战役。这是日军侵华战争中，在华南的最后一次强大攻势，也是我在伟大抗战中，于指挥业务上一件极富战术意味的事。此役特别包含了一个内线作战指挥运动的典型，一切的态势和地形交通，都好像是为演习内线作战而特别选定的条件。会战虽然是失败了，但自认会战的作战指导来说，无论敌情判断、决心、处置，都吻合了战术的原则，如果在学校里练习应用战术的话，则我这样的答案，必能与教官的原案完全相符。”

桂柳作战，桂军丢盔弃甲，一败涂地，广西人民写了一副对联，表达愤恨：

桂省府数次搬迁，宜山不宜，都安不安，百色百变，从此凌云直上，安居乐业；四战区再度撤退，向华失向，夏威失威，云淞云散，盼望龙光反照，气煞健生。

第九章　抗战胜利和广州行营

荣归故里，受降广州城

桂柳会战之后，张发奎奉命率夏威、邓龙光两集团军至桂西百色地区整训。1945年3月，所部改为第二方面军，张出任司令长官。

这期间，随着日军在太平洋战场的溃败，华南战场局势日趋好转，张发奎所部也抓住这一有利间隙加紧整顿，并积极捕捉机会，以期收复失地，一雪败退之耻。5月26日，张部主力收复南宁，6月下旬，克复柳州，7月3日又分兵攻克龙州、凭祥，随拟进兵雷州半岛，大举反攻广州。

7月中旬，陆军总部下达向广州攻击的命令。根据这个作战指导的规定，张发奎负责对广州攻击的主作战。

张发奎原定8月5日开始进攻，他希望能在军事行动前就用水陆两路把军需用品运到廉江。美军上校认为没有这个必要，可以用空军来完成运输任务，效率要比水陆高得多。没想到，人算不如天算，恶劣的天气持续了几日，运输机根本无法起降，这可把张发奎急得够呛，原定的进攻计划全被打乱了。

中国有句古话："塞翁失马，焉知非福。"就在张发奎懊恼进攻被耽误的时候，8月10日，忽然传来了敌人无条件投降以及接受波茨坦宣言的消息，张发奎欣喜若狂，觉得这是上天的好生之德，冥冥中的天气让他推迟出兵，避免了一场恶战，挽救了千万的生灵。为了庆祝这一大好消息，美国人开机关枪来代替难以买到的鞭炮，大家高兴地欢呼着："反正我们再也用不上机关枪了！"

张发奎永远记住8月15日这一天，收音机里播出了日本天皇正式颁布投降令的消息后，室外传来沸腾嚣叫的欢呼声、锣鼓声，继而是轰天震地的鞭炮声。他冲出门外，只见七彩的烟火在天空中交错飞舞，人们奔走相告，大街小巷，锣鼓齐鸣，鞭炮放过的纸屑，在地上竟积了厚厚的一层。

张发奎欣喜若狂，提着两瓶威士忌酒，率领所有的高级幕僚，跑到总司令何应钦的行馆，高举酒杯，在狂呼中互祝抗战的最后胜利。

胜利、光荣、幸福，一切都摆在张发奎的眼前，他的眼里充满了泪水。

1945年8月21日上午10时，骄阳当空，万里无云。在盟军三架银色战斗机的引航下，一架深绿色的双引擎日本军机徐徐降落在芷江机场。日机着陆后，可以清楚地看到其机翼两旁各挂着一条作为降机标志的红绸。

机舱门打开了，头戴硬壳帽、脸架黑边眼镜、肩佩少将军衔的今井武夫出现了，随后是他的七个随员与机师。围观的中美军人和记者顿时骚动起来。身任驻华日军副总参谋长的今井武夫，是作为日本驻华派遣军总司令冈村宁次的乞降特使前来芷江与中国方面洽降的，他表情麻木，装出驯服而又矜持之态，一扫其往日傲慢而骄纵之气。

张发奎在不远处的木楼上注视着这一切。

张发奎早今井一步从南宁乘小型飞机来到湘西这个美丽的县城芷江，与他同行的是美军联络部博文上校和第二方面军司令部作战处处长李汉冲，他们是奉何应钦总司令的命令，前来参加洽降典礼的。

洽降典礼安排在芷江机场盟军招待所的一个小会议室。下午3

时20分，洽降仪式开始。按照军阶对等的原则，负责洽降的主角是中国陆军总参谋长肖毅中将、副总参谋长冷欣中将和中国战区美军参谋长巴特勒准将和翻译官王武上校。张发奎、卢汉、王耀武和杜聿明等中高级将领作为列席代表，参加了这个具有历史意义的会议。

今井武夫呈献了日军驻中国大陆、台湾及北纬16度以北越南区内所有日军的战斗序列、兵力位置及指挥系统区分等各种图表。肖毅要今井转交给冈村宁次一份何应钦总司令授予的第一号备忘录。该备忘录指示日军投降应该准备的事项。今井恭敬地接过备忘录，俯首帖耳地表示顺从。

从乞降代表携来的一整套资料中，张发奎不但弄清了敌人在中国的全部兵力部署，而且很详细地明了广东方面敌人的情况：日军投降前，南支派遣军的作战计划，原以阻止美军在沿海登陆和固守广州为目的，部队多配备于沿海地带，并在广州近郊四周及增城、花县一带，构筑有以广州为核心之据点工事。从他们防御广州至部署与阵地各种设备，令张发奎有些心惊。如果他进攻广州的行动在其投降以前实施，诚不知须花费多大的心力和牺牲多少的生命。

在芷江，何应钦分别任命了十五名全国各地的受降主官，张发奎接受了接收广州、香港、雷州半岛及海南岛等地的受降官任务。

接到命令后，张发奎却并不愿意回广州，这里面有他自己的私心，一是自从广东暴动与他在政坛受挫后，他觉得广州是他的“麦城”，他不愿回去；二是，他希望中央能派他去印支受降，因为他认为能到外国去接受敌军受降是一件更荣耀的事。但是，他的请求没被批准。

8月24日，张发奎衔命返南宁，当即拟定受降及接受计划之步骤要领。他所属的部队由作战的态势迅速地向指定地区前进，除原在越桂边境的黄涛的第六十二军该归卢汉的第一方面军指挥，进入越南境内，向河内海防担任受降任务外，其余队伍日夜兼程，向东行进，顺利地开进指定地区，没有遭遇任何抵抗。

9月6日，张发奎派遣参谋人员飞赴广州，与日军第二十三军司令官田中久一取得联系，做好受降前的一切准备工作。

9 月初，陈诚、何应钦先后来到南宁。他们来的目的，一方面与张发奎商谈关于受降等事宜，另一方面，是商谈张发奎今后之新的任命问题。陈、何两人都拿着任命这张牌竞相拉拢张发奎。何应钦在这方面表现得尤为突出。张发奎一向是亲陈疏何的，现在他眼看到何应钦多方拉拢他，担心有人将这种情况传到陈诚耳里，于自己不利。一次，他在宴请何应钦以后，带着几分酒意走回办公室，对自己比较亲近的幕僚高声地说："我与辞修（陈诚的别名）公谊私情都很好，对敬之（何应钦的别名）没有什么好感。"

张发奎原定是于 9 月 3 日在南宁举行正式受降的，随后奉陆军总部命令，改在广州为正式受降地点。因此，他设立广州前进指挥所，令中将高级参谋张励为主任，率领二百多名官兵乘八架盟机由南宁飞广州打前站。不久，张励从广州打来电话，报告说："在前进指挥所与新一军部队尚未到达前，广州曾有一度极其紊乱之状态。指挥所与新一军到后，社会秩序才比较稳定一些。"

张发奎问："现在情况怎么样？"

张励道："新一军之先头部队已于 9 月 7 日入广州，另由粤汉铁路南下的第三方面军汤恩伯第十三军第八十九师也于 9 月 9 日到达广州。我已令孙立人统一指挥所有广州部队，包括徐光英的别动军和伪军等；令第十三军推进广九线，执行与新一军同样之任务。同时，我令广州日军先行集中在河南之南石头及芳村花地一带，候令缴械进入集中营。至 9 月 11 日，日军在上述各地集中完毕，在广州市内绝迹。"

张发奎默默算了一下，自 1938 年 10 月 21 日广州沦陷开始至日军投降最后一批撤离市区日止，广州被日军盘踞共六年又十个半月，这胜利得来不易啊。他对张励交代说："我决定于 9 月 15 日上午，乘飞机前往广州主持受降。"

飞机穿过云层，开始下降，俯瞰下空，碧绿的越秀山与蜿蜒的珠江就在眼前。张发奎自 1930 年与广州别离已有十五年之久，第一次戴着胜利之冠荣归故乡，不禁感慨万千。

广州，是他生命中最重要的城市，这里是他少年时离开家乡第一个踏足的城市，也是他军校毕业后第一个工作的地方。1926 年，他带着第十二师从这里出发，踏上北伐征途。北伐胜利后，他梦想着有一块属于自己的地方，不惜发动“张黄事变”，结果却使他的事业急转直下。粤桂战争，他兵至广州城郊，谁料功败垂成。1938 年，他在武汉会战的前线，猛听得广州一夜之间沦陷，脑子一片空白……

他示意驾驶员别急着降落，先让座机在广州上空盘旋两圈。他俯视着这个熟悉的城市，念这一片锦绣山河和数百万中华儿女久受敌人的蹂躏，心头涌起了无限的伤感。

飞机缓缓降落在白云机场，仪仗队奏起了欢快的进行曲。张发奎检阅了欢迎行列及仪仗队后，乘车从机场经中华路（今解放路）至长堤，沿途严密布置警戒，以新一军新三十八师全副武装为行列，举行入城进军的盛大仪式。

新一军是全套美式装备武装的军队，威武整齐。汽车纵列前行，随后是高大的骑兵部队，继而是身穿崭新制服的步兵，他们以雄壮胜利的姿态，通过庄严而辉煌的凯旋门，巡行在市区的主要街道。张发奎和已经晋升为准将的博文以同盟国并肩作战的象征，站在吉普车上，沿途受到广大市民的夹道欢迎。

处处张灯结彩，国旗飘扬，爆竹之声，不绝于耳。这情景不但使张发奎心潮澎湃，博文也被这东方式的热情所激荡，认为这是其毕生第一次的愉快和光荣。

9 月 16 日，天高云淡，艳阳高照，受降仪式在中山纪念堂举行。

上午 10 时，代表广东地区投降的日军第二十三军司令官田中久一、参谋长富田和海南岛日军指挥官代表肥后大佐三人步入礼堂，向站在中央的张发奎鞠躬致敬。受降时，张发奎上座南面，左右为博文与参谋长甘丽初，面对日军投降代表田中久一及海南岛日海军代表肥后大佐宣布受降第一号命令，由李汉冲以国语宣读，再由翻译译成日语。

该命令规定，日军受令后，应即就现集中地，依中国军队指定之仓库，按先重武器、后轻武器之顺序，自动卸下一切装备，纳入仓库，随即将武器、弹药、车辆、航空器材、海军舰艇以及人员、马匹和其他军需物资、现存财务等，分别造具结册各五份，呈送第二方面军司令部，由司令部派员按份清点等。田中久一的降书内，则载有“如不执行命令或违犯命令，愿受惩罚”等词句。

田中久一等挺直地立在张发奎的面前，沮丧地聆听着命令，继而战栗地用随身携带来的毛笔签署了降书。此刻，张发奎心中在想，站在面前的敌酋，他们的内心是悔悟，抑或是愤恨？我固无从推知，但我看到的，是玩火者的悲哀、玩火者的收场。

9 月 17 日，张发奎接见田中久一。田中向张发奎明确保证，他会服从张的命令，不会逃跑也不会做任何出轨的事，同时尽到责任约束好部下。

事后，张励报告说：“广州日军于 9 月 23 日开始解除武装，29 日进入河南之南石头、石涌口、白蚬壳等集中营；源潭、新街之日军独立第八旅团则于 10 月 10 日进入芳村集中营；大良、东莞、雷州半岛及海南岛各地之日军，也自 9 月 27 日起至 11 月中旬止，先后缴械集中完毕。至于分散各地的日侨、朝鲜侨民及台湾籍人等，则于广州市内和海南岛之海口、榆林港各地分别集中管理。日军缴出大小武器等十七万余件，另一小部分飞机和海军舰艇。至此受降工作告一段落，受降过程中尚未发生骚动及重大破坏情况。”

直到此时，张发奎心中的一块大石头这才落了地。

留给港澳未竟的遗憾

这次受降，张发奎最为遗憾的是对香港、澳门的接收。

香港（包括九龙）自古以来就是中国领土。自被英帝国主义侵占后，百年来，英国便以其作为军事、政治、经济、文化等各方面侵华的远东基地。广东毗邻香港，首当其冲，蒙害尤深。故广东人民之反帝情绪也较为强烈。第二次世界大战结束后，不少人以为中国是战胜国，已跻身五大国之列，英国则因战争削弱了力量，香港为中国战区，乘此收回香港，易如反掌，美国也可能会出力相助。

8 月 21 日，在湖南芷江，中国陆军总司令何应钦曾当面对张发奎说："根据盟军太平洋战区最高统帅麦克阿瑟所划定之受降区规定，中国战区受降范围应为北纬 16 度以北地区，包括越南北部、台湾及香港，除东北归苏军受降接收外，香港划为广州受降区，应即以一个军进驻香港办理受降接收事宜，运输所需船只，已请求美军负责，希即按此实施。"张发奎返回南宁后，美军联络官博文准将也将此事转告，并说美军所负担之运输船只，将尽早提前于 9 月上旬供应使用，登船地点指定在广州湾与北海两地。

张发奎和第二方面军的官兵们对能接收香港异常兴奋，都以为港九从此可以收回，但事隔一周，忽接何应钦电告，香港已于 8 月 30 日由英国舰队司令哈科特少将率领舰队捷足先登，并已令香港日军向英军投降，至于香港受降接收权究竟归谁问题，何应钦令另候指示，部队暂行中止运输。

这个变化，不仅张发奎甚为诧异，博文事先也未接到美军总部的任何通知，均对英军行动表示不满。后来，两人分电何应钦、美军总部了解，才得到香港已经最后决定改归英军受降接收之复电。事后，博文告诉张发奎事变原因，实因英国怕香港受降接收权归中国后，将影响英国对香港的殖民地统治权，甚至造成中国收回港九的既成事实，故利用海军行动速度快，不待麦克阿瑟的最后同意，即先对香港下手。博文又说，麦克阿瑟起初不同意英军这种行动，曾向英国提出香港归英国占领，九龙归中美两军驻守之折中办法，但英国坚决不让步，麦克阿瑟以英军占领香港已成事实，才不得不做此变更，最后只好以日军武器装备交还中国，作为维持中国面子的条件等。

国民党外交部两广外交特派员郭德华也说，美国本想自己派兵占领香港，因恐英国不同意，才把香港划入中国战区，假借中国军队驻守香港为过渡办法，将来中英两国对香港主权发生争执时，美国好出面调停，将香港变为美国的委任统治地，这样，美国攫取香港的野心就较易实现。即使麦克阿瑟最后决定将香港交回英国接收后，美国与英国也尚订有秘密之条件，美国在香港保有特权等。后来，证实美国在香港设有特别庞大之领事馆及其他机关等情况，此说亦属可信。

对于此事，张发奎在其回忆中写道："对于香港受降任务，我特别感兴奋。香港在我国人心中，是一个国耻的创伤。在过去，它是罪犯的避风港、资本家官僚们的乐园。广东风气的败坏，以及广东政治的商业买办化，多直接间接受香港的影响。盟军最高统帅部首先划定香港地区归中国接收，根据战后领土主权完整及民族愿望的观点，是有充分理由的。英国政府借此时机将香港归还中国，未始不是外交上的明智之举。但唐宁街的绅士们却见不及此，致使中英邦交在战后仍保留着一种暗淡的友谊。在德黑兰会议后，罗斯福总统本来想使香港归还中国，并使之成为一个自由港。波茨坦会议对香港战后的地位亦有同样的建议，但均受英政府的反对。中国接收香港的规定，遂因之而中变。"

英军虽然捷足先登，但中国方面仍有不甘。张发奎率领第二方面军进入广州受降时，社会舆论即强烈要求收回港澳，报纸纷纷发表收回港澳的言论，广东省参议会也发出了收回港澳的宣言。国民党的军队特别是中下级官兵，同样具有一种反帝的要求，都主张以强硬的态度对付香港，有些人还提议实行武装占领，把事情扩大起来，以便为收回香港做资本。此时中国军人出入港澳有一个口号："我们不是进入外国地区，而是在自己家乡走动。"又鉴于战时之经验，以为英军不堪一击，只要一个师就可以占领香港，人民情绪可见一斑。

张发奎等上层人士也有一种想法，他们以为对香港采取强硬做法，可以博得社会的同情，增加自己的威望，有利于对广东的统治。同时，张发奎对美国也存有幻想，他不止一次地说：“美国为扩张其太平洋势力范围，必须排斥某国在远东的势利，因而它也不愿意英国占据香港。如果我们对香港发生了事件，美国暗中一定高兴，绝不会出面来支持香港，英国此时如无美国的支持，当不敢单独对我们有所动作，因此，我们对香港的任何地方纠纷，都不致酿成为国际的争端。”

于是，张发奎对香港采取了“寻求机会、制造借口、纵容部属、扩大事态”的方针，同时将矛头指向当时军警不满一千人的澳门。因为蒋介石没有提到不收回澳门，而中国外交部曾电饬驻葡公使，向葡萄牙政府表达中国收回澳门的意愿。

10 月，邻近澳门的中山县县长张惠长和国民党驻军一五九师师长刘绍武在张发奎的暗示下，策动了一次反对葡萄牙人占据澳门的运动。首先，他们通过国民党澳门支部在澳门街头发动集会、游行，表示不满意葡萄牙继续统治澳门。这些行动引起了澳葡当局的恐慌，他们以维持社会治安为名，封锁了关闸，限制内地人民进入澳门，禁止澳门居民集会宣传，严厉取缔澳门居民的反葡活动。澳葡的措施激起了广东省人民的义愤，广州当局顺势以澳门仍藏匿有日本人为由，要求澳葡当局马上引渡日本人，还声明中国军队保留入澳搜查日本战犯的行动自由。

11 月，张发奎下令国民党部队自石岐进驻前山，封锁粤澳边界，切断内地对澳门的粮食供应，并令中国军队在湾仔、前山等地进行夜间实弹演习，使澳门的中国居民纷纷返回内地避难，而逃入澳门的日人和汉奸仓皇逃往香港，或转赴外国。澳葡当局看见中国军队采取果断措施，一时十分惊恐，一方面致函张发奎表示愿意妥协，一方面通过港英当局向南京政府求情。澳葡当局表示，愿意把所有在澳的日本人驱逐出境，交由中国处理，并引渡汉奸战犯，查封其资产；中国军民可以自由出入澳门，不受任何限制；设立广州行营驻澳联络专员和肃查委员办理引渡案件；允许中国方面的一切党团

（主要指国民党澳门支部）可以在澳门公开活动；澳门中国居民有集会、游行的绝对自由等。同时派人向中国方面表示道歉。

张发奎便于12月下旬按南京政府的指示，撤除了前山边境的武装封锁。

1946年2月5日，一五九师师长刘绍武率武装警卫连进入澳门，受到近万名澳门居民的热烈欢迎。刘绍武还在澳门各界招待会上重申了中国应迅速收回澳门的意愿。可是，国民党中央政府在答复各省参政会要求收回澳门的建议时，批复道："经交外交部核办，据称：目前国际形势之下，此问题一时难以解决。"就这样，错失了收回澳门的机会。

日本投降后，蒋介石为了与中共争夺东北，发动内战，广州受降伊始，即将张发奎所指挥的部队主力，通过九龙登船北运，逐次北调，准备对东北"共军"攻击。从1945年10月开始至1946年8月止，先后在九龙过境的国民党北运部队，有石觉的第十三军、李弥的第八军、孙立人的新一军、阙汉骞的第五十四军和驻日占领军第六十七师戴坚等部，总共不下十余万人。张发奎的广州行营在这样长时间和大规模的部队从九龙过境中，与港英当局接触频繁，因而也就发生了许多事件。

1945年10月下旬，张发奎派李汉冲为行营代表赴港，与港督菲士丁协商，最后制定以下几条协定原则：

一、过境部队每一回次的人数不超过五千人的规定。

二、候船逗留时间不超过七十二小时……

三、部队在候船逗留时间，可以在九龙地区范围内自由活动，但不能渡海到香港……

四、共同组织混合纪律执行队。另由行营指派驻港联络专员一人，负担中英双方高一级的联络任务。

五、部队在规定活动范围以外行动时，士兵一律不佩带武器，一般军官可以携带自卫枪械。

六、为保持军人特殊之荣誉，中国军官在任何地区行动，除受纪律执行队之约束外，不受其他军警之检查盘问。又中国军人在港九境内发生任何有关法律事件，均由中国军法处理。

七、协定由双方制成命令，分饬所属部队执行。

张发奎完全同意上述协定，随即以命令付诸实施。于是，中国军人在九龙耀武扬威，横冲直撞。有一次，新一军的吉普车在街上碾死过两人，英方没有过问；接着又发生行营宪兵数人围殴英警一名，因重伤致死的事件，英方也未提出什么要求，只责令纪律队将该宪兵数人调回原部队处理而已。

1946 年 1 月间，广东省在港参议员数十人及各界代表等，向来港的行政院院长宋子文公开请愿，要求立即收回港九，这才引起英方特别注意，认为这是触及香港主权的违法行动。最后，蒋介石不得不出来说话。他在接见美国合众社社长白里时说明："近来港澳连续发生地方事件，深为遗憾，除令地方军政当局注意敦睦邦交外，中国拟循正规外交途径，与英国解决香港问题。"张发奎到台湾考察，路过厦门时，对记者发表"香港不收回，走私无法绝迹"之谈话，也受到由外交特派员郭德华转来蒋介石的斥责警告。

嗣后，又因发生中国军官在港鸣枪伤人之事件，广州行营竟允英方之要求，限制中校以下军官，非持有行营发给之携带枪械特别证件，一律禁止携带武器入港。于是作茧自缚，中国军人在港之自由权遂逐步消失。

贪污犯、汉奸、战犯，一个都不能放过

受降任务完成后，蒋介石派出的接收大员空降羊城，大发"胜利财"与"劫收财"，藏匿埋没，折扣报销，贵贱调换，敲诈勒索，

层出不穷；土匪、“别动队”、流氓、恶棍也趁火打劫，广州等大中城市，人心惶惶，治安混乱；加上物价波动，货币贬值，弄得民不聊生、饿殍遍地。

一些广州市民在四牌楼（今解放路）挂起瓦饭煲，贴上“抗战八年无煮，和平三日吊砂煲”。

在市民中还流传着这样一首民谣：“看错老蒋（指蒋介石），迎错老张（指张发奎），搭错牌楼，烧错炮仗！”这反映了广东人民对国民党的失望和愤怒的心情。

其实，张发奎对“劫收”人员的贪污腐败也恨之入骨，深深地感到：“我们虽赢得了胜利，但我们先哲遗下来的羞耻观念却已荡然无存了。”并认为，接收的混乱与黑暗，是战后行政的最大污点。因而，他决心杀鸡儆猴，而首当其冲的是陈诚的亲信莫与硕。

当过中将军长的莫与硕是陈诚多年的老部下，是中央特派接收人员，被任命为军政部广州区特派员办事处中将特派员，负责接收日军物资财产，其接收范围与物资数量最广、最多。刚开始时，张发奎见莫与硕是代表陈诚的军政部前来接收的，还多方面支持他，可是后来听说莫与硕贪得无厌，贪污最多，据说不下数百万港币，已成为接收大员中的众矢之的，决定拿他开刀。

这天，情报人员密报说，莫与硕与办公室主任李节文一起，将接收过来最新式尚未启箱使用的数千支步枪、机枪，卖与中山护沙总队，乃至黄角乡一带五龙堂的地方土匪恶霸。同时，他又请广东省政府主席罗卓英任命李节文为护沙总队长，这样，既可树立自己的武装势力，又可借李节文为卖枪械之掮客，一举两得，势利双收。今天晚上，李节文将在天字码头连夜用轮船装运枪械，并与五龙堂有图谋不轨之行为。

张发奎闻之大怒：“如此胆大包天之徒，给我抓起来！”他叫来六十四军一五九师师长刘绍武，命令其亲率一支队伍前往侦察进剿。果真当晚在天字码头，刘绍武设下埋伏，当场将赃物截获。张发奎即将莫、李扣留，呈请何应钦指示处理。

此案引起陈诚与何应钦的争斗。陈诚力为莫与硕庇护，何应钦则主张严办，相持不下，案子拖延多时。1947 年 2 月，张发奎趁何应钦到广州视察，再次请示何应钦。何应钦最后以陆军总司令名义，手令张发奎将莫与硕、李节文二人在广州执行枪决。

在惩治腐败的同时，肃奸工作也引起张发奎的重视。

一位副官在向张发奎汇报时，提醒说："张长官，您在做好接收工作的同时，还要多多关注肃奸工作。"张发奎有些诧异："对于汉奸的处理，中央不是指定各地军统负责人员为肃奸专员，组织办事处以专司其职，严制其他机关人员插手过问吗?""是啊。广州肃奸专员为军统负责人陈劲凡，可这个陈劲凡办事极为不力，对群众检举的大汉奸迟迟未做处理，各地民众激于公愤，纷纷要求撤换陈劲凡。我们已经收到大量民众的信件，要求长官您亲自过问肃奸工作。""这样啊。"张发奎边翻看群众的请求信边说，"那我得想个办法，把这个肃奸权先拿过来。"

当天下午，张发奎召陈劲凡到行营，以退为进地说："外面对肃奸专员办事处的闲话很多，肃奸专员办事处名义上是我长官部的一部分，外界对肃奸处的指责，就是对我的指责，而事实上肃奸处不是归我管辖的，我既无权管辖而又要承担名义，我怎能负责？因此，要求今后即将肃奸处脱离二方面军和行营，由你们自己负责；或者确实归我管辖，不是挂一个虚名，如此则必须将肃奸处改组，邀请在广州的党政机关参加，由我主持，但业务仍可交给你办理，你可向雨农（军统局局长戴笠别字）报告，过几天我也会直接打电报给雨农征询他的意见。你回去考虑后，将你的意见告诉我。"

陈劲凡听后，只好答应。

几天后，以戴笠名义答复张发奎的回电和军统局批复陈劲凡的电文都到了，同意将第二方面军肃奸专员办事处改为广东肃奸委员会，由张发奎任主任委员，不再隶属军统局。掌握肃奸的权力后，张发奎开始了他的"铁腕"肃奸，态度甚为坚决。

这时，副官报告说："张长官，根据您的指示，我派人对目前住在广州的几个大汉奸进行了秘密调查。根据目前掌握的情况，汪精卫的老婆陈璧君，伪广东省政府主席褚民谊及其民政厅长周应湘，财政厅长汪宗准，建设厅长李荫南，教育厅长陈良烈，参事徐义宗、高齐贤和汪精卫的女婿何文杰等一群大汉奸，向与军统有所勾结，为陈劲凡等暗中保护，秘密藏匿于番禺之沙湾，以待尔后设法潜逃，但事后为人举报，陈始不得已借口‘事先监视’将其交出。现在对这些大汉奸该如何处置？”

“这个陈劲凡果真与汉奸不清不楚，要在战时非枪毙他不可。”张发奎说，“至于那几个大汉奸，先将他们拘禁于豪贤路的别墅里，静候中央处理吧。”

“还有一批汉奸，如伪海军司令兼广州伪警备总司令招桂章、伪广州市警察局长郭卫民等大汉奸，在日本宣布投降时，声言‘起义’。由于得到军统出面庇护，至今均未加以逮捕，仍在广州市到处活动，郭卫民还经常穿上白色警察制服，指挥伪警，到处请客，有些市府新贵，也与之周旋。”

张发奎一听，把桌子一拍：“哼，当汉奸还不知廉耻，立即派人把招桂章、许廷杰、李辅群和郭卫民四个汉奸给我抓起来，将他们押到第二方面军特务团部，严加看管。”

副官又低声说：“陈璧君说，她与张长官的关系向来不错，听说您来广东主持工作，便与褚民谊一起给您写了几封信，要求见您，并说有委屈相陈。”

张发奎凛然说：“汪精卫做汉奸前，我与陈璧君等都是旧交，本该一见，但他们做了汉奸后，性质已变，在民族大义前已无丝毫商量余地，不见也罢。”

不久，陈璧君等大汉奸转解南京，褚民谊被判死刑，陈璧君被判无期徒刑。

而在广州，军事法庭裁定，判处招桂章五年、许廷杰三年徒刑。报告打到张发奎处后，张发奎对此不同意，斩钉截铁地说：“战后法国枪毙了数万的奸伪人员。国家的正义与民气必须伸张，文天祥的浩然之气，实足已代表一个国家民族的生存条件。奸伪的政治主张，虽有其不同的角度，但卖国求荣的行为是罪无可恕的。我们必须以严厉的法律来处理奸伪人员。”他大笔一挥，将招桂章改判十年，许廷杰改判五年。

对于伪和平救国军总司令、军事参议院中将参议吕春荣被处死，张发奎特地召开记者招待会，并在会上表态说：“肃奸必须雷厉风行，我虽与吕有旧交亦绝不徇情，仍将他从清远解来，并为大快人心起见，特在天字码头执行枪决示众。”会后，张发奎即下令处决了吕春荣、陈修爵、范德星、李剑琴、符永茂等汉奸。

紧接着，张发奎又根据何应钦的命令，对广州地区的六万多名伪军进行逐次编遣，将各部改编为五个暂编支队，撤销先遣军名义，以平民愤。

肃奸，本是一件最为棘手的工作，但在短短两个月内的时间，张发奎却顺利地解决了。

另一个困难的工作，是十三万七千余名日俘的处理问题。

广东地区的日军，自1945年9月16日开始分区集中后，于9月24日实施解除武装，进入指定的集中营，施以战俘的管制。张发奎成立了一个日本官兵管理处，并在琼州、东莞、顺德分设三个分处，派中将参议廖鸣欧为该管理处处长，负责管理战俘之生活补给、纪律维持与遣送回国等工作。

日军解除武装进入集中营后，即解除原有军制，不准佩戴军阶符号，但仍可穿着制服。战俘在集中营禁止外出。战俘在身份上，官兵一律同等待遇，但生活待遇上则有所差别，伙食分为将、佐、尉和士兵四个等级，由战俘管理处会同日俘联络部向后勤机关领发。

战俘管理处长廖鸣欧前来请示说：“对于这批俘虏中的台湾人和朝鲜人该如何处置，是否和那些日俘一样？”

“不，对于朝鲜、台湾之战俘，你们要给予特别优待，把他们与日籍军民隔离，不要以俘虏的身份待之。”张发奎说。

廖鸣欧不解，说：“可是，这一处置，有不少人认为不合理，这些朝鲜、台湾人，在华南的罪行，较之日人有过之而无不及，不但应受日俘同样待遇，更应严究其罪行，加以严厉地惩处。您看，打九江的波田支队，大部分就是台湾人。”

想起九江之战，张发奎心里有种说不出的痛，但他仍然以为这是种短视的见解，台湾是中国国土，台人是祖国同胞，他们受了五十年的奴隶生活，受着日人教育和思想上的鞭笞，如果他们有助纣为虐的行为，也是祖国放弃了他们才养成的罪恶。朝鲜为我们的兄弟之邦，他们和台人同样过着奴役生活，我们为扶助弱小民族，为争取今后的建国，对他们都不能与日本人做同样的看待。1946 年 3 月 21 日，第一艘美国自由轮由虎门开出，张发奎让朝鲜人先离开，然后是台湾人，最后是日本人，船上每次均以四千人为基准陆续遣送。4 月 25 日，遣返工作宣告完竣。

对于日本战犯，张发奎绝不手软。

南京当局于 1945 年冬宣布战犯处理条例，命令各受降区实施办理。同时美军驻华总部要求张发奎将华南之战犯，于 1946 年 2 月以前调查完毕，以便将有关美军之部分，由美军法庭提审。张发奎立即组织“日军战犯调查组”，进行日军在华南之具体罪行调查。1946 年 1 月间开始逮捕第一批战犯二十一人。至 4 月止，前后宣布逮捕战犯六批共六百二十二名，其中有将官七名、校官十九名，日本驻广州领事也在战犯之列。将官中有特务机关长松井真二少将、宪兵队长重胜宪文少将、第一三〇师团长近藤新八中将、独立第二十三旅团旅长下河边宪二少将及田中久一等。

张发奎对华南级别最高的敌酋、广东第一号战犯——田中久一的处理最为关注。田中是张发奎的老对手，他在抗战后期以第二十三军中将军长兼南支派遣军指挥官的级衔，被派来广州指挥侵华战争，曾于 1944 年指挥所部侵犯粤北和桂南，策应长沙、桂柳两战役敌主力方面之作战。日军投降后，他初为广州、汕头两地受降区的日军投降代表，后为日军官兵善后联络部部长，直至 1946 年 3 月始被列为日军战犯而受逮捕。

张发奎对田中有所了解，他是日本陆军大学毕业生，一个以军职为终生职业的军阀，个子矮小，上唇留有小胡子，此时他五十余岁，面部虽有点儿苍老，但皮肤黄黑而结实，态度沉着，表现出一个顽固凶狠的军阀本相。他喜用毛笔写字，在代表投降签字时，还用裤腰上随身带的与墨砚连在一起的日本毛笔来签字。他在狱中的生活很大部分是用毛笔写字与阅读佛经和中国古典诗词。据他自己说，研究佛经是他日常主要生活的一部分。

当南京宣布凡负责一个战区以上的日军最高指挥官，均以战犯论处，田中始被列为战犯，撤除其善后联络部部长之职权及原有军长的各种优待，逮捕拘禁于南石头太古码头原日俘集中营之一间小洋房内。张发奎要求监管人员要注意田中的身体，防止他自杀，还给他配了一名台湾来的客家人充当他的翻译。

1946 年 9 月，经美军要求，田中转解盟军上海国际法庭审理，美军控以田中军部曾杀死被俘之美空军飞行人员，判处死刑，送回广州执行，因为他是侵占广东的日军首领。

1946 年 3 月 7 日，张发奎荣获青天白日勋章。青天白日勋章必须由蒋介石特准，是军队中最高级的勋章，此章颁给陆海空军军人，凡捍御外侮、保卫国家、卓著战功者颁给之，所以获颁的军人比较少，张发奎将它看作是对自己坚持抗战、坚持信念的一种肯定，因此格外珍惜。佩戴着这枚勋章，他好像又回到了硝烟弥漫的战场，想到了那些追随他出生入死的将士，想到了那些未能看到胜利和他共享殊荣的战友，他的眼睛湿润了，他抚摸着勋章，口中喃喃地说：“战友们、兄弟们，这份胜利属于你们，这份荣耀属于你们，这份光荣属于你们！我张向华向你们致敬！”说到这里，张发奎有些哽咽，两行热泪流了下来。

第十章　离开内地寓居香港的日子

内战失利，黯然离开内地

日本投降以后，国共矛盾再次浮出水面，围绕着接受抗战胜利成果和将来战与和的政治格局，两者的交锋必然尖锐。蒋介石认为，攘外大局已定，安内之计务必实施，但不可莽撞行事，一来内战工作尚未准备充分，二则也不想落个“打内战”的恶名。于是，他接连三次致电毛泽东，邀请其来重庆磋商“战后国内和平建国事宜”。中国共产党尽一切的努力，尽量避免内战，争取和平前景，毛泽东身系天下之安危，亲赴重庆。

谈判期间，蒋介石竟然下令阎锡山部进犯解放区，刘伯承、邓小平大军坚决歼灭来犯之敌，取得了上党战役的胜利。蒋介石不得不在谈判桌上有所收敛，和中共签订了以和平、民主、团结、统一为基调的《双十协定》。同时，中共代表还对解放区土地和人民军队数量等问题做出不伤害人民群众根本利益的必要让步，其中包括把广东、浙江、苏南、皖南、湖北、河南（不包括豫北在内）八个解放区的部队撤退到苏北、皖北及陇海路以北地区。

1946 年 1 月 5 日，国共双方达成了停战协议，决定于 1 月 13 日生效。为监督停战协定的执行，同年 1 月 7 日成立了“军事三人小组”，中共代表为周恩来，国民党代表为张群，美方代表为美国总统特使马歇尔。

根据停战协议，由国、共、美三方成立北平军事调处执行部，中共代表为叶剑英，国民党代表为郑介民，美方代表为饶伯逊。军调部先后派出三十六个小组到华北、东北、华中、华南进行调处活动。第八小组（也称华南小组）此次广州之行，正是旨在监督广东当局执行停战协定和解决华南抗日游击队北撤问题。

张发奎对国共谈判的态度是消极的，用他自己的话来说："共产党是不可信任的……谈判解决不了问题。"当时，马歇尔来华调停国共冲突，中共要求把曾生的东江纵队与海南岛冯白驹的琼崖纵队调到华北去，马歇尔接受了共方要求，并派一名美国上校来见张发奎。这个美国上校要求张立即停止对"共军"作战，并允许他们撤往华北，张告诉他："广州根本没有中共的军队，只有土匪。"

与此同时，张发奎还要求蒋介石给他六个团的作战供应"剿灭"冯白驹部，他保证三个月内克敌制胜。蒋介石嘴上答应"好，好！"但未发一兵一卒。张知道他是迫于美国的压力，但蒋介石批评他欠缺政治觉悟。

张的这番"关于广东没有共产党的言论"，犹如一石激起千重浪，在全国引起强力反响。

中共代表方方和助手陈华认真分析了情况，认为张发奎声称的广东只有"剿匪"，没有内战，是重庆政权从上到下的反共策略。否认中共部队，实质上是否认了谈判对象，为消灭中共部队制造舆论，这无疑是当前谈判的主要障碍，若不排除，曾生、林平就不能来广州参加谈判。而排除障碍的关键是在调查中摆出人证、物证，迫使张发奎承认华南游击队，然后再图东纵北撤之计。

2 月 12 日，东江解放区路东总农会致电军事调处第八小组，要求从速调处，制止国民党军队暴行。第八小组因而分向北平军事调处执行部及重庆三人军事委员会请示，旋获复电，确认广东之中共部队为东江纵队。第八小组即于是日赴大鹏半岛实地调处及监督实施停火命令。张发奎早有准备，以"安全"为名，命令参谋处长李汉冲派一群特务组成接待班子，限制中共代表与东江纵队代表的联系。

张发奎坚持广东“只有土匪，没有共军”，这让中共一筹莫展，周恩来无计可施，马歇尔也无可奈何。

虽然张发奎在广东反共颇为积极，但蒋介石并不器重他，尤其是怕他在广东拥兵自重，建立独立王国。1947 年 11 月内战正打得热闹时，一纸命令下来，免去了他的广州行辕主任、广东绥靖公署主任的职务，只给了他一个闲职——战略顾问委员会委员，又把他挂了起来。接替他的是“国舅”宋子文。

原来宋子文因遏制通货膨胀、物价暴涨不力，造成经济危机和腐败成风，在全国一片谴责声中，被迫辞去行政院长职务，由蒋介石兼任。但宋子文并不在乎，行政院长不做，他可以去地方做官，他看中了广东省主席这个肥差。蒋介石为把华南经营成支持全国内战的基地，支持宋子文出任广州行辕主任兼广东省政府主席和广东省保安司令，替代了他并不信任的张发奎。张发奎气得没话，只能在喝闷酒时骂几句“光头佬”。

内战越打越激烈，国民党的部队越打越糟，党内各派系的争夺战也是越演越烈。

1948 年 4 月 19 日，在国民党政府“行宪国大”第十三次大会上，蒋介石当选为第一任总统。在出席了总统就职典礼后，张发奎前往上海，准备在那里安家，不再回广州了，免得被别人说他故意给宋子文找麻烦，索性远离是非之地。

谁知刚到上海几天，薛岳就打电话给他，说蒋介石要他速去南京，并建议他乘飞机去。张心想：“有什么好着急的？老蒋找我，能有什么好事？”之后他搭乘火车前往南京。

蒋介石想任命张发奎为长沙绥靖公署主任，接替调任湖南省主席的程潜。张拒绝了这一任命，推说自己不能胜任此职，他知道军队内部情况复杂，要想统合当地驻军相当困难，而且当时他已经感到时局无望，政府军士气低落，消灭“共军”已无可能。

张发奎拒绝赴任，使得蒋介石对他大发雷霆。

蒋拍着桌子道：“你是不是党员？”张答道：“是。”蒋问：“我是总裁吗？”张答：“是。”“既然总裁要你去，你就得去！”“下属可以向上司表达意见吗？”“可以。”“有关这一任命，我希望总裁知道，你是希望我挑二百斤重的担子，但我挑不动，我只能挑五十斤，所以请派给我一个五十斤重的担子。”“哪个职位是五十斤重？”蒋问，张说他能挑起衢州绥靖公署的担子。原任衢州绥署主任的余汉谋已经被宣布接任陆军总司令一职。张发奎知道蒋介石想让汤恩伯接任衢州绥署主任，但尚未宣布。蒋问张为什么看中这一职位，张说当年他任闽赣浙皖边区总司令时，司令部就设在衢州，他熟悉那个地方，同浙江的民众相处融洽。蒋说：“你这是抗命，我要你去华中！”张说：“我确实不能去。”“你违抗我的命令！”蒋介石说罢拂袖而去，那天他的脾气很暴躁。“国军”在陇海线受挫，他们的谈话被电话打断，张听到蒋下令空军轰炸敌军。

张发奎想躲避蒋介石，故不想待在南京，怕蒋再来找他，势必引起尴尬局面，遂决定携妻子刘景容去华北与东北旅行，想看一看东北的现状，那儿他从未去过，吴奇伟夫妇同行。

1948 年 7 月初，他们飞抵北平，拜访了华北“剿匪”总司令傅作义，接着飞去沈阳，拜访了东北行辕主任兼东北“剿匪”总司令卫立煌，也见到周福成（第八兵团司令官兼五十三军军长）与罗友伦（第六军军长）。张发奎一行在沈阳逗留约一周时间。作为一个军人，张的兴趣专注于军事范围，鉴于他是战略顾问委员会委员，事实上属于老一代的军人。而当时在沈阳的“国军”将官属于年青一代，所以部队长与高级将领都让他参观了防御工事。他们乘火车旅行，参观了沈阳附近的一些工厂。长春被“共军”包围了，他们去不成，连飞机也不能降落，那儿没有直升机。从沈阳飞赴锦州，逗留约一周，也参观防御工事等。

张发奎发现，东北一线的防御工事都做得不错，但士气之沮丧让他吃惊。虽然局势十分紧张，但“国军”的将官们仍然醉生梦死，阵地完全是防御性质的。“国军”占领沈阳、长春等地后，只控制了大城市，死抱住不放，却无法渗透“共军”控制的郊外地区。“国军”的部队完全依靠空运补给，到处居于守势，“共军”却可以处处采取攻势。张发奎认为当时“国军”只有采取攻势才有希望取胜，但处于守势便无人能发动攻势。唯一可行的是尽可能坚守下去。在郑洞国指挥下，自1946年5月起，“国军”一直占据着长春，但他们无法配合友军联合作战以溃围而出。

张发奎认为，至少“国军”应该扫清沈阳—锦州的铁路线。他并不知道，顺应美国军事顾问团团长巴达维将军的建议，“国军”已经拟定了1948年5月起清扫沈锦走廊的计划，但卫立煌不肯执行。

在东北，张发奎会见了省政府主席们以及省府委员们。东北的政治形势比军事形势更差，同将官们一样，政府官员们也都醉生梦死。张清醒地认识到国民党已经到了危急存亡的时刻了。在赴东北之前他就一直持悲观态度，目睹了东北的形势后，他变得更加悲观失望了，然而当地的将官与高官们却没有同样感觉。既然“国军”到处都采取守势，张觉得他已无话可说，没有人能够力挽狂澜于既倒，他们迟早会输个精光，这只是个时间的问题。那时难以估计“国军”还能够戍守东北多久，这要看“共军”何时发动总攻。

1949年6月，因建议李宗仁任命居正为行政院长及劝阻阎锡山兼任国防部长未果，十分失望的张发奎以三个月“陆军总司令”任期已满为由，离穗赴港。但在香港仍与广州的李宗仁、白崇禧、薛岳、余汉谋等保持密切联系。

1949年9月底，解放军逼近广州，“国军”防线溃败，10月国民党政府由广州迁往重庆，后在解放军的乘胜追击下又迁往成都，最终在12月迁至台湾。11月20日李宗仁赴港治病，告诉张发奎他要去美国寻求帮助。张反对李去美国，因为他认为欧美人势利现实，在李宗仁节节败退之时断不会出手相助，反而希望李能以代总统的身份和众将士一起固守海南岛。李宗仁执意去美谈判争取援助，并承诺四十九天后必返，但随后张发奎得知李用专机托运了一百多件行李去美国，才明白他一直给予厚望的德公欺骗了他。

1949年10月，陆军总司令部未随政府迁往重庆，而是在陆军副总司令汤尧率领下迁往云南。后云南卢汉起义，汤尧1950年1月24日在蒙自二塘山战役中被解放军俘虏。

白崇禧部队向海南岛转进途中大多数都在两广交界地区及粤西南被歼。中央军第一兵团黄杰部及越南国民党将军武鸿卿率领的“越南建国军”先后撤退进入越南。这两支部队在越南先后遭到法军和越共军队的多次袭击，几乎溃不成军，最终于1953年6月分七批遣返台湾。另有李弥率领的第八军共三四千人从滇南撤退进入缅甸，后来转移至泰北地区。

到了这步田地，张发奎仍在为李宗仁出谋划策，计划以海南岛为根据地重整旗鼓。但在解放军的强大攻势下，1950年4月白崇禧、薛岳、陈济棠、余汉谋等人率部撤离海南，去了台湾。

“第三势力”，不过是一枕春梦

硝烟远去，一切已尘埃落定。

张发奎坐在香港公馆宽大的书房里，悠闲地翻看着报纸，心中却波澜起伏。

1950年以后，张发奎在香港的活动主要就是策划建立一个“反共也反蒋”的第三势力，故与1949年在广州成立的自由民主同盟的创办人顾孟余商议，最初找到当时在香港的国民党员中地位最高的孙科，但孙拒绝了游说。

后来，广州岭南大学原校长、美国人香雅格经人介绍与张发奎见了面，问张是否愿意出来领导田地的反共游击战争。张发奎明白，美国人看上的是他在军中的履历和“南天王”的名号，但他答复说虽然他曾对“国军”和若干战役做出过一些贡献，可游击战最重要的是要唤起民众的支持，他没有办法凝聚百姓。现在共产党已经得到人民的拥护，任何人一踏上中国领土就会被围捕。另外要知道共产党是靠游击战起家而壮大的，成功的游击战还必须有经验丰富的机构来指挥，国民党在这些方面远远不如共产党。

张发奎认为，一旦一个政权被推翻，它就很难东山再起了。这类复辟的事情中国历史上并非没有出现过，曾有过下台的统治者重新掌权的先例，但那是十分罕见的例子。在民国成立后，哪一个下野的军阀武人能卷土重来？他和香雅格博士都认为是蒋介石过于独裁导致今天这步田地，对蒋能否重回大陆是抱否定态度的。张告诉香雅格，为了开拓未来，需要创建一个新的秘密的政治组织和一支新军，并且推荐了顾孟余、童冠贤、张国焘等人，香雅格也向张推荐了许崇智。

送走香雅格后，张发奎找来李宗仁驻香港的代表程思远，劝告说："德公在美长期住下去也非良策，不如自动辞去'代总统'，以在野之身份推动'第三势力'运动。"说着，他拿出一份材料，继续说，"从目前形势来看，美国对台湾的蒋介石不抱希望，杜鲁门总统已发表声明：美国不采取足以涉入中国内战的途径。同样，美国政府也不供给军援与军事顾问与台湾的中国军队。"

程思远点头道："这些情况我们大致都了解。黄旭初先生从香港电李宗仁先生，请他'辞职组党'。可是，李先生复黄旭初先生电云：组党尚非其时。"

张发奎叹了口气："看来德公暂无意组党，这事先由我和顾孟余牵头吧，只要得到美国的支持就好办。"

虽然张发奎一直希望李宗仁能够以在野的身份推动"第三势力"运动，但却从未得到李的支持。然而李宗仁却利用张发奎来"搞政治"。1950 年 3 月 1 日，蒋介石在台北复总统职，李宗仁心有不甘，就在美国发表声明，宣称，他在华南有几十万游击队均已交给张发奎统率，随时可以反攻大陆。张发奎不想打破自己和港英当局之间的微妙关系，埋怨李宗仁在大洋彼岸乱说话，遂在报上发表声明辟谣，否认李的话。从此，张发奎不再邀请李宗仁参加"第三势力"

运动。

香雅格回美国几个月后，有两个美国人携带香博士的信拜访了张发奎和许崇智，强调他们是代表“美国人民”，而非美国政府来提供帮助的。这次会面之后，张通知了顾孟余美国方面来人的事，并建议召集筹备会议。几经周折（包括因意见不合许崇智最终退出），有一些群体加入了这个组织：国民党前党员，如张发奎本人、顾孟余、童冠贤等，民社党的王厚生、罗永扬等，青年党的李璜、刘子鹏等，也包括曾是中共高干的张国焘和龚楚及一些前中共的低层次人员，第三党（又称农工党）的丘学讯、李琳，民宪党的伍宪子。但他们没有邀请李宗仁加入。组织不设领导人，由程思远担任秘书，宗旨是“自由与民主，反对独裁统治”。

于是逃到海外的军政人员和知识分子，纷纷举行会谈，酝酿组织，蔚然成风。同年 12 月，李璜向张发奎提出，日本人想拨出一个军港作为自由港，让香港工商界前去投资，并可以在那里进行政治活动。

张发奎以为不妨派人去看看，便让程思远前行了解。

程思远在日本待了一个多月，查实并无此事。1951 年 1 月，他从东京回到香港，适逢农历春节，便到张发奎家拜年，顺便报告此行的经过。

张发奎说：“现在有了新的发展，香雅阁介绍东京盟军总部代表哈德曼到香港，我同他见了一面，哈德曼说，他此行的任务完全是为了帮助建立‘第三势力’。我看此事事关重大，希望你把顾孟余先生约来，我同他谈谈。”

正月初七那天，程思远陪同顾孟余如约来到张发奎的公馆。这是张、顾到香港后的第一次会晤。不久，顾孟余与那位从美国来的哈德曼见面，建立了由张发奎、顾孟余、伍宪子三人组成的最高领导体制，参加决策的只是张顾二人。

为了筹建组织，张发奎和顾孟余决定办一份周刊，取名《中国之声》，并聘张国焘为社长。原来，张国焘自从投奔国民党后，虽然在反共方面比较卖力，但国民党人始终对他有所防范。张国焘在走投无路的情况下，只好携带自己的妻儿离开台北，来到了香港。张发奎早在北伐时期就认识张国焘，见他有反蒋的意图，便把他拉了进来。

1951年10月10日，张发奎、顾孟余积极筹备的“自由民主战斗同盟”终于正式开张。同日，台湾国民党召开第七次全体大会。“战盟”选择这一天露面，意味着同台湾唱对台戏。该盟以张发奎、顾孟余等七人为中央委员，以甘家馨为秘书组长。这些人都是年前“自由民主大同盟”的人马。不久，出现分裂，甘家馨等五人都被“战盟”开除，张国焘担任的《中国之声》社长一职也被免职。

说起张国焘被免职的原因，还真是不太光彩：他把家里的女佣都列到《中国之声》的员工薪酬册中，缺席会议也不请假，还反问张发奎：“向华，为什么你把政治弄得这么严肃?”张发奎气得叹息：“这就是为什么毛泽东成为毛泽东，而张国焘成为张国焘了!”

“中国自由民主战斗同盟”自成立以后，他们常常在张发奎的寓所集会。因为在当时的香港，成立政治组织是违法的，而张发奎与当时港英当局警务处长麦景陶相熟，得到了当局的礼遇，他们这个组织才得以顺利成立并开展活动。成员之一张君劢从印度联系张发奎，说与美国马歇尔元帅有深交，欲透过马歇尔同美国政府达成更佳的协议，张与自己的美国联络人商量后都觉得这是一个很好的主意。

台湾当局一直注意着“第三势力”。他们知道顾、张联盟有美国中情局做后台，便施计取得证据，向美方提出抗议，说华府正在支持台湾，另外又支持张、顾在香港搞“第三势力”来破坏台湾。美国当局不得已把哈德曼调回去，加以申斥。几个月后，哈德曼回到香港，对张发奎、顾孟余发牢骚说：“你们说没有钱不好办事，但有了钱又闹纠纷。”言下不胜感慨，从此，所谓在海外建立基地的宏伟计划就被束之高阁了。

1952年3月中旬，张君劢回到香港，参与组织会议并修订和润色了一些文件，通过了同盟的宣言和组织纲要。张国焘为同盟草拟了不少组织规章，因为他们需要共产党的组织精神。《中国自由民主战斗同盟宣言》由张君劢起草，签署宣言后他就匆匆赴美参加纽约联合国大会的“中华民国代表团”去了。

美国人在文化宣传活动方面提供了支持和援助：顾孟余的《独立论坛》获津贴每月八千元港币，张君劢的《再生》获津贴每月六千元港币，组织创办的《中国之声》周刊，由张国焘负责，预算高达每月一万八千元港币，还创办了《华侨通讯》期刊，每月预算八千元港币。他们花费港币五万元收购了嘉罗印刷公司，并向美国人索取经费每月一万美元，由他们自由支配。组织共设十一名执委，每一位执委可领取津贴每月一千二百元港币。其中的三位常务委员伍宪子、顾孟余和张发奎负责每周在张的公寓会见美国人至少一次，会议记录等文件由张发奎保管。后因伍宪子私自去台湾，组织将其开除出同盟。

同盟成员有二三百人，大多数是知识分子、教师、学生什么的。为扩大政治影响力，组织还派人去北婆罗洲、澳洲、印度、泰国等地开展宣传活动。同时，他们训练派遣一些年轻人到内地做渗透工作，替美国人搜集内地的军事情报。但张发奎觉得所搜集到的情报百分九十都是假的，所以对这项工作不感兴趣。另外，张发奎深以自己是具有国际知名度的名人自居，强调为国家效劳，永远不会无视国家利益，所以他不屑参与那些宣称招募人员潜回内地刺探情报甚至搞游击战的人的活动，并鄙视这些打着反共反蒋，实际为了骗取美元的行为，包括美国人扶持的蔡文治的“自由中国运动”。

随着美国共和党在 1952 年 11 月的大选中获胜，张发奎感到同盟的前途将变得更为艰难，因为共和党是支持蒋介石的。同年，张国焘退盟。

1953 年底开始，同盟停发干部津贴，并陆续将几个刊物停刊。1954 年 8 月同盟改组，同时顾孟余、张君劢宣布退盟，同盟解散。张发奎后于 1958 年参与创刊了《联合评论》周刊，并坚持出钱资助刊物直到 1964 年 10 月停刊。

张发奎自认在组织“第三势力”的整个过程中没有取得任何个人利益，加上联合评论集团组织政团失败以及刊物结束，让他感到深深的遗憾和气馁。回顾“第三势力”失败的教训时，张发奎慨叹道：“初时我崇拜偶像，认为我们必须拥有一些名人，如顾孟余、张君劢、李璜、童冠贤、张国焘等担任我们的领袖，靠他们筹集经费，催生一支真正的力量。抱着这种目的，我专心致志促成他们的合作。然而，我发现，所有这些人同常人无异。我的幻想破灭了。”

张发奎在香港搞“第三势力”，还牵连到他在台湾的两个老友——白崇禧和薛岳。1950 年 10 月，白崇禧、薛岳这两名上将的寓所在没有任何征兆的情况下，突然遭到台湾警备司令部的抄家，连地板都被撬开搜查，真的不可思议。原来，蒋介石怀疑他俩同李宗仁和张发奎二人有秘密联系，白、薛二人有苦难言，只好忍气吞声。

寓居香港的日子

1949 年 6 月张发奎在妻子、义女、义子和侄女的陪同下赴港。先是住在蓝塘道，后又迁居大坑道，过着隐居式的悠闲生活。曾经有李汉冲、吴仲禧和张励回港游说张投共，均被张以年事已高为由拒绝了。他还强调：“我本人既不去台湾也不去内地，但我不反对任何人去那儿。”

中共方面，周恩来、叶剑英、何香凝、李济深、章士钊、蔡廷锴等人都分别用托人转达或亲笔信函的方式邀请张发奎回去，张均未接受。他对台湾蒋介石方面的态度是不支持也不反对。1950 年他收到台湾寄来的国民党员重新登记表时就立即把它扔进了废纸篓，也就从此脱离了国民党。1954 年 2 月，国民大会第二次会议准备就绪，国大秘书长洪友兰来香港催张发奎赴台出席大会，张回复说蒋是第一届国民大会选出的“总统”，由于第二届国大代表须在大陆

“光复”以后才能进行。张用这种方式表达了他对蒋“不支持也不反对”的态度，并且在1960年台湾国民党邀请他参加第三次国民大会时再次用这一方式拒绝了。

1950年，马来亚（今马来西亚西部地区）革命形势如火如荼，当地有华侨想邀请张发奎去训练一支游击队，但因条件没有谈妥，张拒绝了这个邀请。张君劢1954年曾来信建议张发奎访问南越，听说吴庭艳政府有意邀请张去南越训练政府军，但由于没有接到邀聘而未能成行。1957年南越总统府秘书长武文海的夫人访港，经人介绍认识了张发奎，后来武文海就写信来感谢张对他夫人的殷勤接待，并表示邀请张去南越访问。另一方面，由于历史的渊源，一直有人批评张发奎支持共产党，接近像胡志明那样的共产党人，甚至说胡志明能攀上北越共产党政府的元首宝座是由于张的扶植，等等。这些可能也恰恰说明张发奎的圆滑和审时度势吧。

张发奎初到香港时，曾想和人一起办学，但由于缺少办学资源，担心日后无以为继，最后决定购买一所现成的学校——四邑华侨中学，之后经营了十年左右的时间。1962年，张发奎开办大同书院，招收华侨青年，旨在鼓励海外华侨使用中文，进修国学和礼仪。

来香港后，张发奎成了一名天主教徒。开始是他夫人在朋友介绍下于1955年正式受洗成为天主教徒，张很支持，认为天主教好过基督教，因为前者更多地要求信徒自我约束的生活更为严格与克制。一年后，在一位美国玛丽诺教会神父麦考密的感召下，张发奎也正式受洗。之后不久，在阅读了一些道德重整协会文献后，他产生了兴趣。比如第四军的箴言是“公诚廉毅”，同道德重整协会的四律“爱诚公廉”有三点吻合，进而觉得1921年美国传教士弗兰克·布克曼发起的道德重整运动同他的理念十分相近，张发奎转而相信四律能拯救人类。另外他发现，这个运动是从意识形态上反对共产主义、改变共产党的，而这个立场恰好与他的思想一致，更加深了他的兴趣。

1960年夏，张发奎和夫人去欧美出席世界道德重整大会。他们经新加坡、贝鲁特、约旦、耶路撒冷到瑞士的日内瓦和柯峰，见到了道德重整运动的创始人布克曼博士、何应钦等人。接着游历欧洲各地，后来又到美国纽约、檀香山各地会友。

对台湾方面，张发奎是有自己的看法的：对陈诚，认为他是“敢于捋虎须，敢于对蒋忠言逆耳”的人，1965 年 3 月陈诚的去世令张十分感慨和遗憾；对孙立人，认为“他恃才傲物是失势的主要原因，美国人想扶植他最后害了他，矜才使气的他得不到蒋的信任”；对蒋经国，认为他“已大权在握，但声望不足应有自知之明，不应继承总统之位”。他认为从军事观点来看，国民党最大的错误是，根据外交关系的亲疏，在不同时期采用不同的国家制度。比如服装的演变，从中式到俄式再到美式，只学习了外国的皮毛，却不学人家的精神。如果由他做主，他会选择最佳的外国制度，汲取每个国家的优点为他所用。张发奎对蒋介石的态度众所周知，不过他也曾说过不可否认蒋是当代中国的强人，能够在历次危机来临时从容应对并最终维护统治权威，自民国肇建以来无人可比。在台湾那种局促环境下，蒋能够从容应对，力挽狂澜，是其他人所做不到的。

张发奎与蒋介石的关系十分微妙，这也表现出蒋、张二人不同的待人处世的风格。早在孙中山先生桂林北伐的时候，张发奎就同蒋介石认识了，特别是在 1925 年蒋介石率黄埔军东征时被围于惠州五里亭，张发奎光着膀子率一营卫队突破敌阵，转败为胜，此后，蒋介石也一直感念张救驾有功。然而，大革命后，宁汉分裂，张发奎拥汪反蒋，从此，他的政治生涯上一共有三次反蒋的记录。因此，蒋介石虽然欣赏张发奎的军事才能，在抗战时对他委以重任，但同时，在具体实施时，却又对他小心谨慎，不让他掌握实权。1949 年以后，因为对蒋政权十分失望，张坚决不去台湾。然而张发奎又是一个公私分明的人，虽然他在政治上不支持蒋介石，但在私谊上对蒋十分尊重和怀念。1975 年 4 月 5 日蒋介石在台湾去世，张发奎手中没有入台证，但他仍然偕夫人购机票赴台闯关吊唁，让蒋的家人十分感动。

心系祖国，魂归故里

晚年客居香港的张发奎仍然保持爱喝酒的习惯，经常呼朋唤友到香港酒楼豪饮痛喝，不醉不归，倒也过得潇洒自在。

1957 年，美国哥伦比亚大学东亚研究所中国口述历史学部试办成立，开始对流亡海外的国民党政要进行口述访问。1958 年起夏莲荫女士到香港访问张发奎四百多次，将记录整理为《张发奎回忆》，约五十万字。

后来，张发奎又主持撰写抗战回忆录，特请彭程加以整理，并请黄宗潮审阅，名为《抗日战争回忆录》，此书正拟付印时，他病濒于危，逝世前夕，仍一再叮嘱此书不可散失。1981 年，该书终于在他病逝后一周年出版，为后代提供了宝贵的史料。

张发奎是个家乡观念较重的人。早在 1945 年 9 月，他到广州担任受降主官后，立即派遣副官李三余为接收广州前进指挥所先遣组成员，先期到达广州，与几位粤北同乡一起，将位于广州解放中路云台里的“南韶连会馆”从日本人手中接收回来。在广州，他虽然日常公务繁忙，仍经常抽空来到会馆与粤北同乡叙谈。一次，他以粤北同乡的身份参加并主持了南韶连留穗同乡会会员大会。他在致辞中谈道：“粤北虽然穷，但粤北是块好地方。粤北人要团结，要为粤北出力，大家都为建设粤北出力，家乡就有希望。”因而，张发奎寓居香港后，有不少海外华侨团体邀请他参加各种公益活动，他欣然参与。

香港的客属组织，首推香港崇正总会，该会成立于 1921 年 9 月 29 日，原名“旅港崇正工商总会”。1925 年正式更名为“香港崇正总会”，旨在崇尚正义，崇正黜邪，象征客家人刻苦、耐劳、勤俭、敢作、敢为、敢当、团结互助、爱国、富于创造、崇尚正义、威武不屈的精神。该会在 1922 年至 1940 年期间，先后创办了四间崇正义学，其经费概由著名实业家胡文虎先生赞助。张发奎虽已退出政坛，但他永远都是客家人的骄傲。1971 年 9 月 29 日，为了庆祝该会成立五十周年暨“崇正大厦”落成，邀请了世界各地四十七个客属社团二百五十多名代表举行隆重的庆典活动。该次大会选举张发奎为会长，黄石华任理事长。与会代表决议将这次规模宏大的世界性客家社团活动定名为“世界客属第一次恳亲大会”，并决议每隔两年轮流在世界各地举行会议。从此，恳亲大会一直坚持召开至今，在海内外有很大的影响。

张发奎任会长后，秉承崇正总会先贤赖际熙、胡文虎等“爱国家、爱民族、爱社会”的遗训，大力弘扬客家精神，敦睦乡谊，服务社会，造福民众，关心和积极支持祖国的公益事业，为香港的繁荣稳定，为海内外客家人的团结，为祖国的和平统一做出了贡献。

对于抗日战争，张发奎有他自己的认识：“我感觉敌人能攻占任何他们想要的目标；倘若他们没有占领某地，那是因为他们不想要。”在中国，无论是经历过这场战争的哪一方、哪种政治势力，都很难像张发奎这样直白地表述抗日战争。抗战时期三次大规模会战：淞沪、武汉和豫湘桂会战，张发奎均亲身参与。淞沪会战时，他和张治中分任右翼、左翼军总司令，全程参与战事，目睹“士气高昂”的中国军队在日军强大炮火下遭受惨痛损失。武汉会战时他是第二兵团总司令，在江西九江、湖北通城一带历经硬战。这两次会战，中国军队在战场上均保持绝对的人员优势，两军在前方直接对垒的人数比例基本保持在五比一左右，以此稍稍弥补双方武器、训练、战斗意志等方面的差距。即便如此，中国也无法阻挡日军的攻势，只能依靠广土众民，依靠正面的持续抵抗及敌后的广泛游击战，依靠国际间尤其是日、苏、美的相互制约，逐渐把日军的强大攻势化解于无形。1944 年的豫湘桂会战，中国败得最惨。张发奎时任第四战区司令长官，参加桂柳会战，遭受崩溃性的惨败。相较淞沪和武汉会战，豫湘桂会战是中日两军在战场上人数对比最接近的一次。日军在太平洋战场节节失利，面临失败的背景下，在中国出动其侵华以来最多兵员，发动最后也是最锐利的一击，对中国军队形成极其沉重的打击。在豫中战场，日军近二十万人对第一战区的二十多万人，中国在人数上仅稍占优势，根本无力抵挡日军进攻，日军横扫中原其实并不让人意外。在长衡战场，日军出动兵员约二十万人，中方使用兵力四十万人以上，虽然人数超过一倍，但这样的优势依然无法有效阻遏日军的进攻；尽管由于方先觉的第十军浴血奋战，缔造衡阳保卫战悲壮战例，但仍然无法阻挡日军打通粤汉线计划。桂柳战场实力更加悬殊，中国第四战区此时所辖部队不到六万人，而日军可以出动兵员为十余万，中国军队人数上甚至都处于劣势，因此，较之此前的豫中、长衡战场，桂柳战场崩溃更加彻底，战区长官张发奎被逼得从广西逃进贵州，“成了无兵司令——失去了自己的战区”。多年来，我们一直强调战争受多种因素影响，战争胜败不可唯武器论，这自然是至理名言；但与此同时，也必须看到，战争终究是实力的较量，枪杆子在战场上最有发言权。回顾一生，张发奎认为 1937 年后他没有犯下什么错误，在抗战期间，他只是执行中央制定的战略。他说：“我不是一个优秀的军人，而我是有责任感。”他感到，长期以来，中国的政治和军事都没有走上正轨，主要的原因是政治上独裁，比如蒋介石的随心所欲。如果让他重新选择，他不会再做军人，因为通过军事力量来达至世界和平是绝对不可能的，战争只会导致更大的混乱。这显然是张发奎加入道德重整运动后的感悟。

1980 年 3 月 10 日，张发奎在香港逝世，终年八十四岁。张发奎临终前，交代给妹妹说，如果有机会，你回家乡去看看，如果父母的墓地还在，就把我的骨灰葬在他们的旁边；如果没机会，就把爸妈的灵骨带到香港，好好厚葬。

张发奎逝世后，新华社发了消息。3 月 13 日，全国人大常委会委员长叶剑英致电张发奎的亲属，唁电全文如下：

香港

张向华将军家属礼鉴：

惊悉向华将军逝世，不胜哀悼。乡情旧谊，时所萦怀。

特电致唁，尚希节哀。

叶剑英

蒋经国先生也对张发奎这位老将的逝世表示哀悼，颁发褒扬令赞他“执节怀忠”。

台湾始兴同乡会曾开会追悼，并献上一挽联：

望出曲江，绪承风度，千载道范，先后献身邦国，古今辉映；声扬咸宁，威震华夏，一代名将，从此撒手人寰，中外同哀。

1992年11月6日，按照张发奎将军的遗愿，这一天，他的遗孀张刘景容女士，深明大义，不顾某些势力的阻挠，携定居美国的儿子张威立、女儿张丽芳等亲友旧部近百人，从香港护送张将军骨灰回故乡安葬。面含悲色的人们手臂扎着白布，沉重悲凉的哀乐和着阵阵鞭炮声，在广东始兴县隘子镇彩岭村上空萦绕低回。

仪式结束后，张夫人一行还在干部群众的陪同下参观了故居、张氏祠堂及风度小学等。临别时，她紧紧地握着乡亲们的手说：“我虽然生活在国外，但时常想念你们，我会常回家来看看，感受家乡的新变化。”之后，张夫人不顾高龄，不辞劳苦，先后三次率张将军亲属和旧部人员于1993年、1996年回乡扫墓，1996年出席广东省纪念张发奎将军诞辰一百周年纪念活动。

2007年9月27日，张夫人以一百零五岁高龄驾鹤仙去。张将军公子张威立遂母亲夙愿，护送母亲灵灰与父亲之墓合葬，家乡父老乡亲备感欣慰。将军回来了，将军再也不走了。

图书在版编目(CIP)数据

张发奎传 / 何晓帆著. — 北京：中国文史出版社，2019.1

ISBN 978-7-5034-9797-1

Ⅰ. ①张… Ⅱ. ①何… Ⅲ. ①张发奎(1896-1980)-传记 Ⅳ. ①K825.2

中国版本图书馆 CIP 数据核字(2017)第 286046 号

选题企划：箫 笛 段 冉
责任编辑：卢祥秋

出版发行：**中国文史出版社**
社　　址：北京市海淀区西八里庄 69 号院　邮编：100142
电　　话：010-81136606　81136602　81136603（发行部）
传　　真：010-81136655
印　　装：廊坊市海涛印刷有限公司
经　　销：全国新华书店
开　　本：720×1020　1/16
印　　张：18.5　　字数：258 千字
版　　次：2019 年 1 月第 1 版
印　　次：2019 年 1 月第 1 次印刷
定　　价：65.00 元